개혁하는 사람,
조광조

일러두기

- 이 책에서 언급한 날짜는 음력이다.
- 인용문에서 추가 설명이 필요한 부분에는 설명을 달아 놓았고, 중요한 역사 용어나 사건에 대한 설명을 간략하게 별도로 처리했다.
- 출처를 밝히지 않은 인용문의 출처는 중종실록이다.

개혁하는 사람,

조광조

靜庵 趙光祖

조성일 지음

시간여행

머리말

애초 내가 정암 조광조 선생의 일대기를 팩션으로 쓰겠다고 덤벼든 것부터가 무리였다. 나름대로 준비는 철저히 한다고 했었지만, 내 능력을 넘어서는 일이라는 걸 알기까지는 많은 시간이 필요하지 않았다. 하지만 어쩌랴. 나는 이 작업을 멈출 수가 없었다. 영혼을 찍어서라도 쓸 수밖에 없었다. 결국, 호랑이를 그려야 함에도 고양이밖에 그리지 못했지만.

지나치게 의미 부여한다는 힐난을 무릅쓰고 저간의 사정을 과장해서 말하면, 나는 선생에 관한 책을 써야만 하는 '숙명'을 갖고 있다. 내 명치 끝에 똬리를 틀고 있었던 그 숙명? 왜, 무엇 때문에?

그 숙명은 내가 대학 사학과에 다니던 시절 한 교수님과의 인연에서 비롯됐다. 공부하고 싶어도 할 수 없었다는 핑계마저 정당성(?)을 확보할 수 있었던 엄혹한 시절의 청년학도답게 그때 나는 사실 역사 공부는 뒷전이었다.

어느 날, 나는 순전히 출석 체크 목적으로 학과 수업에 들어갔다. 첫 수업이어서인지 교수님은 출석을 불렀고, 다른 사람과 달리 내게는 이렇게 물으셨다. 본관이 어디냐? 나는 '한양漢陽'이라고 답했다. 교수님은 내게 앞으로 나오라고 하더니 책 한 권을 주셨다. 그 유명한 '박영문고'의 205번 《조정암의 생애와 사상》이었다. 그때 교수님은 '정암조광조선생기념사업회' 회장이셨던 터여서 수업에서 정암 선생 후손을 만나면 선물하리라 맘먹고 미리 책을 준비하셨던 것 같다. 그런데 그 책은 한 번 읽어보는 것으로 선물값을 다하는 것이 아니었다. 선생님께서는 그 책을 주시면서 이런 말을 남기셨기 때문이다.

"만약 자네가 나중에 글 쓰는 일을 하거든 꼭 정암 선생님에 관한 책을 한 권 써보게. 이 책보다 훨씬 더 근사하게 말일세."

선생님의 말씀이 조금은 부담스러웠지만, 날라리 역사학도에겐 크게 울림이 되지 못했음이 솔직한 고백이다. 선생님의 일방적 기대감 같은 것이었을 뿐이었다. 그리고 그 일은 교문이 닫혀 학교 가는 날이 줄어드는 만큼 내 부담감을 줄여주었고, 학기가 끝나 선생님과 만남이 뜸해지는 만큼 내 관심사 밖으로 밀려났다. 급기야 그 책은 서가 깊숙한 곳에서 먼지를 이불 삼아 덮고 깊은 잠이 들었다.

내가 서가에서 잠자고 있던 이 책을 다시 깨운 것은 십수 년이 지난 후였다. 내가 다니던 신문사에서 노동조합이 만들어졌는데, 그때

나는 어찌어찌해서 기존에 하던 일과 상관없는 자리로 돌려지는 인사 조치를 당했었다. 나는 그만둘 각오까지 해가며 회사와 맞섰다. 그때 불현듯 선생님의 말씀이 내 머리에 스쳤다. 혹시 나중에 글 쓰는 일을 하거든 정암 선생님에 관한 책을 한 권 써보라던 그 말씀 말이다.

회사를 그만둘지도 모른다는 결연함 속에서 글쓰기로 밥벌이하는 처지였던 나는 뭔가 쓸거리를 미리 생각했던 것 같다. 그렇게 나는 조광조 선생에 관한 글을 써보겠다고 처음 맘먹었다. 하지만 석 달 만에 제자리로 돌아오면서 그 다짐은 자연스럽게 보류됐고, 게으른 천성은 그 관심을 다시 기억 밖으로 밀어냈다.

그러다 이 작업을 다시 내 기억 속에서 소환한 것은 2017년 가을이었다. 2019년이 조광조 선생 서거 500년이 되는 해였는데, 이왕 숙제를 하려면 의미 있는 이 때에 맞추는 것도 좋겠다는 생각이 들었기 때문이었다. 그동안 찾아놓았던 관련 논문을 비롯하여 책, 신문·잡지의 기사 등 자료를 읽었다. 물론 가장 중요한 원사료인 《조선왕조실록》도 꼼꼼히 읽어 나갔다. 문중에서 전해지는 얘기도 들었다.

맘먹고 1년 정도 공부하자 쓸 수 있을 것 같았다. 노트북 자판을 미친 듯이 두드렸다. 그런데 초고가 무려 200자 원고지로 3천 장에 달하는 게 아닌가. 이 원고를 책으로 묶으려면 3분의 1 정도를 남기고 나머지를 덜어내야 했다. 하지만 수정이 새로 쓰는 것보다 몇 배 더 공력이 필요하다는 세상사의 이치는 예외를 허용하지 않았다. 해서 나는 새로 쓰되, 장르를 바꿔 볼 참이었다. 소설로.

그렇게 2019년 봄에 소설 쓰기가 시작됐다. 딴에는 영화화까지 염두에 두고 플롯을 짰다. 나름 진도도 잘 나갔다. 절반은 쓴 것 같았다. 그런데 아버님 병세가 급격히 나빠지셨다. 아버님께서는 코로나 19 감염을 우려해 요양병원 입원을 원하지 않으셨다. 나는 동생들과 상의하여 교대로 시골집을 오르내리며 아버님을 간병했다. 그때 아버님에게 정암 할아버지 책을 쓰고 있다고 말씀드렸었다. 아버님은 무척 좋아하셨다. 하지만 아버님의 병세는 기대와 달리 더 악화되어 집필을 중단할 수밖에 없었다. 그리고 아버님은 2020년 7월, 영영 돌아올 수 없는 길을 떠나셨다.

예상하기는 했지만, 너무도 급작스럽게 찾아온 아버님의 부재. 나는 그 현실을 받아들일 수 없었다. 하루하루가 힘들었다. 그때 나는 뭔가 돌파구가 필요했고, 그렇게 시골에 계신 어머니에게로 내려왔다. 어머니는 가벼운 치매를 앓고 계셔서 누군가가 보살펴야 하는 상황이었다.

시골에서 생활은 하루하루가 무료함의 연속이었다. 굳이 한 가지 낙이 있었다면, 마루에 앉아 모닝커피를 마시는 일이었다. 덤이 있다면 앞산을 바라보며 멍 때리는 것 정도. 그러던 어느 추운 겨울날, 아마 영하 10도쯤 되었던 것 같다. 강풍까지 곁들여진 추위는 마루에서 마시는 한 잔의 모닝커피조차 허용하지 않았다. 그 유일한 낙마저 빼앗기자 나는 할 일을 찾지 못해 우왕좌왕했다. 그러다 나는 백팩에서 한 달째 잠자고 있던 노트북을 꺼내 전원을 넣었다. 모니터는 용하게 쓰다만 소설 원고를 기억하고 모니터에 띄웠다. 깜박거리는 커서는 얼른 문장을 이어가라고 재촉하고 있었다. 엄청 반가웠다.

나는 '소설'을 이어 써나갔다. 물론 흐름이 끊긴 상태라 무척 낑낑

대고 있었다. 그즈음 동업자랄 수 있는 저널리스트 출신 작가 친구가 안부 전화를 걸어왔다. 친구는 둔기로 내 머리를 내리쳤다.

"요즘 소설 흐름이 어떤지 알아? 우린 도무지 따라갈 수 없을 만큼 진화했다네."

그는 '팩션'을 써보라고 권유했다. 팩션faction은 팩트fact와 픽션fiction의 합성어로, 역사적 사실과 사실 사이의 빈 공간을 역사적 상상력으로 채워 넣는 방식을 말한다. 최근 역사에 관한 책에서 많이 시도되는 새로운 장르다. 아무튼, 나는 그의 지적에 깊이 공감했고, 결국 쓰던 소설 원고를 다시 갈아엎기로 했다.

이 책은 '개혁'이라는 낱말과 떼래야 뗄 수 없는, 조선 중종 때 대사헌을 지낸 정암靜庵 조광조趙光祖의 삶과 사상을 다룬 팩션이다.

조광조는 시대의 격변기 때마다 소환되는 역사 인물이다. 새 정부가 들어서면 으레 개혁이 국정 과제가 된다. 이전 정부와 차별화를 이루고 잘못된 적폐를 청산할 수 있는 절호의 기회이기 때문이다. 이럴 때 조광조가 호출된다. 왜?

조광조는 애초 벼슬에는 관심을 두지 않았다. 오로지 학문에만 뜻을 두었었다. 김굉필에게서 사사한 그는 고려의 정몽주와 길재-김숙자-김종직-김굉필로 이어지던 도학道學의 계보를 이었다. 성균관 추천으로 벼슬길에 나가게 되자 그는 공정하지 않다며 정식 등용문인 과거 시험을 보았다. 알성시에서 을과 장원으로 급제하고 사간원 정언을 제수받았다. 때마침 폐비 신 씨중종의 조광지처 복위 문제로 조정이 시끄러울 때 조광조는 언로를 막은 대간들과 함께 일할 수 없다며 사직을 배수진으로 친다. 결국, 대간들이 바뀌고, 구언에 응했던 박상과 김정은 복직되는 것으로 이 일은 마무리된다. 이렇게 조광조는 존재감을 분명하게 각인시키며 벼슬을 시작했다.

이후 유교 국가에서 도교를 섬기는 일은 안된다며 소격서 철폐를 추진했고, 개혁의 전위대로 삼을 사림 세력의 등용을 위한 현량과를 도입하고, 향촌의 자치 규약인 향약을 실시하는 등 개혁 작업에 박차를 가한다. 급기야 조광조는 수차례 논의는 있었지만, 아무도 고양이 목에 달지 못했던 방울 달기에 나섰다. 중종반정에 전혀 공훈이 없음에도 정국공신에 봉해진 많은 거짓 공신들의 공훈을 삭제하는 작업에 본격적으로 나섰던 것이다. 중종과 훈구세력의 집요한 반격에도 불구하고 조광조는 계획대로 밀고 나갔다.

하지만 그 개혁의 칼날은 결국 부메랑이 되어 조광조 자신과 사림파를 겨눈다. 훈구세력은 중종과 결탁하여 조광조를 비롯한 개혁 세력들에게 붕당의 죄를 씌워 잡아들이는 기묘사화己卯士禍를 일으켰던 것이다. 기묘사화로 조광조는 전라도 능주에 유배되었다가 한 달 만에 사사된다.

개혁은 국정의 동력이 충만할 때 하지 않으면 성공하기 힘들다. 조금만 주춤하면 틈새가 생기고, 그 틈새는 개혁의 대상이 되는 쪽에서 반격을 가할 수 있는 빌미가 된다. 개혁이 전광석화처럼 빠르고 급격하게 진행돼야 하는 이유다.

조광조의 개혁 작업이 모두 옳다는 것은 아니다. 그는 사람이다. 신이 아니다. 정당성을 추구했겠지만, 인간의 한계 때문에 어쩔 수 없이 잘못된 판단을 할 수도 있다. 그러함에도 비판하는 쪽에서는 이런 정상참작을 뛰어넘어 '성급하고 급진적인 개혁'이라는 올가미를 씌워 비판한다. 과연 그럴까?

거침없이 추진하던 조광조의 개혁에 급제동이 걸린 이유를 보면 이런 비판이 정당성을 확보하기 어렵다는 것을 알 수 있다. 여기서는 수구세력의 반격 정도로만 밝히고, 자세한 답은 본문으로 넘기겠다. 그리고 그 이유를 찾아가는 과정은 개혁 작업에 목숨을 바친 그의 진정성을 잘 알 수 있는 계기가 될 것이다.

지금, 이 시각에도 개혁은 가장 중요한 시대적 과제로 꼽힌다. 우리나라는 그동안 민주화와 산업화 과정을 거치면서 상식과 보편성 같은 가치는 사치로 여겼었다. 효율성과 속도에만 치중한 결과 많은 적폐가 만들어졌다. 그 적폐는 이제 성장과 발전의 걸림돌이 되고 있다. 적폐는 개혁의 대상이지 계승의 대상이 아니다. 그래서 조광조의 개혁 정신이 여전히 절실히 요구되는 상황이다.

이 작업을 하면서 가장 큰 한계는 자료 문제였다. 그가 성균관의 추천을 받아 벼슬길이 열리는 시절부터 사사되기까지는 자료가 너무 많아 골치였다. 특히 국사편찬위원회에서 운영하는《조선왕조실록》사이트에 들어가 '조광조'라는 낱말로 검색하면 1,688건이 검색된다. 하지만 이 기록의 대부분은 불과 4년여 동안의 것이다.

반면 그의 어린 시절에 관한 기록은 너무 없다. 그의 글과 어록을 정리한《수정재역 정암선생문집》과 퇴계 이황이 쓴《행장》, 그리고 실학자 이긍익이 쓴《연려실기술》에 기록된 자료도 대부분이 실록 자료와의 중복이 많다. 정작 필요한 어린 시절 기록은 매우 적다. 이 적은 기록들을 바탕으로 출생에서부터 진사시에 급제하는 스물아홉 살까지의 삶을 복원해야 한다. 해서 때로는 역사적 상상력을 발휘해 사실에 접근해보려고 했다.

또 하나 어려웠던 점은 《조선왕조실록》을 비롯한 원사료를 읽는 일이었다. 우리말로 잘 번역이 되어 있긴 하지만, 중간중간 맥락이 탁탁 끊기는 경우가 많기도 하거니와, 단어나 용어의 선택이 나 같은 일반 독자들이 읽어 내기에는 힘에 부쳤다. 읽고 또 읽고, 그래도 안 되면 원문을 찾아가며 읽었다. 여기서 오독이 있을 수 있음을 밝힌다.

머리말이 길어졌다. 오래 뭉그적거렸던 탓을 변명하다 보니 그렇게 됐다. '장고 끝에 악수'라는 바둑 격언처럼 오래 공들인 만큼 허술하다는 일반화가 오류라는 점을 불식시키는 데 실패했다. 순전히 내 능력 부족 탓이다. 다만 이 원고를 계속 진화시켜 누구나 인정하는 정본이 되도록 하겠다는 소망을 밝혀둔다. 나의 이 소망을 실현하는 데는 독자들의 역할도 절반이나 된다. 많은 비판과 지적으로 채워주길 고대한다.

끝으로, 늦었지만 이 책을 쓰게 한 고 강주진 선생님의 영전에 부끄러운 결과물을 바치고 싶다. 거친 원고를 잘 다듬어 예쁜 책으로 만들어준 출판사 시간여행의 노력에도 깊이 감사드린다. 그리고 늘 응원하는 가족들의 안녕도 기원한다.

2022년 4월

조성일

차례

2부 / 개혁가 조광조

靜庵 趙光祖

1부

인간 조광조

01. 양사를 파직하여 언로를 여십시오

"신이 이제 정언正言이 되었는데, 어찌 직분을 잃은 대간과 함께 일할 수 있겠습니까? 서로 용납할 수 없을 것이므로 양사를 파직하여 다시 언로를 여십시오."

1515년중종 10 11월 22일, 서른네 살의 나이로 늦깎이 벼슬길에 나선 정암 조광조靜庵 趙光祖, 1482년 8월 10일~1519년 12월 20일가 올린 상소이다. 자신이 사간원 정언으로 발령을 받았다, 직분을 다하지 못한 양사 즉 사간원과 사헌부의 대간들과는 함께 일할 수 없다, 이들을 모두 그만두게 하라는 요구다. 조광조는 이 요구를 들어주지 않으면 자신이 그만두겠다고 했다. 인사권자인 중종에게 최후통첩한 것이다.

조정이 발칵 뒤집혔다. 일개 사간원 정언이 가당치도 않은 조건을 내세웠으니, 그런 반응은 어쩌면 당연하리라. 더욱이 사간원 '정언'

삼사(三司): 사헌부·사간원·홍문관
사헌부(司憲府): 정치를 논의하고 풍속을 바로 잡으며 관리들의 잘못을 조사하여 그 책임을 탄핵하는 일을 맡아보던 관아.
사간원(司諫院): 임금의 옳지 못하거나 잘못된 일을 고치도록 하는 일을 맡아보던 관아.
홍문관(弘文館): 궁중의 경적經籍, 사적史籍 등을 관리하고 문한文翰의 처리 및 왕의 자문을 맡아보던 관아.
대간(臺諫): 삼사에 근무하는 관료.

이 어떤 직책인지 알고 나면 조광조의 요구가 가당하기나 한지조차 의심스럽다. 사간원은 대사간, 사간, 헌납, 좌우 정언 각 1명씩 모두 5명으로 구성된다. 정언은 맨 아래 직급이다. 하물며 조광조는 이제 막 과거에 급제하고 발령을 받은 초임 정언이다. 그런 햇병아리가 자신의 직을 걸고 배수진을 쳤으니, 시쳇말로 기가 찰 일이었다.

한편 '조광조'를 잘 아는 사람들은 그라면 당연히 그럴 수 있다고 고개를 끄덕인다. 조광조는 올곧기로는 둘째가라면 서러울 만큼 꼬장꼬장한 원칙주의자 중에서도 원칙주의자였다. 되레 조광조가 그런 행동을 하지 않는 것이 이상하게 받아들여질 정도였다.

아무튼, 이런 상황에서 요구사항이 받아들여지느냐의 여부와 상관없이 조광조는 존재감을 분명하게 드러내며 주목받는 인물로 떠올랐다.

대간의 본분은 언로를 여는 것

조광조는 도대체 대간들이 어떻게 '직분'

을 잃었기에 직까지 걸고 투쟁한 걸까. 그 곡절부터 살펴보자.

그해1515년 3월 2일 중종의 계비 장경왕후章敬王后 윤 씨가 갑자기 승하했다. 장경왕후는 엿새 전에 원자元子, 훗날 인종를 생산한 후 산후병을 앓다가 스물다섯의 꽃다운 나이에 세상을 떴다. 사실 왕비의 죽음은 국가적 불행이지만, 중전의 자리를 오래 비워둘 수 없으므로 절차에 따라 새 왕비를 맞으면 된다. 겉보기에 특별할 것이 없다. 장경왕후의 죽음도 처음에는 그랬다. 아직 상중이라 대놓고 새 왕비를 간택해야 한다는 주장은 공론화되지 않았다.

그런데 장경왕후 사거 다섯 달 후인 8월 8일, 겉봉에 "임금 앞에서 열어보소서"라고 쓴 상소 하나가 날아든다. 상소는 다른 사람이 열어볼 수 없도록 겉봉 위아래를 풀칠해 놓았다. 담양 부사 박상朴祥과 순창군수 김정金淨이 함께 올린 상소였다.

이 상소는 중종의 구언求言에 응하는 형식을 띠고 있었다. 중종은 수차례 구언 명령을 내린 바 있다. 한 해 전인 1514년 9월에도 천둥과 번개가 치는 등 재변이 있자 구언 명령을 내렸었다. 하지만 그때까지 특별한 의견이 올라오지는 않았다. 그러다 구언에 응답하는 상소가 올라오니 지대한 관심을 가질 수밖에 없었다.

통상 상소는 오늘날 비서실이라고 할 수 있는 승정원承政院에서 미리 열어보고 임금에게 올리는 것이 관례였다. 하지만 비록 겉봉에 임금께서 직접 뜯어보라고 적혀 있어도 관료가 미리 뜯어 읽어보고 아뢰는 것이 일반적이었다. 박상과 김정은 이런 관례를 잘 알고 있었던

구언(求言): 나라가 어지러울 때 임금이 이 어려움을 타개하기 위한 방책을 백성에게 구하는 것을 말한다.

터여서 겉봉에 풀칠을 아주 꼼꼼히 했다. 승정원 관료가 아예 뜯어볼 생각을 하지 말고 곧바로 임금에게 올리라는 의미에서였다. 혹 임금이 아닌 자가 먼저 보게 되면 예상치 못한 사태가 일어날 수도 있다는 것을 박상과 김정은 우려했었다. 상소는 그만큼 민감한 내용을 담고 있었다. 이 상소는 곧바로 중종에게 올려졌다.

"하늘과 땅이 있고 난 뒤에 만물이 있고, 만물이 있고 난 뒤에 남녀가 있고, 남녀가 있고 난 뒤에 부부가 있고, 부부가 있고 난 뒤에 부자가 있고, 부자가 있고 난 뒤에 군신이 있고, 군신이 있고 난 뒤에 상하가 있고, 상하가 있고 난 뒤에 예의를 시행할 수 있습니다."

《역경易經》에서 인용한 이 구절을 읽은 중종은 상소가 무슨 말을 하려는지 단박에 알아차렸다. 지금 중전의 자리가 비어 있다. 그렇다면 어서 중전을 간택하라는 얘기일 터이다. 상소는 이어 "어진 왕비를 얻어 인륜의 근본을 바르게 하고 왕의 덕화의 근원을 맑게 하였"던 옛 융성한 왕들의 이야기와 "내교內教가 무너지고 해이해져 까닭 없이 정실 왕후를 폐하여 물리쳐 마침내 오랑캐의 재앙을 부른" 자가 있었음을 지적했다. 그러고는 금기야 문제의 금기를 정면으로 거론한다.

"옛 왕비 신 씨愼氏가 물리침을 입어 밖에 있은 지 이제 거의 10년이 됩니다. 신은 그 애초의 연유를 상세히는 모르겠으나, 무슨 큰 까닭과 무슨 큰 명분으로 이런 비상한, 놀랄 만한 일을 하였는지 모르겠습니다."

중종은 폐비 신 씨만 생각하면 마음이 몹시 아팠다. 지어미 하나 제대로 지켜주지 못했다는 자책감이 컸다. 왕임에도 아무 힘을 쓰지 못했다는 무능함도 크게 와 닿았다. 중종은 불현듯 반정이 일어나던 날 밤의 일이 떠올랐다.《연려실기술》에 실려 있는 일화다.

한 무리의 군사가 집으로 들이닥쳤다. 이복형인 연산군이 평소 죽일지도 모른다는 심리적 압박감에 시달렸던 '진성대군晉城大君 역懌'은 겁에 잔뜩 질려 벌벌 떨고 있었다. 진성대군은 생각했다. 연산군이 자신을 죽이려고 군사를 보냈음이 틀림없다, 그렇다면 차라리 자결하자. 그때 곁에 있던 신 씨가 남편을 안정시키면서 조금만 기다려 보자고 했다. 그런데 군사들의 말머리가 바깥을 향하고 있지 않은가. 아마도 이것은 진성대군을 보호하려는 의도로 보였다. 진성대군을 잡아가려면 말머리는 당연히 집 안을 향해야 한다. 신 씨는 이런 절체절명의 위기 속에서도 침착하게 지혜를 발휘해 혹 있을 수도 있는 불의의 사고를 막았다. 하지만 즉위 후 단 7일간의 '중전'의 자리가 허락됐을 뿐이었다. 상소는 그 아픈 데를 후벼 팠다.

"당초에 박원종朴元宗 · 유순정柳順汀 · 성희안成希顔 등이 이미 신수근愼守勤을 제거하고는, 왕비가 곧 그 소출이므로 그 아비를 죽이고 그 조정에 서면 뒷날 후환이 있을까 염려하여, 바르지 못하게 자신을 보전하려는 사사로움을 위하여 폐위시켜 내보내자는 모의를 꾸몄으니, 이는 진실로 까닭도 없고 또 명분도 없는 것입니다."

박원종 · 유순정 · 성희안이 누구던가. 역사가 '반정 삼대장'이라고 일컫는 이들은 중종반정을 기획하고 실행하여 권력을 꿰찬 핵심 지도자들 아닌가. 이들에게 있어 나라의 안위 따윈 안중에도 없었고, 오직 자신들의 안위만이 중요했다. 이들은 신수근을 가장 먼저 제거했는데, 그가 누구인지는 아는 바대로다. 새로 중전이 된 신 씨의 아버지다. 그는 또 연산군의 정비였다가 연산군의 폐위로 폐비가 된 거창군부인居昌郡夫人의 오빠이기도 하다. 이렇듯 그는 연산군 대에 권력의 자리에 있었고, 또 새 왕 중종 대에서도 중용될 가능성이 큰 인물이었다. 반정 세력은 당연히 그에게 참여를 권유했다. 하지만 그는 두 임금을 섬길 수 없다는 선비다운 선택을 하였다. 그의 동생인 형조판서 겸 오위도총부 도총관인 신수영愼守英도 살해됐다.

하지만 신 씨는 집안이 풍비박산 났음에도 당연히 중전의 자리에 오를 수밖에 없었다. 진성대군이 보위에 올랐기에 싫다고 거절할 수도, 좋다고 할 수도 있는 것이 아니다. 그냥 저절로 중전이 된다. 신 씨는 그렇게 단경왕후端敬王后가 되었다.

하지만 반정 세력은 신 씨가 중전의 자리에 있는 게 여간 큰 부담이 아니었다. 누군들 아버지를 죽인 원수를 그냥 두겠는가. 더욱이 막강한 권력을 가진 중전이라면 맘만 먹으면 언제든지 칼끝을 아버지를 죽인 원수들에게 돌릴 수 있으리라. 반정군은 이런 뒤탈이 걱정됐다. 그들이 정권을 잡자마자 가장 먼저 이 화근의 싹을 잘라내는 것에 나선 것은 어쩌면 당연하리라.

반정 세력은 노골적으로 중전 제거 작전을 실행에 옮겼다. 중전이 특별히 잘못을 저지른 것도 아니어서 정상적인 나라라면 남편인 왕이 그 모의를 제압할 수 있다. 하지만 중종에게는 이를 막을 힘이 전혀 없었다. 중종은 이름만 왕일 뿐 반정 세력의 '아바타'에 불과했다. 결국, 신 씨는 반정1506년 9월 2일이 일어난 지 일주일만인 9월 9일에 강제로 폐위됐다. 그리고 중종은 이듬해1507년 2월 후궁이었던 윤여필尹汝弼의 딸과 혼례를 치르고 새 중전을 맞이했다. 그 중전인 장경왕후가 지금 원자를 낳고 세상을 떴다.

"지금 내정의 주인이 비었으니, 마땅히 이때를 계기로 쾌히 결단하셔서 신 씨를 중전의 자리에 앉히시면, 천지의 마음이 흠향할 것이요, 조종의 신령이 윤허할 것이고, 신민의 희망에 부응할 것입니다. 전하께서 장차 이 자리를 누구에게 부탁하고자 하십니까? 이미 떨어진 대의명분을 보존하고 어그러진 옛 은혜를 온전히 하시면, 이는 바로 대의와 정리에 합당한 것으로 환하여 의심할 것이 없습니다."

인왕산 치마바위 전설

그동안 신 씨 폐위에 대해 불만을 가진 세력들은 기회만 있으면 신 씨의 복위를 주장했다. 하지만 장경왕후가 중전의 자리에 버티고 있어 쉽지 않은 일이었다. 중종 역시 늘 마음 한구석엔 신 씨에 대해 애틋함이 있었었다.

야사에 따르면, 중종은 폐비 신 씨가 보고 싶을 땐 밤에 시찰을 핑계로 신 씨가 사는 인왕산 아래 사직골로 찾아가다 발길을 돌리곤 했었다고 한다. 어떨 땐 경회루에 올라 인왕산 기슭을 바라보며 마음을 달랬다. 신 씨도 중종의 이 같은 애틋한 마음에 화답했다. 신 씨는 경회루가 보이는 바위에 붉은 치마를 걸쳐놓아 자신도 주상을 그리워하고 있음을 알렸다. 이 '치마바위 전설'에서 보듯 그 남편에 그 아내라 할 만큼 중종과 신 씨의 부부 금실은 좋았었다.

이런 중종과 신 씨 사이에 비운의 이야기는 2017년 KBS에서 「7일간의 왕비」라는 제목의 드라마로 제작돼 방영되기도 했다. 허구가 생명인 드라마는 드라마일 뿐이지만 서사의 얼개는 역사적 사실을 적극적으로 반영했다고 나는 생각한다.

아무튼, 이런 상황에서 장경왕후가 사거함으로써 중전의 자리가 비었다. 궁은 빈 중전의 자리를 하루빨리 채워야 한다. 그렇다면 간택령을 내려 복잡하게 새 중전을 고르기보단 조강지처 신 씨를 복위하면 훨씬 쉽고 빠르게 중전의 간택 문제를 해결할 수 있지 않은가. 이때를 박상과 김정은 신 씨 복위의 기회로 보았다. 상소는 이처럼 에둘러가지 않고 신 씨를 중전의 자리에 앉히라고 직설적으로 말한 것이다.

상소를 다 읽은 중종은 깜짝 놀랐다. 상소는 금기시하던 문제를 정면에서 거론하고 있었다. 어떻게 한담? 중종은 쿵쾅거리는 가슴을 억누르고 곰곰 생각해봤다. 신 씨를 복위할 수만 있다면 더할 나위 없이 좋겠지만, 반정 삼대장이 죽었다고는 해도 반정 세력이 아직도 눈을 시퍼렇게 뜨고 있었다. 신 씨가 폐위된 지도 벌써 많은 세월이 흘렀다. 애틋함도 예전 같지 않았다.

중종은 반정 삼대장이 죽은 이 무렵부터 자신의 정치를 하기 시작했다. 조심스럽게 사림의 인재를 하나둘 요직에 발탁해 반정 세력인 훈구파를 견제했다. 그런대로 큰 문제 없이 잘 되어가고 있었다. 그래서 휘발성이 강한 이 문제를 입 밖에 냈다가 긁어 부스럼이나 만드는 것은 아닌지 걱정이 많았다. 중종은

사림(士林): 산림에 묻혀 유학 연구에 힘쓰던 문인들을 일컫는 말.

훈구(勳舊): 조선 초기의 각종 정변에서 공을 세워 높은 벼슬을 해 오던 관료층.

수차례 생각을 반복하며 모래성을 쌓아봤지만, 결론은 같았다. 고개를 절레절레 흔들던 중종은 마침내 전교를 내린다.

"이는 큰일이다. 어찌 하급관리의 말을 듣고서 할 수 있겠는가? 비록 해당 부서에 내리더라도 또한 시행하기 어려울 것이니, 이 소는 승정원에서 보관하는 것이 좋겠다."

상소를 다 읽은 후 전교를 내리면서 중종은 승정원이 왕명의 출납을 제대로 하지 못했다고 질책했다. 왕의 위엄이 빛나도록 미리 뜯어보고 대처했어야 한다고 했다. 이 상소를 혼자만 알고 있기엔 너무도 부담이 컸던 탓이리라.

그런데 이 문제는 중종의 바람과는 다르게 진행되었다. 당연히 조정에 알려졌다. 대사헌 권민수權敏手와 대사간 이행李荇 등은 중종에게 박상과 김정이 '사특한 논의'를 내놓았으니 의금부에서 죄를 묻게 하라고 건의했다. 상소도 궁중에 머무르게 하지 말고 즉시 대신들에게 보여 임금의 뜻이 무엇인지 알게 하여야 한다고 주장했다.

그러자 헌납 유돈柳墩은 상소하였다고 잡아다 죄를 물으면 언로를 막을까 두렵다며 벌을 주는 것은 옳지 않다고 주장했다. 유돈과 같은 의견은 소수여서 크게 관심을 끌지 못했다.

구언에 의한 의견 개진이기 때문에 굳이 벌줄 필요가 없다고 생각하여 승정원에 머무르게 했다는 중종의 애초 판단은 문제가 없어 보였다. 대간들의 처벌 건의도 일축하면 그만이었다. 그런데 중종은 대신들의 건의를 받고 보니 옳은 것 같다며 죄를 물으라고 명령하면서 태도를 바꿨다. 아울러 정부의 고위 관료들인 당상堂上, 정3품 이상의 벼슬을 이르는 말을 불러 상소를 보여주라고 한술 더 떴다. 중종의 이 우유부단한 결정은 앞으로 몰고 올 사태의 작은 날갯짓에 불과했다.

영의정 유순·좌의정 정광필·우의정 김응기·좌찬성 장순손·우찬성 김전·우참찬 남곤 등은 중종의 결정에 반기를 들었다. 이 상소는 구언에 응한 것이므로 내용이 불순하다고 해서 죄를 묻는 것은 옳지 않다는 게 그 이유였다. 하지만 중종은 물러서지 않았다. '그 정상을 일일이 따져가며 꾸짖어 물으면 인심을 안정시킬 수 있고 사특한 의논도 그칠 것'이라며 죄 물을 것을 거듭 명령했다.

이 추문 논쟁은 결국 언로보다 종묘사직의 일이 더 중요하다는 지평 채침蔡忱의 주장에 힘이 실리면서 박상과 김정은 처벌을 받는다. 박상은 전라도 남평, 김정은 충청도 보은에 유배되면서 논란이 일단락되는 듯싶었다.

구언에 응한 것은 불문에 붙여야

하지만 이 해 8월 22일 알성시 문과에 급제하고 성균관 전적에 제수되었다가 11월 22일 사간원 정언이 된 조광조가 문제를 제기하고 나서면서 폐비 신 씨 복위 문제는 새로운 국면을 맞았다.

조광조는 박상과 김정의 신 씨 복위 주장의 정당성 여부를 문제 삼지는 않았다. 상소에서 그는 폐비 신 씨의 복위와 관련한 입장에 대해서는 일절 언급하지 않았다. 퇴계의 《행장》에는 "신 씨는 실로 복위되어서는 안 됩니다"라고 쓰여 있어 되레 박상과 김정의 의견에 동의하지 않았던 것으로 보인다.

다만 조광조는 진언의 내용에 잘못이 있으면 채택하지 않으면 그만일 뿐 문제 삼아서는 안 된다는 의견이었다. 더욱이 대간이 나서서 내용을 문제 삼아 처벌을 주장하는 것은 잘못됐다고 문제를 제기했다.

"대간이 된 자로서는 언로를 잘 열어 놓은 뒤에야 그 직분을 다해낸다고 할 수 있습니다. 김정 등에 대하여 재상이 혹 죄주기를 청하더라도 대간은 구제하여 풀어 주어서 언로를 넓혀야 할 터인데, 도리어 스스로 언로를 훼손하여 먼저 그 직분을 잃었으니……."

대간이 누구던가. 삼사에 근무하는 관료 아니던가. 이들의 본분은? 언로를 여는 일이다. 그렇다면 다른 관료들이 다 처벌을 요구하더라도 '언로'를 여는 것이 '본분'인 대간만은 이런 주장을 하면 안 된다. 그런데 이 일에서는 대간들이 오히려 앞장서서 처벌을 주장하고 실행에 옮겼다. 이런 직분을 다하지 못한 대간들과 어떻게 함께 일할 수 있겠느냐는 게 조광조의 문제의식이었다. 그래서 조광조는 이들의 파직을 요구했다.

조광조의 이런 요구에 대해 중종은 삼공영의정 · 우의정 · 좌의정에게서 의견을 들었다. 그러면서 장령 유옥柳沃과 정언 박명손朴命孫이 이 일이 있는 후에 임명되었지만, 함께 일할 수 없다고 하지 않았는데, 왜 조광조만 그런 주장을 하느냐고 힐문하기도 했다.

이에 대해 조광조는 그들은 그랬을지 몰라도 자신은 그럴 수 없다며 뜻을 굽히지 않았다.

이 문제는 몇 달간 조정에서 '뜨거운 감자'였다. 특히 대간에서 격하게 논쟁을 거듭했다. 당시 사건이 일어났을 때 대사헌 권민수의 후임으로 온 대사헌 이장곤李長坤과 지평 김감金瑊은 조광조의 대간 논박은 옳다고 했다. 당시 대사간 이행의 후임이었던 김안국도 조광조의 손을 들어주었다. 반면, 장령 유부柳溥는 자신이 반정 삼대장인 유순정의 조카여서 의견을 표명하는 것이 바람직하지 않다고 하면서도 조광조의 주장은 잘못됐음을 분명히 했다. 이렇듯 대간들 사이에서 의견이 서로 나뉘었다.

이에 중종은 대간의 말이 지나치다고 해서 바꾸면 훗날 나쁜 폐단이 뒤따른다며 교체하지 않겠다고 했다. 이에 유부가 언로보다 종묘사직이 더 중요하다며 조광조의 주장이 잘못됐음을 다시 한 번 명확히 했다. 상황이 이렇게 되자 이장곤과 김감이 자신들의 의견이 국왕과 다르다며 사직을 청했다. 이때 홍문관 부제학 김근사金謹思는 양시론兩是論을 들고 나왔다. 양쪽 모두 주장하는 바가 일리가 있다는 것이었다. 하지만 중종은 한쪽이 옳으면 옳고 그르면 그른 것이라며 양시론을 달가워하지 않았다.

이렇게 논쟁이 날 새는 줄 모르는 사이 대사헌과 대사간이 바뀌어 각각 박설과 방유령이 맡았다. 점점 상황이 꼬여가자 중종은 조광조 한 사람의 말 때문에 서로 대립한다며 크게 한탄했다. 하지만 조광조가 요구한 대간의 교체는 이루어진 셈이다.

이 사태는 결국 해가 바뀌어 1516년중종 11 정월에 이르러서야 최종 해결 국면을 맞는다. 좌의정 정광필 등이 나서서 박상과 김정의 죄를 용서해주자고 주장한다. 이 주장은 점점 확산되었다. 이 해 3월 6일 조광조는 홍문관 부수찬을 거쳐 28일 수찬으로 승진하였고, 5월

22일에는 경연검토관이 되었다. 박상과 김정은 유배에서 풀려나 11월에 다시 관직에 복귀하였다. 그리고 이들은 조광조의 개혁 작업에 힘을 보태었다.

이로써 조광조가 제기한 지리한 '본분' 논쟁은 막을 내렸다. 하지만 이 논쟁은 조광조라는 한 젊은 선비의 존재감을 확실하게 세상에 각인시켰다. 또 조광조라는 신진인사가 핵심이 된 사림파가 '개혁'의 신호탄을 쏘아올리는 계기가 되었다.

02. 정정당당하게 과거시험을 보다

햇병아리 관료인 조광조는 시쳇말로 무슨 '백'을 믿고 이런 초강수를 두었을까. 젊은이의 기고만장한 패기였을까. 존재감을 한 번 드러내 보이려는 치기였을까. 아니면 깊이 계산된 정치적 행위였을까. 조광조의 정확한 의도는 알 수 없다. 그의 성품으로 미루어보아 이런저런 일을 계산하고 한 행위는 아닌 것 같다. 그냥 몸과 생각이 이끄는 대로 행동했을 뿐이었다.

더욱이 조광조가 '직'을 걸었던 것은 평소 벼슬에 그다지 관심을 두지 않았던 점을 고려하면 충분히 이해할 수 있다. 설령 임금이 자신의 요구를 받아주지 않아 당장 벼슬을 그만두게 되더라도 삶에는 별 영향이 없다는 것이 그의 생각이었을 것이다. 등 떠밀려 나선 벼슬길이어서 미련 또한 없었을 것이다. 오히려 잠시 흔들렸던 마음을 다잡고 학문에 더 정진할 수 있는 계기가 될 수도 있다고 여겼을 수도 있다.

벼슬보다
학문에 정진하리라

조광조는 벼슬에 관심이 없었다. 연산군 시절에 일어난 무오사화와 갑자사화를 겪으면서 사림들은 벼슬 대신 조용한 곳에 은거하며 학문에 깊이 천착하는 분위기였다. 괜히 벼슬을 기웃거렸다가 목숨마저 부지할 수 없을 만큼 연산군과 훈구세력의 광기는 상상을 초월했다. 그들은 정적政敵이라고 판단되면 없는 죄도 만드는 등 수단과 방법을 가리지 않고 제거했다. 조광조는 생각했다.

'내 그렇다면 벼슬보다는 학문 정진에 힘쓰리라.'

그가 공부에 매달리던 모습을 보고 사람들은 '미친 사람[狂人]'이라고 했다. '재앙의 씨앗'이라는 의미의 '화태禍胎'라는 말도 썼다. 어떤 사람은 그와 가까이하면 혹시 무슨 화를 입지나 않을까 해서 멀리했다고 한다. 그만큼 조광조는 좌고우면하지 않고 학문에 정진했다. 어찌 보면 외골수 같은 고집이 공부를 주도했다.

과거시험 따윈 아예 거들떠보지 않고 오로지 공부를 위한 공부에만 매진한다면 이를 이해할 사람이 몇이나 있을까. 보통사람의 시선으로는 학문에 광적으로 몰두하는 조광조의 이런 모습은 필시 정상이 아니었으리라.

주변 사람들은 열일곱 살 무렵부

무오사화(戊午士禍) : 조선 시대 연산군 때인 1498년에 유자광 중심의 훈구파가 김종직 중심의 사림파에 대해 화를 입힌 사화.

갑자사화(甲子士禍) : 조선 시대 연산군 때인 1504년에 연산군이 생모 윤씨의 폐비 사건에 관련된 신하들을 학살한 사건.

터 그에게 과거시험을 보라고 권유하곤 했다. 나이가 차면 과거시험을 보는 것이 당시 사대부 가문의 자손이라면 반드시 겪는 통과의례였다. 그런 점에서 주변 사람들의 과거 응시 권유는 응당 있을 수 있는 일이었다. 과거를 보지 않겠다고 입버릇처럼 말하는 그에게 지인들의 과거 응시 권유는 급제 기대감보다는 너무 빠져 있는 학문에서 잠시 거리를 두게 하려고 그랬을 수도 있지 않을까. 그런 권유를 받을 때면 조광조는 이렇게 핑계를 대며 웃었다.

"사장詞章에 능하지 못해 과거시험을 보기가 어렵습니다."

조광조는 성리학이 지배하는 세상을 꿈꾸며 도학자의 길을 걷고 있었다. 그런 점에서 그는 사장을 그다지 중요하게 여기지 않았다. 그의 "사장에 능하지 않다"라는 핑계는 어쩌면 사실일 수도 있어 보인다. 경전을 부여잡고 씨름하고 있을 뿐 시詩와 부賦 같은 것에는 전혀 관심을 두지 않았을 것이다. 어쩌면 그가 사장에 재주가 있는지 없는지조차 알 수 없었을지도 모른다. 해서 사장을 할 줄 몰라 과거시험에 관심이 없다는 그의 말 역시 이의를 달기가 어렵다.

이렇게 '미친 사람'처럼 공부에 몰두하던 조광조의 학문은 점점 깊이를 더해 나름의 경지에 이르렀다. 이런 사실이 소문이 나자 전국에서 배움을 청하는 사람들이 찾아왔다. 이렇게 해서 조광조의 공부 방법도 가르치는 것을 겸하는 방식으로 바뀌었다. 제자들과의 교감을 통해 학문을 더 정교하게 다듬으며 앞으로 나아갔다.

사장(詞章): 시가와 문장을 일컫는 말로, 수사적 기교에 중점을 둔 장식적인 문학론. 성리학이나 도학의 상대적인 말로 쓰이면서 성리학이나 도학을 중시하는 사림파에 대립하는 사장파가 형성되기도 했음. 나중엔 시문이나 잡문만을 가리킴.

그런데 조광조는 스물아홉 살 나이인 1510년중종 5 진사시에 응시한다. 뜻밖이었다. 벼슬 따위엔 관심조차 두지 않던 그가 왜 생각을 바꿔 뒤늦게 진사시에 응시했을까. 진사시는 보통 스무 살 전후에 응시한다.

그는 스무 살을 전후한 시기에 여러 가지의 큰일을 겪는다. 열여덟 살1499년에 혼인을 하였고, 혼인 일 년 만에 부친상을 당하여 삼년상을 치렀다. 또 무오사화와 갑자사화 그리고 중종반정을 겪었다. 이렇듯 그는 칠 년 사이에 개인적 국가적 격변기를 통과한다. 자연스럽게 과거시험과 같은 것에 곁눈질할 틈이 없었으리라.

그러다 중종반정 이후 가정도 정국도 안정을 찾아가자 질풍노도 같은 그의 마음도 평정심을 찾을 수 있었다. 공부도 혼자서 하는 것보다는 다른 유생들과 소통하다 보면 더욱 발전시킬 수 있을 것으로 생각했다. 그래서 성균관에 들어가야 한다고 판단했을 수도 있다.

성균관에 입학하려면 생원·진사시에 급제해야 한다. 성균관이 지금의 대학이라면 생원·진사시는 입학시험인 셈이다.

생원·진사시는 생원시와 진사시를 합쳐 부르는 이름이다. 생원시는 중국의 경적經籍에 관한 지식을, 진사시는 시詩·부賦·표表·전箋·책문策問 등을 시험한다. 생원시에 급제하면 '생원', 진사시에 급제하면 '진사'라는 일종의 학위를 준다. 급제자에게는 모두 성균관에 입학할 수 있는 자격이 주어지고, 하급관료에 임명될 기회가 생긴다. 생원과 진사는 선비로서 사회적 지위를 부여받는다. 그래서 벼슬엔 관심이 없고 선비 대우를 받고 싶어 늦은 나이에 생원·진사시에 응시하는 사람들도 꽤 있었다.

'춘부'로 진사시 장원급제

그런데 조광조는 왜 생원시 대신 진사시를 택했을까. 그가 사장 대신 경전을 중시한다는 얘기는 앞에서 한 바 있다. 조광조는 평소 문장을 중시하는 인사들과는 관계가 소원할 정도로 관심이 없었다.

조광조의 문재文才는 사실 겉으로 드러나지 않았을 뿐 상당히 뛰어났을 것으로 보인다. 그는 어린 시절 집안에서 당연히 시와 부를 배웠을 것이다. 사대부 가문의 자손이라면 당연히 과거에 응시해야 하므로 시와 부는 기본으로 배운다. 그래서 조광조도 시와 부를 어느 정도 접하고 또 공부도 했을 터이다. 나중에 알아보겠지만, 숙부 조원기趙元紀 등 주변 인사들에게 보낸 시가 여럿 남아 있는 점이 이 같은 사실을 뒷받침한다. 그리고 경전 공부도 문학 수업에는 많은 도움이 된다. 심오한 글 한 줄 한 줄이 모두 문학적 표현을 풍부하게 해주기 때문이다.

조광조는 일부러 시와 부를 찾아 즐긴다기보다는 기회가 있으면 마다하지 않는 정도였을 것이다. 그래서 진사시에 응해도 나름 급제할 자신이 있었기에 선택한 것이 아닐까. 사장에 능하지 못하다는 그의 핑계를 곧이곧대로 들을 필요가 없다. 그런 점에서 조광조는 진사시를 보는 것도 나름대로 의미가 있다고 봤을 수도 있다.

진사시의 문제는 '춘부'였다. 봄에 관해 '부'를 지으라는 것이었다. 부는 서론-본론-결론의 형식을 띤다. 조광조는 잠시 들뜬 마음을 가라앉히고는 평소 마음속에 품고 있던 것들을 중심으로 시상을 가다

들었다. 그리고 붓을 들어 답안지에 서론부터 써 내려갔다. 남아 있는 몇 안 되는 조광조가 직접 쓴 글이라는 점에서 좀 길더라도 〈춘부〉 전문을 읽어보자. 《수정재역 정암선생문집》조종업 역, 경인문화사에 실린 〈춘부〉를 이해하기 쉽게 조금 윤문했다.

음과 양이 섞여지면서 춘하추동이 펼쳐지는데
봄이 하늘의 으뜸이다
춘하추동은 봄에서 시작되고, 사단四端: 仁義禮智은 인仁에서 발생한다
봄이 없으면 계절을 이룰 수 없고
인이 없으면 사단을 이룰 수 없다
하늘은 욕심이 없어서 봄을 운행하여 춘하추동을 이루게 하고
사람은 욕심이 있어서 인을 잃어버려 사단을 채우지 못한다
그러므로 마음속으로 스스로 슬퍼져서 부를 짓는다

조광조의 붓은 거침이 없었다. 시와 부를 모른다던 사람이 맞나 싶을 정도로 그의 붓은 물을 만난 물고기처럼 답안지 위를 누볐다. 경전에서 공부한 것을 바탕으로 한 자 한 자 써 내려갔다. 서론이 끝나자 곧바로 본론으로 들어갔다.

오직 음과 양이 교대로 바뀌어
이理와 기氣의 묘한 요체가 깃들었도다

이가 기를 타고 서로 감동하고

원元이 다시 원으로 돌아가 사라지지 않는구나!

어지러이 사시가 번갈아 가며 자리함이여
각각 차례에 따라 밝고 밝았도다

오직 봄볕이 만물을 낳으니
특별히 천기만이 무궁할 뿐이로다

건乾과 곤坤의 심오하고 오묘함이 하나 되어
화기가 융융하게 쌓였도다

저 푸른 하늘의 고요하고 넓음이여
한갓 화풍에 마음을 붙이도다

이理가 허무에 걸려 있지 않음에
형상이 타고났어도 변함이 없도다

아, 천지기운을 불어내어 싹 틔움이여
생기왕성함의 마음 흐뭇한 뜻을 두루 펼치도다

만물이 숲과 같이 많으나
각각 때를 따라 형상을 이루도다

어찌 다만 천도만이 돌아가겠는가?
만물도 아득함 중에 성품을 이루도다

이에 천심이 변하지 않으니
진실로 자연의 생기왕성함의 이치로다

태극 이치 어렵다고 그 누가 이르는가
천지의 양자 사이에 밝고 뚜뚜하게 나타난다.

저 가을바람의 이로움을 이룸이여
여름날 더운 햇살을 오래도록 누렸도다

비록 이룬 것이 아무리 다르지만
이 모두 봄 한 철의 한 짓이다

오직 이 양이 한 번 움직여
작은 것에서 발생하여 더욱더욱 커나간다.

모든 것이 석 달 봄에서 볼 수 있나니
가을걷이 겨울저장 여기에 매여 있다

아아, 인생의 타고남이여
춘하추동과 더불어 하나로 되느니라

어찌 작용해서 이루리오
하늘과 인간은 다르지 아니하다

타고 날 처음에 인의예지를 갖춰서
인을 미루어서 셋義禮智이 되었도다

그지없이 모든 선을 모아 두고
성대하고 지극한 정성이 항상 넘치도다

발한 것은 비록 세미하고 아득하나
사해에 준칙이 가득 차느니라

혹은 그 만 가지 변화를 발휘해서
이에 우리 사람의 노리를 밝게 세웠도다

비록 예와 의가 많기는 하지만
인 하나에 바탕하여 어긋나지 아니한다.

어찌 소와 양을 날로 길러내랴
인을 잃게 되면 곧음도 없어진다.

샘물이 연연하게 흐르고자 하지마는
흙탕물에 휘말려 맑지 못하도다

위로는 하늘의 밝은 명령을 업신여기고
아래로는 사람의 윤리와 기강을 흐리게
하느니라

아래로 흐름을 즐기느라 깨닫지 못하고
모든 악의 모여드는 버려짐이 되느니라

어찌 세세한 행동만이 닦이지 않음이랴
이는 근원까지 착하지 않음이라

옛날 안자顔子는 공자님에게
인을 찾는 지극한 방법을 물었도다

4대天地君臣와 5상仁義禮智信 또한
이로 인하여 창성함을 알았도다

사물四勿을 힘써서 인의 마음을 잡아두니
마음속이 평안해서 봄 아님이 없게 된다

봄기운과 더불어 화합하니
화합함이 인온氤氳, 하늘과 땅 기운이 서로 합하여 어림해서 날마다 새롭도다

봄의 공功이 초목에 나타남에

사물(四勿): 논어에서 금하는 네가지. 예가 아니면 보지말며, 듣지 말며, 말하지 말며, 움직이니 말 것.

우리의 사업이 빈빈하고

봄꽃의 모습이 꽃과 풀에 나타남이여
우리의 낯과 등도 그대로 아름다워

비록 하늘과 사람이 다른 것 같으나
천리가 인에 있어 조금도 어긋나지 아니하다

본론에서 조광조는 선비들이 혼탁한 세상을 구하기 위해 선뜻 나서지 않는 현실을 개탄했다. 아마도 자신이 그동안 접었던 벼슬길도 한 번 고민해보려는 의도는 아니었을까. 그러면서 공자 곁에 있던 안자에게서 그 해답을 찾으면서 본론을 끝내고 곧바로 결론 부분으로 넘어간다.

하늘에 있어서는 봄이요
사람에 있어서는 인이로다
인은 태극을 근본으로 하니
다르면서도 같은 것이로다
이를 아는 사람 누구더냐
무극無極, 천지가 구분이 생기기 이전의 상태을 말하신 어른이시다

그랬다. 조광조는 진사시의 '부'를 지으면서 도학이 중요하다고 역설하고 있다. 이 세상은 하늘의 도로 다스려야 한다는 평소의 생각을

이 부에 쏟아 부었다.

이날 시험을 주재하는 상시관, 참시관, 감시관들은 조광조의 답안을 보고 놀랐다. 명망가들의 자제들이 노골적으로 부정행위를 일삼는 등 분위기가 어수선했지만, 조광조의 답안지는 한눈에 확 띄었다. 시험관은 걷은 답안지의 맨 위에 조광조의 답안을 얹어 임금에게 올렸다. 여기서 조광조는 당당히 장원에 뽑혔다. 부를 달갑지 않게 여기던 조광조가 부를 지어 진사시에 장원급제했다는 것은 아이러니하다. 하지만 조광조는 자신이 추구하는 세계가 독특했을 뿐 뭐든 주어지면 다 해내는 만능인이었다.

성균관 입재하여 학풍을 북돋우다

1510년 진사시에 급제한 조광조는 그해 성균관에 들어갔다. 성균관에서의 생활은 기숙사라 할 수 있는 동·서재東西齋에서 기숙하며 학업을 닦았다. 조광조가 입재하면서 성균관에 변화가 일어났다.

그동안 성균관 유생들은 실천과는 거리가 먼 공부를 하고 있었다. 동서재에서 몰래 고기를 먹는 등 성균관이 놀이 장소로 전락했다는 비판이 많았다. 유생들은 문장을 화려하게 꾸미는 데에만 정신을 팔 뿐이었다. 공부의 목적인 과거시험을 보기보다는 차라리 음직을 얻으려는 분위기가 많았다. 공부는 뒷전이었다는 얘기다. 이에 대해 성균관 대사성이었던 유승조가 이렇게 한탄하기도 했다.

사성(四聖): 유학의 정통을 잇는 네 성인을 일컫는데, 복희씨, 문왕, 주공, 공자를 말함.

십철(十哲): 공자의 제자 중 학문과 덕행이 뛰어난 열 사람을 일컫는데, 안연, 민자건, 염백우, 중궁, 재아, 자공, 염유, 계로, 자유, 자하를 말함.

"학생들이 절개와 의리 그리고 염치가 없다. 유생들이 화려한 의복만 좋아하고 책을 가지고 다니는 일도 드물다."

상황이 이러하니 뜻있는 선비들은 벼슬길보다는 은둔하여 학문에만 전념하는 풍조가 생겨나기도 했다.

이런 분위기를 간파한 조광조는 함께 성균관에 입재한 김식金湜 등과 함께 언행을 조심하는 한편 관대까지 갖추어 입고 온종일 정좌하여 책을 읽으며 학문에 집중했다. 그러자 조광조의 이런 자세를 비난하기도 했다.

"조광조 등이 건방지게 자신들을 사성이며 십철로 일컫고 다닌다."

《중종실록》에 나오는 얘기다. 실록에 기록될 정도라면 당연히 이 일은 조정에 알려졌으리라. 자신들을 사성과 십철로 일컬었다면 이는 쉽게 용납하기 어려운 일이다. 학생이 최고의 성인들을 자임했으니 말이다. 이는 자칫 빈 수레들의 허례일 수도 있고, 잘난체하는 행동일 수도 있다. 이 같은 행위를 제지하지 않고 그대로 두면 장차 오만방자한 사람이 되기에 십상이다. 예문관과 승문원, 교서관에서 징계 움직임을 보이면서 이 일은 생각보다 심각하게 여겨졌다.

이 말은 조광조 등을 비방하기 위한 목적에서 한 것임을 주목할 필요가 있다. 조광조 등이 나쁜 사람들이라는 걸 부각하려면 과장해서 표현하는 것은 당연하다. 또 이들의 튀는 행동에 대한 견제로 말의 수위를 세게 할 수도 있었을 것이다.

중종은 조강에서 이 문제를 논의하여 참찬관 김세필金世弼의 제안대로 결론을 내린다.

"선비들의 습속이 크게 무너진 세상에서 조광조 등의 근실한 행동은 오히려 그 뜻을 장려할 일이지 벌을 주어서는 안 된다."

이 해프닝은 공부에는 뒷전이던 성균관에 새로운 학풍을 진작시키는 역할을 했다. 이 같은 노력의 결과 조광조의 학문은 단연 눈에 띄었다. 군계일학群鷄一鶴이라는 사자성어가 가장 적절한 표현이리라.

성균관 추천으로 벼슬길 열려

조광조는 성균관에서 학문에 정진한 지 1년여 만에 벼슬길이 열렸다. 1511년중종 6 4월 1일 조정은 성균관에 명해 유생 조광조·김석홍金錫弘·황택黃澤을 천거하게 하였다. 그러자 숙부 조원기는 천거를 받은 조카 조광조에게 편지를 보내 조언한다. 한국고전종합DB에서 제공하는《연려실기술》9권 중종 조 명신편에 실려 있는 그 편지를 읽어보자.

> "직直, 광조의 자 孝直이 천거를 받은 것은 진실로 축하할 일이나 기쁜 중에 근심이 따른다. 특히 말할 것이 있다. 천거하는 것은 사람에게 달려 있고 쓰이는 것은 하늘에 달려 있으므로 대개 사람은 자신이 할 도리를 다할 뿐이다. 큰 명성에 맞춰 그 실질을 맞추기 어렵고, 칭찬하는 자가 있으면 훼방하는 자가 또 따라서 배척한다.

칭찬이 있으면 훼방이 있는 것은 고금의 공통된 우환이므로 행동을 삼가는 것이 더욱 어렵다. 위태로운 말과 지나치게 교만한 것으로 몸을 해치고 실패하는 것 같은 경계는 내가 효직에게 더 깨우칠 필요도 없을 것이다. 오직 내가 걱정하는 바는 여기에 있는 것이 아니다.
대개 사람들이 천지 가운데 같이 살아야 하는데, 새처럼 높이 날거나 짐승처럼 멀리 달아날 수는 없으니, 반드시 세속과 같이하여야 다른 사람들의 미움을 면할 수 있다. …… 이제 들으니 네가 천거 받고도 뽑혀 등용되는 것을 면하고자 하였다니, 네 마음에도 역시 한 번 벼슬길에 매이면 공부를 오로지 못할 것을 걱정해서일 것이다.
맹자의 말에, '벼슬이란 가난하기 때문에 하는 것은 아니나, 때로는 가난하기 때문에 벼슬하는 수도 있다' 하였다. 가난하기 때문에 벼슬하는 것은 오늘날 너의 처지가 그러하다. 집이 가난하고 어버이가 늙어 벼슬을 해야 할 사정과 공부를 오로지 하지 못하기 때문에 벼슬할 수 없다는 사정을 비교하면 차이가 있다.
오죽하면 옛 성인도 벼슬과 녹의 사양하기 어려움을 칼날 밟는 일에 비유했겠는가. 말썽을 좋아하는 사람들이 혹시 너의 벼슬 사양을 명성을 구하기 위한 것이라고 비방하지 않을지 어찌 알겠느냐? 오직 허물도 없고 칭찬도 없는 것이 참으로 몸을 보전하는 길이다.
옛날 마복파馬伏波가 교지交趾, 베트남 하노이에 있으면서 글을 보내어 형의 아들 엄돈嚴敦을 경계한 일이 있는데, 지금 너의 행동이 비록 엄돈과 같지는 않으나, 내가 너희들에게 어진 이름을 잃지 않고 가업을 이루어 문호를 온전히 하였으면 하는 뜻은 또한 마복파와 다를 것이 없도다."
베트남 하노이에 있던 마복파가 형의 아들인 조카 엄돈을 걱정했

던 것처럼 숙부 조원기도 그런 마음으로 이 편지를 썼다. 그는 조카의 성정을 잘 알고 있기에 거친 말과 교만함 때문에 문제가 생길 거라고는 생각하지 않는다고 전제하면서도, 칭찬하는 사람이 있으면 훼방하는 사람도 있기 마련이니 항상 행동을 삼가라고 했다.

그가 정말 걱정하는 것은 조카가 공부 때문에 천거를 받고도 사양하려 한다는 점이다. 혹시 사람들이 이 사양을 명성을 구하기 위한 얄팍한 행위로 비방할 수도 있음을 지적하면서 차라리 허물도 칭찬도 없는 것이 가장 좋을 것이라고 했다. 당시의 세상인심이 얼마나 야박했는지를 보여주는 것 같아 씁쓸하다.

한편 조정에서는 조광조를 임용해야 한다, 안 해야 한다, 의견이 분분하였다. 지금 임용하지 말자는 쪽은 하찮은 하위직에 제수하지 말고, 덕을 쌓아서 훗날 크게 쓰일 인물로 삼아야 한다고 주장했다. 그러면서 포상을 내려 다른 사람들이 모범으로 삼았으면 좋겠다고 했다.

아마도 그런 연유가 있었을 터이고, 또 앞의 숙부 편지에 언급됐듯이 학문에 정진하기 위함일 수도 있을 터였다. 때마침 어머니 민 부인상을 당해 삼년상을 치르는 과정에서 조광조에 대한 성균관의 추천은 흐지부지된 듯하다.

그러다 1515년중종 10 6월 8일 김식金湜 · 박훈朴薰과 더불어 조광조는 성균관의 추천을 다시 받는다. 성균관이 다시 조광조를 추천한 것은 그의 명성과 행실로 보아 당연한 절차였다. 성균관 유생 중 단연 돋보이는 존재였기 때문이다. 판서 안당安瑭이 나서서 청했다.

"경서에 밝고 행실과 수양이 있는 사람으로서 천거되었으니, 반드시 성균관의 당상 장관堂上長官과 2백 생원의 뜻에 맞은 뒤에 천거하였을 것입니다.… 조광조는 또 효행이 있습니다. 이 사람들은 행실이 높으나 본래부터 직급을 더해 줄 수 없어 만약 참봉을 제수하는 데 그친다면 비록 10년이 되어도 진작시킬 길이 없습니다. 바라건대, 올려서 선무랑宣務郎으로 삼고, 주부主簿의 직에 준하게 하여 그의 하는 바를 관찰하소서."

중종은 그리하라고 명했고, 조광조는 종6품직인 조지서 사지造紙署司紙 직을 제수받았다. 조광조는 마음이 불편했다. 추천으로 벼슬길에 나선다는 것이 영 개운하지 않았다. 관료를 선발하는 과거시험이 엄연히 있는데, 공식적으로 이 시험을 치르지 않고 추천만으로 임용된다는 것이 불공정하다는 생각이 들었다. 물론 성균관의 추천은 엄연히 국가에서 공식적으로 시행하는 관료 선발의 한 방법이었다. 부정한 방법이 아니다. 그러함에도 조광조는 그 대상에 자신이 포함된 것이 용납되지 않았다. 이때 얼마나 당황했는지 조광조는 그 심경을 이렇게 드러냈다.《조정암의 생애와 사상》강주진 지음, 박영사에서 인용했다.

> "나는 근본적으로 이익과 영달에 뜻을 두지 않았는데, 뜻밖에 관직을 맡게 되었다. 이왕 조정에 나아갈 바엔 허명으로 천거를 받았다는 말을 듣기 싫다. 정정당당하게 실력으로 과거를 보고 급제하여 나아가는 계제를 밟는 것이 좋겠다."

벼슬을 하려면 떳떳해야 한다. 누구에게든 빚을 지지 않아야 한다.

추천을 통해 벼슬길에 나선다는 것은 제도가 어떻든 자신의 능력보다는 누구누구의 '찬스'일 가능성이 크다. 그렇다면 그 찬스의 보이지 않은 손에 늘 끌려다니기 마련이다. 소신 있게 나랏일을 하려면 스스로가 허물이 없고 당당해야 한다. 요즘 우리 사회에는 똥 묻은 개가 겨 묻은 개를 흉보는 경우가 너무도 많다. 그 뻔뻔함 뒤엔 추악한 욕망이 숨겨져 있다.

아무튼, 조광조는 이런저런 걸 고려하여 정정당당하게 과거시험을 치른 후 벼슬길에 나서겠다고 맘먹었다. 그래서 마침 그해 치러진 알성시에 응시했다.

03. 하늘과 사람은
그 근본이 하나이다

1515년중종 10 8월 22일, 알성시謁聖試가 열렸다. 중종이 성균관 대성전에 나와 공자묘에 침례 하고 난 직후였다. 과거를 몹시 기다리던 조광조는 마침내 이 시험에 응시했다. 성균관의 추천으로 종6품인 조지서 사지 직을 제수받았지만, 조광조는 떳떳하게 과거를 치르고서 관직에 나가겠다고 마음먹었던 터라 알성시가 누구보다 반가웠다.

추천으로 벼슬길에 나간다는 것은 힘든 과거시험을 통해 벼슬길에 나서는 이와 비교하면 공정하지 않을 수도 있다. 열심히 공부하지 않고도 요즘 말로 성균관 '찬스'로 쉽게 벼슬을 할 수 있었기 때문이다. 당시의 성균관 추천제는 불법도 편법도 아닌 정당한 관리 추천 임용 절차였다. 성균관의 '추천'은 오히려 그 자질과 실력을 인정하는 보증수표였다. 누구도 성균관 추천으로 벼슬길에 나갔다고 해서 이상한 눈으로 쳐다보지 않았다. 되레 선망의 대상이었다. 그럼에도 그가 굳이 알성시에 도전한 것은 그의 성정이 어떠한지를 상징적으로 보여준다.

추천받을 바엔
정식 과거 보고 출사

알성시는 임금이 직접 시험장에 나와 참관하는 가운데 치러지는 시험이다. 알성시의 '알謁' 자는 '뵙다'라는 뜻이고, '성聖' 자는 '성인' 즉 '공자'를 일컫는다. 따라서 알성은 '공자님을 뵙다'라는 뜻이다. 임금이 성균관 대성전에 나와 공자묘에 침례하는 것이 '알성'인 셈이다. 알성시는 다른 시험과 달리 한 번의 시험으로 당일에 급제자를 뽑는 것이 특징이었다. 간혹 수일이 걸리는 경우가 있긴 해도 드문 편이었다.

알성시에 임하는 조광조는 긴장이 많이 되었다. 모든 시험이 다 그렇듯 조광조라고 예외일 수도 없거니와, 임금이 직접 시험장에 나와 있었기 때문에 더 그랬을 것이다. 주변에 앉은 유생 중 안면이 있는 자들도 있었다. 소문에 실력이 출중하다는 자도 있었다. 물론 선비의 탈만 썼을 뿐 집안의 명망만 믿고 공부와는 거리가 먼 자들도 있었다. 실력은 재 봐야 알 것이다. 조광조는 붓과 벼루, 먹 등을 점검했다.

중종이 시험장인 경복궁 사정전에서 직접 시험문제[책문]를 냈다.

"공자께서 말하길, '만일 나를 써주는 사람이 있으면 일 년이면 괜찮아질 것이고, 삼 년이면 이룰 수 있다'고 했다. 성인이 헛된 말을 했을 리 없다…… 성인의 과화존신過火存神, '소과자화所過者化 소존자신所存者神'의 준

책문(策問): 조선 시대 과거시험 문제로, 정치에 관한 계책을 묻고 그에 대한 답[對策文]을 쓰게 하는 것. 중국의 한 무제가 지방 수령이 추천한 인재를 등용할 때 나라의 현안을 물은 데서 유래하였다고 함.

말로, 성인이 거쳐 간 곳은 감화되고 머무는 곳은 신성하여진다는 의미의 묘를 쉽게 논의할 수는 없으나 덕이 부족한 내가 조종의 큰 기업을 이어받아 정사에 임해 잘 다스려지기를 바라온 지 십 년이다. 그러나 기강이 서지 못한 것이 있고, 법도를 정하지 못한 것이 있다. 이러함에도 크게 이룰 수 있는 효과를 바라니 어찌 어렵지 아니하겠는가? 그대들은 공자를 배운 사람들이다. 모두 요순시대의 임금과 백성같이 되는 것에 뜻을 두었을 것이다. 오직 대성하기만을 바라는 데 그치지 않을 것이다. 지금과 같은 때를 맞아 만일 옛날의 높은 정치를 이루고자 한다면 어느 것이 가장 먼저 해야 할 일이 되겠는가? 여기에 대해 자세히 말하라."

중종의 책문은 생각보다 길다. 친절하게 배경 설명을 곁들이면서 묻고자 하는 주제를 제시하고 있다.

책문은 "만일 나를 써주는 사람이 있으면 일 년이면 괜찮아질 것이고, 삼 년이면 이룰 수 있다'라는 표현으로 시작한다. 이 말은《논어》「자로 편」에 나온다. 원문을 보면, "자왈子曰 구유용아자苟有用我者 기월이기가야期月而已可也 삼년유성三年有成"이다. 중종은 왜 책문의 시작 부분부터 공자 말씀을 들고 나왔을까? 아마도 유교 이념에 따라 정치를 잘하여 좋은 나라를 만들고 싶어서일 것이다.

책문은 크게 세 부분으로 나뉜다.

첫째, 만약 공자라면, 일 년이라도 가능하지만 삼 년이면 좋은 나라를 만들 수 있다고 했는데, 망하는 말기의 주나라에서도 가능하겠는가.

둘째, 중종 역시 좋은 정치를 하려고 노력하고 있지만, 즉위한 지 십 년이 되었음에도 여전히 기강과 법도가 서지 못하고 있는 이유는 무엇인가.

셋째, 시험에 응시한 성균관 유생들은 이미 공자를 공부한 사람이므로 공자가 좋은 나라를 만들 수 있다는 자신감을 나타내는 이유를 알 터이니, 그것을 자세하게 말해보라.

중종은 공자께서 망하는 주나라마저 삼 년이면 이룰 수 있다고 자신하는데, 정말로 이 말이 헛된 말이 아닌지 궁금해한다. 여기에는 분명 비책이 있을 터이고, 그 비책을 자신이 좋은 나라를 만드는 데에 직접 활용하면 뜻을 이룰 수 있겠다는 생각이 들었을 것이다.

사실 중종은 고민이 많았다. 임금이 되어 정치를 한 지도 벌써 십 년이나 되었지만, 아직도 "기강이 서지 못한 것이 있고, 법도를 정하지 못한 것"이 있을 만큼 정치가 바로 서지 못하고 있다고 인식했다. 반정 삼대장의 시대가 역사의 뒤안으로 사라지면서 자신의 정치를 시작했지만, 생각보다 쉽지만은 않았다. 그런 점에서 중종은 올바른 유교 정치를 펴면 이런 문제를 극복할 수 있다고 생각했을 것이다.

중종은 공자를 깊이 공부하였을 성균관 유생들에게 기대를 걸었다. 이들이라면 공자의 이 자신감의 발로가 어디서 비롯되었는지 알 것이고, 그 방법도 분명히 찾았을 거라고 보았다. 하여 그 방법을 자세하게 말하라고 했다.

아무튼 이 긴 책문을 간단하게 한 줄로 요약하면, "어떻게 하면 공자처럼 정치를 잘할 수 있을까?"가 아닐까 싶다.

조광조는 책문을 찬찬히 훑어보았다. 낯설지 않았다. 늘 공부하면서 궁구하던 화두 아니었던가. 그러면서 한편으로는 반가웠다. 임금이 도학정치道學政治를 펼치려는 뜻을 갖고 있음을 발견했기 때문이다.

도학정치란 무엇인가. 여기서 도道는 '하늘의 이치'를 가리킨다. 우리가 흔히 쓰는 '순리'라는 말로 설명할 수 있다. 가령, 물은 위에서 아래로 흐르는 것이 순리다. 따라서 이 순리대로 만물이 운행할 때 태평성대를 누릴 수 있다. 바로 하늘의 이치에 따라 생각하고 행동하는 것이 도학정치이다.

그런데 물의 순리를 어겨 거꾸로 흐르게 하면 어떻게 될까. 요즘 기술로 불가능한 건 아니다. 물리적 힘을 가하면 충분히 거꾸로 흐르게 할 수 있다. 이럴 경우, 물이 거꾸로 흐르면서 예상하지 못한 일을 일으킬 수 있다. 그것도 나쁜 결과를 초래할 수 있다. 그래서 도학정치에서는 이를 철저하게 경계한다.

이런 도학정치의 신봉자인 조광조는 책문 행간에서 중종이 도학정치를 하겠다는 의지를 읽었다. 그렇다면 만약 자신이 과거에 급제해 벼슬길에 나서면 임금을 보좌해 자신이 꿈꾸는 요순시대와 같은 정치를 펼쳐볼 수도 있겠다는 기대감이 부풀었다.

조광조는 공자가 이루고자 했던 사회를 이루는 것이 꿈이었다. 공자가 꿈꾸는 사회는 어떤 사회였던가. 대동大同사회. 대동사회는《예기》「예운편」에 나오는 말로, '대도가 행해지고 모두 하나 되는 사회'를 말한다. 이런 사회는 어쩌면 이루고자 하는 목표일 뿐 결코 이룰 수 없는 유토피아 같은 이상사회일 수 있다. 대동사회가 어떤 사회인지《예기》예운편의 기록을 살펴보자.

"대도大道가 행해지는 세계에서는 천하가 공평무사하게 된다. 어진 자를 등용하고 재주 있는 자가 정치에 참여해 신의를 가르치고 화목함을 이루기 때문에, 사람들은 자기 부모만을 친하지 않고 자기 아들만을 귀여워하지 않는다. 나이 든 사람들이 그 삶을 편안히 마치고, 젊은이들은 쓰이는 바가 있으며, 어린이들은 안전하게 자라날 수 있고, 홀아비 · 과부 · 고아, 자식 없는 노인, 병든 자들이 모두 부양되며, 남자는 모두 일정한 직분이 있고, 여자는 모두 시집갈 곳이 있도록 한다. 땅바닥에 떨어진 남의 재물을 반드시 자기가 가지려고 하지는 않는다. 사회적으로 책임져야 할 일들은 자기가 하려 하지만, 반드시 자기만이 할 수 있다고 생각하지는 않는다. 이 때문에 간사한 모의가 끊어져 일어나지 않고 도둑이나 폭력배들이 생기지 않는다. 그러므로 문을 열어놓고 닫지 않으니 이를 대동이라 한다."

《한국민족문화대백과》

어떤가. 정치하는 사람이라면 누구나 목표로 두고 싶은 사회가 아닐까 싶다. 조광조 역시 정치적 목표를 여기에 두고 있음은 예외가 아니다. 그러니 책문은 미리 알고 있는 물음처럼 친숙했다. 물론 그 답을 찾는 것은 별개의 일이겠지만, 조광조는 전혀 예상하지 못한 문제보다는 궁구하던 화두이기에 접근이 쉬웠다.

세 단락으로 나눠 책문에 답하다

조광조는 책문을 정독한 후 앞에서 설명했듯 질문을 크게 세 가지로 요약했다. 해서 대책문도 크게 세 부분으로 구성하여 작성했다. 조광조는 붓을 들어 첫 문장을 썼다. 〈대책문〉은 《수정재역 정암선생문집》조종업 역, 경인문화사에서 인용한다.

"하늘과 사람은 그 근본이 하나입니다."

조광조의 붓놀림은 경쾌했다. 거침이 없었다. 준비된 답변이었다. 조광조의 답안을 베끼려는 듯 좌우의 선비들이 고개를 돌려 커닝하려고 시도했지만, 조광조는 아랑곳하지 않았다. 오직 자신의 답안지에만 시선을 고정한 채 붓을 놀렸다.

"하늘이 일찍이 그 이치를 사람에게 없게 하지 않았고, 임금과 백성은 하나에 근본 했기 때문에 어진 임금은 일찍이 그 도를 백성에게 없게 하지 않았습니다. 그러므로 옛날의 성인은 천지의 큰 것과 억조 백성을 하나로 삼고, 그 이치를 보아 그 도에 처하게 하였습니다."

대책문을 쓰기 시작하면서 조광조는 하늘과 사람의 근본이 하나이기에 하늘은 사람에게 도가 있게 했고, 임금과 백성도 그 근본이 하나이기에 임금도 백성에게 도가 있게 했다며, 하늘과 임금과 백성이 모두 하나라는 사상부터 설파한다. 그런 다음 조광조는 도를 가지고 일을 처리한다면 천하의 일이 모두 이치를 얻게 되고 천하의 물건이 모두 그 공평함을 얻게 된다면서, 이것이 모든 조화가 이루어지고 다스리는 방법이 이루어지게 한다고 했다. 그래서 임금이 진실로 하늘의 이치에 따라 지성을 다하면 나라를 다스리는데 어려움을 없을 것이라고 전제했다.

그러고 조광조는 본론으로 들어가 책문의 첫 번째 질문 부분인 '공자 말씀에 만일 나를 써 주는 자가 있다면[孔子曰如有用我者]'에서부터 '쉽게 논의할 수 없다[未易容議]'에 이르기까지의 부분에 대한 대책문을 쓴다. 만약 공자라면, 일 년이라도 가능하지만 삼 년이면 좋은 나라를 만들 수 있다고 했는데, 망하는 주나라 말기에서도 가능하겠느냐는 게 물음이다.

"공자의 도는 천지의 도이고, 공자의 마음이 바로 천지의 마음입니다. 천지의 도와 만물의 많음이 이 도에 따라 이루어지지 않음이 없습니다. 천지의 마음과 음양의 감화도 또한 이 마음에 말미암아 조화되지 않음이 없습니다. 음양이 조화되어 만물이 이루어진 뒤로, 물건 하나라도 그 사이에서 성취되지 않음이 없고, 반듯하게 구별되었습니다. 하물며 공자께서는 본래 있는 도로써 이끌었기 때문에 쉽게 효과를 얻었고, 본래 가지고 있는 마음으로써 감화시켰기 때문에 쉽게 효과를 얻은 것입니다."

조광조는 공자의 도가 천지의 도이며, 공자의 마음이 천지의 마음이기 때문에 공자의 말대로만 한다면 그 다스림의 효과가 반드시 나타날 것이라고 확신하였다. 그러고는 주나라 말기의 상황을 극복하는 공자의 정치력에 대해 이렇게 말한다.

"주나라 말기에는 기강과 법도가 비록 이미 무너졌지만 하늘의 뜻이 주나라의 덕을 싫어하지 아니하였습니다. 이에 공자의 도를 이끌어 이것을 국정에 실시해서 예로써 그 백성의 뜻을 인도하고, 악으로

써 그 백성의 기를 순화하고, 정치로써 그 행동을 통치하면 정치와 교화가 크게 이루어지고, 천지가 장차 밝아지며 화기가 교감하여 음양의 기운을 뿜어내어 초목이 무성할 것입니다."

조광조는 공자의 가르침이 세상에 서지 않았더라면 요순의 도도 후세에 길이 전할 수가 없었을 것이라고 강조했다.

조광조는 책문의 두 번째 질문인 '덕이 부족한 내가[予以寡德]'에서부터 '어찌 어렵지 아니하겠는가[豈不難哉]'에 대한 대책문을 썼다. 중종이 좋은 정치를 하려고 노력하고 있지만, 즉위한 지 십 년이 되었음에도 기강과 법도가 여전히 서지 못하고 있는 이유는 무엇인가가 물음이었다. 조광조는 답을 써나갔다.

"성상이 다스림을 구하려는 마음의 성의를 다하지 아니해서 그런 것이 아니오라 확실히 그 근본을 얻지 못해서 그런 것입니다. 또한, 이른바 근본이란 도가 곧 정치를 펴나가는 원인이 되고, 마음이 정치를 펴나가는 근본이 되고, 정성이 또한 도를 행하는 요점이 되는 것이 어찌 아니겠습니까?"

근본이 뭔가. 그렇다. 정치가 작동되는 기본적인 원리 아니겠는가. 그런데 이 기본 원리를 제대로 세우지 못하니 당연히 정치가 자리를 잡지 못한다.

조광조는 나라를 경영하면서 도를 얻어야 기강과 법도가 세워진다고 했다. 만약 임시방편적인 기강을 만들거나 나랏일의 말단적인 것에만 신경을 쓴다면 기강과 법도가 세워지지 않는 것은 당연하다고 주장하였다. 그러면 나라를 다스리는 데에는 되레 해가 있을 것이라 말하였다.

"마음을 바르게 하고 그 도를 펴기 때문에, 정치를 하면서 인을 얻게 되고, 만물을 처리하면서 의를 얻게 되어서 세상의 모든 일마다 하나도 도에서 나오지 않는 것이 없습니다. 그렇기에 부자의 윤리와 군신의 구분이 각각 그 이치를 얻게 되고, 하늘과 땅의 경륜도 또한 귀결하게 되었으니 이것이 요·순·우께서 중용의 도를 잡았던 방법입니다."

이렇게 하여 법도와 기강을 세웠다면 이번에는 혼자서 모든 것을 다 하려고 하지 말고 과감하게 대신들에게 맡기라고 조광조는 말한다. 임금이 혼자서 정치할 수 없다며 대신에게 맡겨야 정치의 법도가 선다는 것이다.

물론 대신을 믿는 것도 중요하다. 믿음이 없으면 정치를 맡길 수 없고, 임금이 혼자 모든 정치를 다 해야 한다면 그건 되레 도를 잃는 지름길이라고 말했다. 요즘 말로 책임정치를 실천하여 임금은 임금답게, 신하는 신하답게 그 본문을 다하면 좋은 정치가 이루어질 수 있다는《논어》〈안연편〉의 '군군신신부부자자君君臣臣父父子子'의 정신을 강조했다. 알다시피 이 정신은 임금은 임금 노릇 하며, 신하는 신하 노릇 하며, 아버지는 아버지 노릇 하며, 자식은 자식 노릇 하는 것을 말한다. 자신의 위치에서 본분에 맞게 행동하라는 가르침이다.

"군주는 하늘과 같으며, 신하는 춘하추동과 같습니다. 하늘이 혼자 돌기만 하고 춘하추동의 운행이 없으면, 만물이 자라날 수 없습니다. 군주가 혼자 책임을 지고 대신의 도움을 받지 않는다면, 온갖 교화가 왕성하게 일어나지 않습니다."

앞에서 소개한 '춘부'의 진술과 매우 닮았다. 조광조는 알성시 대책문에서도 도학정치를 지향하는 일관된 흐름을 보여주고 있다.

조광조는 마지막 질문인 '그대들은 공자를 배운 사람들이다[諸生學孔子者]'에서부터 '여기에 대해 자세히 말하라[其言之以悉]'에 대한 답을 한다. 거침없던 조광조의 붓은 어느덧 마무리 단계로 접어들었다. 여기서 조광조는 자신의 평소 갖고 있던 실천 덕목을 꺼내 설명한다.

"전하께서는 '도를 밝히는 것[明道]'과 '혼자 있을 때를 조심하는 것[愼獨]'을 마음 다스리는 요체로 삼고, 그 도를 조정에 세우면 기강은 어렵지 않게 설 것이며, 법도도 어렵지 않게 정해질 것입니다. 공자가 '석 달이면 가하고, 삼 년이면 이룰 수 있다' 한 말이 바로 여기에 있습니다."

'도를 밝히는 것'과 '혼자 있을 때 조심하는 것'은 조광조의 좌우명이나 다름없는 덕목이다. 명도는 그가 도학주의자임을 고스란히 보여준다. '도를 밝힌다'는 우주 만물은 하늘의 도에 따라 운행되는데, 인간 세상을 하늘의 뜻이 펼쳐진 이상세계가 되도록 한다는 지치주의至治主義를 지향한다. 지치는 《서경》 〈군진편〉에 나오는 '지치형향감우신명至治馨香感于神明'에서 따온 말로, 잘 다스려진 인간 세계의 향기는 신명을 감명시킬 수 있다는 의미이다.

'신독'은 남들이 보지 않는 곳에서도 몸과 마음을 허투루 하지 않고 바른 자세를 취하는 것을 말한다. 조광조는 이 신독을 평생의 좌우명으로 삼아 실천하였다. 성균관이든 어디든 공부할 때 자세를 흩뜨려 트리지 않는 모습에서 그가 '신독'을 얼마나 중요한 덕목으로 삼고 있는지 알 수 있다. 그런 점에서 조광조는 자신의 평소 전념했던 도학 공부와 실천 덕목을 알성시 대책에서 임금이 고민하는 정치를 잘하는 방법론으로 제시한 셈이다.

조광조는 '죽음을 무릅쓰고' 써내려 온 글에 마침표를 찍고 주변을 둘러보았다. 그리고 심호흡을 한 번 하고서 대책문을 제출했다.

이 대책문으로 조광조는 을과 장원을 한다. 유생 장옥張玉이 갑과 장원을 했는데, 장옥이 전체 1등이고, 조광조가 2등인 셈이다.

문과에서는 통상 갑과甲科 3명, 을과乙科 7명, 병과丙科 23명의 등급을 정하였다. 이는 성적으로 갑과 3명을 뽑고, 그다음의 성적으로 을과 7명을 뽑고 나서 병과 23명을 뽑는다. 이러면 을과 장원은 4등이 된다. 그런데 이 원칙이 반드시 지켜진 것은 아니었다. 갑과를 1명도 뽑지 않는 일도 있었고, 갑과를 1명 또는 2명만 뽑는 경우도 많았다. 아마도 이때의 알성시는 갑과를 1명만 뽑은 듯싶다. 그 장원이 바로 장옥이고, 그 다음이 을과 장원인 조광조였다.

조광조에게 있어 을과 장원으로의 급제는 매우 큰 의미가 있었다. 실력을 충분히 검증받고 또 인정받았기 때문이다. 이후 조광조가 거침없이 개혁에 나설 수 있었던 것은 이런 자신감이 바탕에 깔려 있었으리라.

추천으로 벼슬길에 나섰다면, 공직을 수행하는 동안 추천자의 그늘에서 벗어나기 힘들다. 추천자가 사사로이 청탁해온다고 해보자. 그러면 매몰차게 거절할 수 있을까. 물론 거절할 수 있다. 그럴 땐 그 자와 인연을 끊을 각오를 해야 한다.

조광조의 벼슬길에는 이런 걸림돌이 없어졌다. 정정당당하게 과거를 통해 급제했다. 이제 조광조의 앞길에는 거칠 것이 없었다.

[참고]

조광조의 알성시 책문과 대책 전문

알성시 대책문은 조광조가 직접 쓴 남아 있는 몇 안 되는 글이기도 하거니와, 그의 도학 정치사상이 압축적으로 담겨 있어 조광조를 이해하는데 매우 중요한 자료로 꼽힌다.《수정재역 정암선생문집》조종업 역, 경인문화사의 번역문을 참고하여 조금 윤문했다.

책문策問

임금께서 이렇게 말씀하셨다. 공자께서 말하길, "만일 나를 써주는 사람이 있으면 일 년이면 괜찮아질 것이고 삼 년이면 이룰 수 있다"라고 했다. 성인이 헛된 말을 했을 리 없다. 그 규모와 실행하는 방안이 반드시 실행하기 전에 먼저 정한 것이 있을 것이다. 그것을 낱낱이 가리켜 말할 수 있겠는가? 주나라가 쇠퇴하던 말기에 이르러 기강과 법도가 이미 모두 무너졌는데도 공자께서는 오히려 '삼 년이면 이룰 수 있다' 하셨다. 만약 삼 년을 지난다면 그 정치의 효과가 과연 어떠하였겠는가? 또한, 그 실시한 실적을 볼 수 있는 것이 있겠는가? 성인의 과화존신의 묘를 쉽게 논의할 수는 없으나 덕이 부족한 내가 조종의 큰 기업을 이어받아 정사에 임해 잘 다스려지기를 바라온 지 십 년이다. 그러나 기강이 서지 못한 것이 있고, 법도를 정하지 못한 것이 있다. 이러하고도 크게 이룰 수 있는 효과를 바라니 어찌 어렵지 않겠는가? 그대들은 공자를 배운 사람들이다. 모두 요순시대의 임금과 백성같이 되는 것에 뜻을 두었을 것이다. 오직 대성하기만을 바라는 데 그치지 않을 것이다. 지금과 같은 때를 맞아 만일 옛날의 높은 정치를 이루고자 한다면 어느 것이 가장 먼저 해야 할 일이 되겠는가? 여기에 대해 자세히 말하라.

대책對策

신은 대답하나이다.

하늘과 사람은 하나에 근본 했기 때문에 하늘이 일찍이 그 이치를 사람에게 없게 하지 않았고, 인군과 백성은 하나에 근본 했기 때문에 인군은 일찍이 그 도를 백성에게 없게 하지 않았습니다.

그러므로 옛날의 성인들은 천지의 큼과 억조 백성들의 무리를 하나로 삼고, 그 이치를 보아 그 도에 처하게 하였습니다. 이치로써 보았기 때문에 천지의 정기를 지니고 하늘과 땅의 신령 덕을 통달한 것이며, 도를 가지고 이것을 처리하였기 때문에 정밀하고 조잡한 물체들을 조화시키고 인륜의 절차를 이끌어갔습니다. 이러므로 옳은 것은 옳고, 그른 것은 그르다 하고, 선을 선이라 하고, 악을 악이라 하는 것이 내 마음에서 벗어날 수가 없어서 천하의 일이 모두 그 이치를 얻게 되고, 천하의 물건이 모두 그 공평함을 얻게 되니, 이것이 모든 조화가 수립되고 다스리는 방법이 이루어지게 되는 것입니다.

비록 그러나 도는 마음이 아니면 의지하여 설 수가 없고, 마음은 지성이 아니면 또한 힘이 되어 시행될 수가 없습니다. 인군이 되어 진실로 하늘의 이치를 관찰하여 그 도를 처해나가고 그 지성으로 그 일을 행해나가면 나라를 다스리는 데 무엇이 어렵겠습니까?

공손히 생각하건대, 주상 전하께서는 하늘의 굳건하고 땅의 온순한 덕으로써 부지런히 쉬지 않고, 정치를 베푸는 마음이 이미 정성스럽고, 정치를 실행하려는 방법이 이미 섰음에도 오히려 기강이 서지 못하고, 법도가 정하지 못한 것으로 염려하여 옛 성현께 알현한 나머지 반궁泮宮, 성균관과 문묘를 아울러 이르던 말에서 신 등에게 책문을 올리게 하면서 선성의 일을 먼저 언급하고, 드디어 높은 옛날의 정치를 회복하고자 하시니, 신이 이를 전달하고자 하던 바이거늘 어찌 감히 부족한 생각이나마 정성을 다하여 높으신 물음에 대해 만분의 일이라도 대답해 드리지 않겠습니까?

신이 임금님의 책문에서 말씀하신 '공자 말씀에 만일 나를 써 주는 자가 있다면[孔子曰如有用我者]'에서부터 '쉽게 논의할 수 없다[未易容議]'에 이르기까지를 삼가 읽어보니, 대개 한 사람으로 천만인에게까지 이르는 것이 많지 않은 것이 아니며, 한 가지 일에서 천만 가지 일까지 해야 하니 번거롭지 않은 것이 아닙니다. 그러나 이른바 '심心'이란 것과 이른바 '도道'란 것은 일찍이 그 두 가지 사이에서 하나 아닌 것이 없고, 천만 가지 사람과 일은 비록 다르나 그 도와 심이 하나로 될 수 있는 것은 하늘이 하나의 이치에 근본 하였기 때문입니다.

그러므로 천하를 함께 할 수 있는 도로써 나와 하나가 될 수 있는 사람을 인도하고, 천하를 함께 할 수 있는 마음으로써 나와 하나가 될 수 있는 마음을 감동하게 해, 이런 마음을 감동하게 하고 그 마음을 감화시키면 천하의 마음들도 내 마음의 정당함에 감화돼서 감히 그 바른길로 함께 하지 아니할 수가 없을 것이요, 이를 이끌어서 내 도에 인도하면 천하의 사람들은 내 도의 큼을 좋게 여겨 감히 선한 곳으로 돌아가지 않을 수 없을 것입니다. 돌아보건대, 나의 도와 마음이 성실한지 성실하지 못한지에 따라서 정치가 다스려지고 어지러워짐이 구분됩니다.

공자의 도는 곧 천지의 도이며, 공자의 마음은 곧 천지의 마음입니다. 천지의 도와 만물의 허다한 것들은 모두 이 도를 따라서 이루어지지 않은 것이 없고, 천지의 마음과 음양의 감응도 또한 이 마음으로 말미암아 조화되지 않는 것이 없습니다. 음양이 조화되고 만물이 이루어진 뒤에야 한 물건이라도 그 사이에서 성취되지 아니하는 것이 없으며, 바르고 뚜렷하게 분별되는 것이거늘, 하물며 공자께서는 이것을 인도하기를 본래 가지고 있는 도로써 해서 그 효과를 얻기가 쉽고 이들을 감동하게 하기를 본래 가지고 있는 마음으로 하므로 그 효험을 얻기가 쉽지 않겠습니까. 이것으로 말한다면, '한 달이라도 좋다'던가 '삼 년이면 이룰 수 있다'라는 것이 어찌 공연한 말씀으로 실제가 없겠습니까.

그 규모와 베푸는 방법으로 말하면 또한 반드시 먼저 정한 것이 있습니다. 무엇으로 말하느냐 하면, 도밖에 물건이 없고 마음밖에 일이 없으니 그 마음을 지니고, 그 도를 펴나가면 인仁이 되어 하늘의 봄기운과 같이 만물을 인으로 길러내는 데 이를 것이며, 의義가 되어 하늘의 가을 기운과도 같이 만민을 의로 바르게 하는 데 이를 것입니다. 예와 지도 또한 하늘의 이치에 극진하지 않음이 없게 되어서 인의예지仁義禮智의 도가 천하에 서게 되면 나라를 다스리는 규모와 시설 무엇이 여기에 더할 것이 있겠습니까.

아아, 세상은 성하고 쇠하는 차이가 있되 도는 예와 지금이 차이가 없습니다. 주나라 말기에는 기강과 법도가 비록 이미 무너졌지만, 하늘의 뜻이 주나라의 덕을 싫어하지 아니하여 공자의 도를 이끌어서 이것을 국정에 실시하여 예로써 그 백성의 뜻을 인도하고, 악으로써 그 백성의 기를 순화하고, 정치로써 그 행동을 통치하면 정치와 교화가 크게 이루어지고, 천지가 장차 밝혀지며 화기가 교감하여 음양의 기운을 뿜어내어 초목이 무성할 것입니다.

그리고 이미 실행한 실적을 보면, 비록 석 달의 정치로도 길에 다니는 자가 길을 양보하고, 남녀가 길을 달리하는 성하고 아름다운 것으로서 일컬을 만한 것이 있으나, 이것은 진실로 당초에 공자의 대도大道가 되지 못하고, 그 주역을 찬贊하고 춘추를 수정한 두어 가지 일은 실로 만세를 두고 천지가 다하도록 대법大法과 대교大敎로서 바꿀 수 없는 도입니다.

공자께서는 비록 당세에 그 지위를 얻지 못하셨으나, 만세토록 의지하고 법 받아서 다스림이 되게 한 것은 실로 요순의 공과 같습니다.

후세에 진실로 공자의 가르침이 세상에 서지 않았더라면 요순의 도도 후세에 길이 전할 수가 없었을 것이오, 요순의 정치도 회복할 일이 없었을 것입니다. 그러므로 일을 잘 관찰하는 자는 나타난 자취를 보는 것이 아니라 자취가 없는 자취에서 관찰하는 것입니다. 이것이 이른바 '과화존신'이라는 것으로서 쉽게 논의할 수 없는 것입니다.

신이 임금님의 책문에서 말씀하신 '덕이 부족한 내가[予以寡德]'에서부터 '어찌 어렵지 아니하겠는가[豈不難哉]'에 까지를 삼가 읽어보니, 천하의 일은 일찍이 근본이 없지 아니하고 또한 일찍이 끝이 없지도 아니하니, 그 근본을 바룬다는 것은 비록 멀고 늦은 것 같으나 실은 힘이 되기가 쉽고, 그 끝을 찾는 것은 비록 절실하고 극진한 것 같으나 실은 공이 되기가 어렵습니다. 이러므로 정치를 잘 논하는 사람은 반드시 본과 말이 있는 곳을 밝혀서 그 근본을 먼저 바르게 합니다. 근본이 바르게 되면 끝이 다스려지지 않은 것은 걱정할 바가 아닙니다.

공손히 생각하건대, 주상 전하께서는 지극히 정성스러운 마음으로 이르나 밤이나 게을리하지 않으시고 요순시대의 풍속을 어떻게 하면 일으킬 수 있을까 하셔서 백성이 한 사람이라도 헐벗은 사람이 있으면 이들을 따뜻하게 해주실 것을 생각하고, 한 사람이라도 착하지 못한 자가 있으면 이들을 착하게 할 것을 생각하셔서 동방의 우리나라를 태평한 지역으로 올리고자 하신 지가 지금 십 년이나 되었습니다. 하지만 기강이 서지 않은 바가 있고 법도가 정하지 못한 것이 있는 것은 성상이 다스림을 구하려는 마음의 성의를 다하지 아니해서 그런 것이 아니라 확실히 그 근본을 얻지 못해서 그런 것입니다. 또

한, 이른바 근본이란 도가 곧 정치를 펴나가는 원인이 되고, 마음이 정치를 펴나가는 근본이 되고, 정성이 또한 도를 행하는 요점이 되는 것이 어찌 아니겠습니까.

무릇 도라는 것은 하늘에 근본 하였으되 사람에게 의지하고, 일하는 사이에 행하여 나라를 다스리는 방법이 되고 있습니다. 그러므로 나라를 경영하면서 그 도를 얻으면 기강을 힘써서 세우지 않더라도 사람들이 보지 못하는 사이에 서게 되고, 법도를 힘써서 정하지 않더라도 사람들이 듣지 못하는 곳에 정하게 됩니다. 만일 별달리 기강을 만들어서 정사의 말단만 가지고 세우거나, 별달리 법도를 만들어서 문서 도구의 말단만 가지고 정한다면, 이른바 '기강'과 '법도'란 것은 일찍이 서지 못할 것이오, 세운 것은 나라를 다스리는 체통에 도리어 해가 있을 것입니다. 왜냐하면, 그 근본은 서지 않았는데 오직 말단만을 추종해서는 그 도를 얻지 못하는 까닭입니다.

그러므로 옛적의 밝은 임금은 천변만화千變萬化함이 하나도 인군의 마음에 근본 하지 않는 것이 없다는 것을 알아서 그 마음을 바르게 해서 그 도를 펴지 않는 이가 없습니다. 그 마음을 바르게 하고 그 도를 펴기 때문에, 정치를 하면서 인을 얻게 되고 만물을 처리하면서 의를 얻게 되어서 사사물물事事物物마다 하나도 도에서 나오지 않는 것이 없습니다, 그렇기에 부자의 윤리와 군신의 구분이 각각 그 이치를 얻게 되고, 하늘과 땅의 경륜도 또한 귀결하게 되었으니, 이것이 요·순·우께서 중용의 도를 잡았던 방법입니다. 엎드려 바라건대, 전하께서는 정사와 문서 도구의 말단으로써 기강과 법도로 삼지 마시고, 한마음의 묘용妙用으로써 기강과 법도의 근본으로 삼으셔서 이 마음의 본체가 광명정대하고 두루 통달해서 천지로 더불어 그 본체를 같이하고 그 쓰임을 크게 하면 날마다 실시하는 정사들이 모두가 도의 운용이 되고 기강과 법도는 족히 세우지 않아도 서게 됩니다.

비록 그러하오나, 그 정성이 있는 연후에야 그 마음의 도가 굳건하게 서게 되어 마침내 그 이룸을 보게 될 것입니다. 자사子思께서 말씀하시기를, '성실하지 못하면 사물도 없다' 하셨으니, 성誠이란 것은 기강의 근본이 서게 되면 성실하지 않은 것이 없습니다. 천지의 이치는 지극히 성실해서 한 번 숨 쉬는 사이라도 잘못됨이 없으므로 예로부터 지금에 이르기까지 한 물건도 성실하지 않은 것이 없고, 성인의 마음도 또한 지극히 성실해서 한 번 숨 쉬는 사이라도 잘못됨이 없었기 때문에 처음부터 끝까지 한 일도 성실하지 않은 것이 없었습니다. 그러므로 모든 일이 마음에서 나오는 것은 반드시 이 마음의 성실이 있고 시행하는 정치도 성실하지 않은 것이 없어서 기강이 서게 되어 구차하지 않고, 법도가 정해져서 문서의 도구로 되지 않았습니다. 전하께서 만일 정사의 말단으로써 기강과 법도의 방법으로 삼고 한마음의 묘용과 지극한 정성의 도로서 도리어 오활하고 더디게 여겨서 심법心法에 힘쓰지 않으면 이는 산에서 물을 구하고 물에서 나무를 구하는 것이니 마침내 그 털끝만한 효험도 보지 못하실 것입니다. 이것이 기강의 대본大本이며 대법大法입니다.

법도가 대강 정해지는 것과 기강이 대강 서게 되는 것은 일찍이 대신을 공경하고 그 정치를 맡기는 데 있지 않은 것이 없습니다. 인군은 일찍이 혼자서 다스리지 못하고 반드시 대신에게 맡긴 뒤에 다스리는 도가 서게 됩니다. 인군이란 것은 하늘과 같고 신하란 것은 춘하추동과 같습니다. 하늘이 혼자 돌기만 하고 춘하추동의 운용이 없으면 만물이 자라날 수 없습니다. 군주가 혼자 책임지고 대신의 도움을 받지 않는다면 온갖 교화가 왕성하게 일어나지 않습니다. 다만 일어나지 못하고 이루어지지 못할 뿐만 아니라, 하늘이 스스로 행하고 인군이 스스로 맡아서 한다면 하늘이 되고 인군이 되는 도를 크게 잃게 됩니다.

그리고 또 이미 대신의 자리를 마련해서 그들을 부리는데 겨우 문서만을 시키는 대로 다루는 것으로서 직업으로 삼게 하고, 또한 아래 신하들이 살피는 것을 믿어서 방지하게 되면 위로는 인군이 신하를 부리는 도를 얻지 못하고 아래로는 신하가 인군 섬기는 방법을 얻지 못해서 군신의 도를 잃게 됩니다. 그러므로 옛적의 성군과 어진 정승들을 반드시 성의로 서로 믿어서 상하가 모두 그 도를 다해서 함께 광명정대한 대업을 이룰 수가 있었습니다. 엎드려 바라건대, 전하께서는 대신을 존경해서 그 정치를 맡기고 그 기강을 대강 세우고 그 법도를 대강 정하여서 후일에 큰 근본이 서로 큰 법도가 행해질 수 있는 기반을 이루십시오.

신이 임금님의 책문에서 말씀하신 '그대들은 공자를 배운 사람들이다[諸生學孔子者]'에서부터 '여기에 대해 자세히 말하라[其言之以悉]'까지를 삼가 읽어보니, 다듬지 않아 거친 말학末學이 어찌 충분히 알겠습니까마는 공자께서 나라를 다스리는 것은 도를 밝히는 데 지나지 않을 따름이고, 학문하는 것은 '근독謹獨'에 지나지 않을 따름이니 삼가 도를 밝히는 것[明道]과 '근독'의 두 가지 일을 가지고 전하를 위하여 말씀드리겠습니다.

나라를 다스리는 것은 도뿐이요, 이른바 도라는 것은 성품을 따르는 것을 말합니다. 대개 성품은 있지 않은 곳이 없으므로 도도 있지 않은 곳이 없습니다. 크게는 예악형정禮樂刑政, 예법제도, 음악, 형벌, 정령과 작게는 제도문화 사업이 사람의 힘을 빌지 아니하고서도 각각 당연한 이치가 있지 않은 것이 없는데, 이것이 곧 고금의 제왕들이 다 같이 실천하며 정치를 하던 것으로 하늘과 땅에 가득 차서 막히고 예와 지금을 관철한 것이로되 실은 일찍이 내 마음의 안에서 벗어나지 않습니다. 이것을 따르면 나라가 다스려지고 이것을 잊으면 나라가 어지러워지므로 잠깐 사이라도 가히 떠날 수가 없습니다. 이러므로 이 도의 본체를 생각하고 보는 사이에 환하게 밝아지게 하여 감히 잠시라도 밝지 못한 것을 그대로 두어서는 안 됩니다.

그러나 사람의 정은 언제나 나타나는 곳에서는 조심하고 거의 없는 곳에서는 소홀하지 않을 수 없는데, 그윽하고 은밀한 곳은 곧 여러 신하가 보지 못하는 곳으로서 자기만이 홀로 보는 바이고 미세한 일도 여러 신하가 듣지 못하는 곳으로서 자기만이 홀로 아는 바인데, 이것은 모두 인정을 소홀히 하는 바로서 하늘을 속이고 사람을 속일 수 있어서 반드시 삼가지 않아도 되는 것으로 여깁니다. 이러한 마음을 가지고서 오래도록 감추고 숨겨두면, 그 용모에 나타나고 정사를 베푸는 즈음에 발표되어 반드시 드러나서 가릴 수 없는 것이 있고 마침내 정치를 훼손하고 교화를 해치는 데 이르렀습니다.

그러므로 옛적에 제왕들은 이미 이 도를 경계하고 조심해서 항상 밝혀 혼미하지 않게 하면서도 특히 이 그윽하고 은밀한 곳에서 더욱 삼가기를 극진히 하였습니다. 반드시 기미가 보이는 시초가 추호라도 사악과 거짓의 싹이 없고 순수하게 의리가 발현되게 하면, 나라를 다스리는 도가 더할 나위 없이 착하고 아름다울 것이니, 이것이 바로 기강이 선 것이고 법도가 정해진 바입니다.

엎드려 바라건대, 전하께서는 정말로 도를 밝히고 홀로 있는 때를 조심하는 것으로서 마음을 다스리는 요체로 삼고, 그 도를 조정에 세우면 기강은 어렵지 않게 설 것이며, 법도도 어렵지 않게 정해질 것입니다. 그런즉 공자께서 말씀하신 '일 년만이라도 가하다는 것과 삼 년이면 이룬다'라는 것이 바로 여기에 있습니다.

신이 임금의 위엄의 두려움을 무릅쓰고 감격하고 간절함이 지극함을 이기지 못하며 삼가 죽음을 무릅쓰고 대답합니다.

04. 광란의 임금을 갈아치우다

'시대가 한 인간의 삶을 규정한다.'

이 발언은 과연 틀린 것일까. 물론 '모든' 삶을 규정한다고 하면 틀린 말일지도 모른다. 하지만 한 인간의 삶에 어느 정도 영향을 미친다는 점은 부인할 수 없으리라. 그런 점에서 조광조라는 걸출한 개혁사상가의 '팩션'이라면 그 주인공이 태어나던 때를 전후한 시대적 배경을 알아보는 것은 반드시 필요한 일이다.

무소불위의 훈구세력

출생과 가문에 관한 구체적인 사항은 다음 장에서 자세하게 알아보겠지만, 조광조는 조선 성종 대에 태어났다. 성종의 25년 재위 기간 중 한 가운데를 지나던 때이다. 특히 그가 태어나던 1482년 같은 달에는 연산군의 생모인 폐비 윤 씨가 사약을 받았다. 우연의 일치 치고는 뭔가 그 의미가 행간에 숨어 있을 것 같다.

성종 대에서부터 조광조가 정계에 나가는 중종 10년까지의 시대적 상황은 조광조를 이해하는 데 매우 중요한 시기이다. 그 이후 4년여 벼슬을 하는 동안의 시대적 상황은 이 책의 상당부분을 차지하는 날줄로 기능하기 때문에 따로 떼어 설명할 필요는 없을 것 같다. 해서 여기서 다룰 씨줄인 시대적 상황은 출생에서 벼슬에 나가기까지를 범위로 한다.

성종 대는 어린 조카인 단종의 왕권을 찬탈하였던 수양대군 세조의 계유정난癸酉靖難의 여진이 여전히 잠복된 상태로 있던 때였다. 유교 국가를 표방하던 조선에서 왕위를 강제로 빼앗는 행위를 과연 용납할 수 있을까. 세조의 서슬 퍼런 강압정치에 눌려 대놓고 입 밖에 내놓지는 못했지만 뜻있는 많은 인사들은 비판의식으로 가득했다. 중종 때 이들은 조광조와 더불어 사림세력을 이루며 개혁 세력으로 활동했다.

아무튼 이때는 이런 도학적 관점에서의 문제의식이 수면 아래에 있었다. 그런데 그 문제는 단지 왕권 찬탈에만 그치지 않았다는 점이다. 세조의 쿠데타를 적극 도왔던 공로로 핵심 요직을 차지했던 정난공신靖難功臣들의 득세였다. 한명회韓明澮로 상징되는 정난공신들은 강력한 훈구세력을 형성하였다. 이들 훈구세력은 모든 정치를 쥐락펴락하며 그 누구도 범접할 수 없는 권력집단이 되었다.

계유정난(癸酉靖難): 1453년 수양대군이 조카인 단종을 폐위시키고 정권을 장악하기 위해 일으킨 쿠데타.

물론 이들을 향한 비판 또한 적지 않았다. 예종이 즉위한 지 한 달 만에 일어난 '남이南怡의 옥獄'도 이들 훈구세력을 향한 것이었다.

세조가 죽자 열아홉 나이의 세자가 즉위하여 예종이 되면서 새 시대가 시작되었다. 하지만 세조 때 권력가였던 신숙주申叔舟 · 정인지鄭麟趾 · 한명회韓明澮 등이 원상院相이 되어 여전히 권력의 핵심이 되었다. 원상은 요즘 말로 하면 고문과 같은 직책이라고 볼 수 있으나, 이때의 원상은 차원이 달랐다. 그 실권이 막강했다.

예종이 즉위한 지 한 달 보름만인 1468년 10월 24일 유자광柳子光이 남이가 역모를 꾀하고 있다고 고변한다.

남이는 처음에 역모를 부인하였다. 하지만 함께 북방 얘기를 나눴다는 민서가 "남이는 간신이 일어나면 내가 죽을 터인데, 염려가 된다"고 하고, 간신이 누구냐는 물음에 '한명회'를 지목했다고 털어놨다. 이에 한명회는 당연히 무관한 일이라고 했다. 남이도 한명회도 모두 혐의를 부인했다. 그러면 예종은 누구의 말을 믿겠는가. 이 질문은 우문에 가깝다. 한명회가 누구인지 알고 나면 굳이 물을 필요가 없는 질문이란 걸 알 수 있다.

가난한 집안에서 태어난 한명회는 어렵게 미관말직으로 벼슬을 시작한다. 과거가 아닌 조상의 음덕으로 관리에 임명되는 음서蔭敍로 개경에 있는 경덕궁의 궁직으로 임명되었다. 그러다 한명회의 야심을 익히 알고 있던 친구 권람權擥, 계유정난의 주역은 야망가 수양대군을 소개했고, 둘은 의기투합했다. 결국, 한명회는 계유정난의 책략가 역할

원상(院相): 새로 즉위한 왕이 어려서 제대로 정사를 돌보기 어려울 경우 왕을 보좌하여 국정을 돌보는 직책.

을 수행하며 권력의 핵심으로 들어간다. 그리고 비록 명이 짧았지만 두 딸을 왕비로 만든다. 셋째 딸은 세자였던 예종과 혼인하여 원자를 낳는다. 장순왕후章順王后이다. 장순왕후는 산후 시름시름 앓다 요절했다. 그러함에도 한명회는 영의정이 되었다. 원자도 일찍 죽었다. 하지만 예종도 즉위 1년 2개월 만인 1469년에 승하하자 한명회는 넷째 딸을 예종의 뒤를 이은 성종의 비로 만들었다.

그런 예종이 누구의 말을 믿겠는가는 뻔하다. 장인인 한명회의 진술을 받아들일 수밖에 없었다. 남이는 극구 부인하며 사흘을 버티다 "묶은 몸을 풀어주고 술이나 한잔 주면 다 말하겠다"고 하였고, 받아들여지자 남이는 자백했고, 죽임을 당한다.

이시애의 난을 평정했던 남이 장군 마저 훈구세력의 핵심인 한명회를 건드렸다 죽임을 당할 정도였다. '남이의 옥'은 훈구세력은 잘못 건드리면 되레 큰 코 다친다는 교훈을 던져주었다.

여기서 주목해야 할 인물이 또 있다. 유자광이다. 유자광은 세조·예종·성종·연산군·중종까지 5대에 걸쳐 출세가도를 달렸지만, 간신배의 대명사로 불리는 인물이라는 점을 기억해둘 필요가 있다. 나중에 또 이름이 나올 것이어서 여기서는 이 정도로만 언급하겠다.

'민수閔粹의 사옥史獄'도 훈구세력의 막강함을 보여주는 사건이다. 예종 때인 1469년 4월에 일어난 이 일은 말 그대로 민수라는 사관이 사초를 수정하였다가 옥살이를 한 사건이다.

이시애의 난: 1467년 이성계의 본거지인 함경도 길주의 호족 이시애李施愛 등이 세조의 집권 정책에 반대해 일으킨 반란. 남이 장군이 토벌대 대장이 되어 난을 평정하였고, 난을 평정한 뒤 남이 장군은 당상관으로 승진하고 적개공신敵愾功臣 1등관에 책록됐다.

사관 민수가 《세조실록》 편찬을 위한 사초를 납입하였는데, 왠지 마음이 불편했다. 자신이 쓴 사초 중 권력 실세들을 비판한 내용이 들어 있었기 때문이었다. 모든 사초들은 모아지면 섞여지기 때문에 누가 썼는지 알 수 없는 것이 일반적이어서 문제될 게 없지 않느냐고 할지 모른다. 하지만 당시에는 사초 밑에 쓴 사관의 이름을 적게 되어 있었다. 그러니 당연히 누가 썼는지 알게 되고, 그 비판의 대상이 된 권력 실세는 문제의 사관을 가만두지 않을 거란 두려움이 엄습했던 것이다.

그러자 민수는 봉교 이인석과 첨정 최명손 등에게 부탁하여 사초를 빼내려고 했지만 거절당했다. 이에 민수는 친한 친구인 박사 강치성康致誠에게 수차례 부탁해 간신히 사초를 가져와 수정했다. 하지만 그 수정이라는 게 당시에는 영화 〈기생충〉의 주인공 기우최우식 분처럼 완벽하게 해낼 수 없었다. 수정한 흔적이 고스란히 생겼을 수밖에 없었다. 검열 양수사와 최철관이 민수의 사초에서 수정 흔적을 발견했고, 그들은 그냥 넘어가지 않았다. 이 사실을 참의 이영은에게 알렸다. 이영은은 이를 다시 실록청 당상들에게, 당상관들은 임금에게 고했다.

만약 비판의 대상이 훈구세력이 아니었어도 민수가 위험을 무릅쓰고 고치려고 맘먹었을까. 아니다. 그가 비판한 훈구세력은 나는 새도 떨어뜨릴 만큼 서슬 퍼런 권력을 가진 자들이었다. 사초를 고쳐 발각돼 받는 죗값보다 훈구세력 비판으로 얻게 될 무서움이 더 컸으리라. 이때 훈구세력은 막강한 후원자였던 세조의 부재에도 여전히 막강한 권력을 갖고 있었다.

이런 상황 속에서 성종은 비교적 긴 25년이란 재위기간 동안 업적을 많이 남긴 왕으로 기억된다. 특히, 성종은 간신으로 꼽히는 임사홍이나 유자광 같은 인사들을 축출하고 대신 김종직 같은 사림파를 중용하여 사림정치의 본격시대를 열었다는 평가를 받는다. 이 사림파는 훗날 중종 대 조광조의 개혁정치를 추동하는 역할을 했다.

더욱이 성종은 조선의 법전이랄 수 있는 《경국대전經國大典》을 완성하는 등 조선의 모든 법제와 정비를 완성한 임금으로 기억된다. 시쳇말로 정치를 나름 잘 한 왕으로 대접받는다.

예측불허의 악행 저지른 연산군

하지만 성종의 뒤를 이은 맏아들 연산군은 극과 극을 이루는 왕의 대명사로 꼽힌다. 폭군이라는 이미지가 먼저 떠오르는 연산군의 학정 뒤에는 권력욕으로 가득 찬 훈구세력들과의 공생관계가 강하게 작동했다고 해도 틀린 말이 아니다.

연산군은 아버지 성종이 등용한 사림파를 탄압하는 사화史禍를 일으키는 한편 자신의 지지세력이었던 훈구파와 척지는 예측 불허의 정치를 펼쳤다.

처음에는 그럭저럭 정사를 제대로 돌보던 연산군이 왜 이렇게 되었을까. 여기에 대한 많은 역사학자들의 대답은 생모 윤 씨에 대한 진실을 접하고부터라고 입을 모은다.

연산군의 생모 윤 씨는 성종의 첫 왕비인 공혜왕후가 요절하자 후궁에서 왕비가 된 인물이다. 하지만 후궁을 많이 거느렸던 성종은 윤 씨보다 다른 후궁들의 처소를 찾기에 바빴고, 이에 윤 씨는 투기심이 일었고, 그 투기심은 결국 화를 부르고 만다. 야사에는 성종의 얼굴에 손톱자국을 내는 바람에 인수대비의 노여움을 사 폐위되었다고 한다.

연산군은 생모가 폐위되자 훗날 중종이 되는 진성대군의 생모인 정현왕후의 아들로 알고 자랐다고 한다. 그러다 왕이 된 지 10년 되던 해1504년에 연산군은 매부이자 간신배 임사홍의 아들인 임승재 집에 놀러간다. 연산군은 임승재를 특별히 총애해 자주 놀러갔다고 하는데, 갔다 하면 대취했다.

그날 허물없이 마시는 술자리에 임사홍도 동석했고, 연산군은 그로부터 생모 윤 씨의 폐위와 사사 전말에 대해 듣게 된다. 연산군은 믿을 사람이 하나도 없다는 생각이 강하게 들었다. 누구라도 그래서는 안 되겠지만 성종의 후궁 엄 씨와 정 씨야 서로 경쟁하는 관계라는 점에서 그렇다 치더라도 할머니인 인수대비는 물론, 어머니로 알고 따르던 정현대비까지 합세했다는 데서 큰 충격을 받았다.

연산군의 충격의 강도는 그날 밤에 벌인 일이 상징적으로 보여준다. 그길로 연산군은 창경궁으로 쳐들어가 엄 씨와 정 씨를 끌어내 직접 때렸다. 그래도 분이 풀리지 않자 연산군은 이들의 아들들에게 직접 때리게 했다. 결국 엄 씨와 정 씨는 연산군의 지시로 옆에 있던 사람들에 의해 맞아 죽는다. 정현대비도 예외는 아니었다. 하지만 중전 신 씨신수근의 여동생의 강력한 저지로 정현대비는 목숨을 잃지는 않았다. 인수대비에게도 어머니를 왜 죽였냐고 따졌다.

다음 날에도 연산군은 제정신이 아니었다. 오로지 어머니를 죽인 자들을 찾아 살육하느라 골몰했다. 그 와중에 연산군은 사림파를 제거하는 무오사화를 일으킨다.

무오사화는 김일손의 사초에서 김종직의 '조의제문弔義帝文'과 실록 편찬 책임을 맡은 이극돈을 비판한 상소문을 발견되면서 시작됐다. 조의제문은 항우가 초나라 의제를 폐한 것을 비판한 내용을 담고 있는데, 이것이 계유정난을 은유적으로 비판했다고 본 것이다.

그러자 연산군은 사사건건 비판하는 사림파의 제거를 지시하였다. 이미 죽은 김종직은 부관참시, 김일손 등은 능지처참, 정여창과 김굉필 등 수많은 선비는 귀양 보냈다. 여기서 함경도 희천에 유배된 김굉필의 이름을 특별히 기억하기 바란다. 뒤에서 그의 이름이 매우 중요하게 언급될 것이다. 아무튼 역사는 이 사건을 무오년에 사림들이 화를 입었다고 해서 무오사화戊午史禍라고 부른다.

무오사화 이후 연산군은 맘 놓고 전횡을 부리고 사치 향락에 빠졌다. 연산군의 무절제한 행동은 결국 국고를 거덜 나게 했다. 그러자 훈구파가 궁중파宮中波와 부중파府中派로 나뉘어 갈등을 벌였다.

의정부·육조 중심의 부중파가 공신들의 공신전 반납 및 노비 몰수를 추진하면서 반발을 산 것이다. 이때 임사홍 등 외척 중심의 궁중파가 눈엣가시인 훈구파는 물론이거니와 잔여 사림파까지 모두 제거하려는 음모를 꾸민다. 연산군은 잔여 사림파들이 폐비 윤 씨 복위를 반대했다는 이유로 제거의 대상으로 삼는 한편 폐비 문제와 관련된 이극균, 윤필상, 성준 등 부중파도 제거했다. 무오사화 때 희천으로 유배됐던 김굉필은 이때 순천으로 이배되었다가 사사된다. 이미 사망한 한명회, 정창손, 정여창 등은 부관참시 되었다. 이걸 역사는 '갑자사화甲子士禍'라고 기록했다. 갑자사화 때는 사림파는 물론 훈구파까지 제거했다.

연산군의 엽기적인 만행을 여기서 더 언급할 필요성을 느끼지는 못한다. 책은 물론 TV 드라마나 영화를 통해 이미 많이 접했기 때문에 중언부언이 될 것 같아서다.

삼대장 주도로 일어난 중종반정

아무튼 이 무렵 연산군의 이런 폭정을 더 이상 두고 볼 수 없다는 인식의 공감대가 확산되기 시작했다. 그러다 임계점을 넘은 공감대는 마침내 1506년 9월 2일 세상이 뒤집히는 일로 귀결된다. 연산군의 잘못을 바로잡는다는 의미의 '반정反正'이 일어난 것이다. 그날의《중종실록》은 이 일을 어떻게 기록하였을까.

> 박원종과 유자광은 문무백관을 거느리고 대비에게 가서 아뢰었다. "지금 위에서 임금의 도리를 잃어 정치적 명령이 혼란하고, 민생은 도탄에서 고생하며, 종사는 위태롭기가 철류綴旒, 기에 다는 술을 말하는데 위험함을 의미와 같으므로, 신 등은 자나 깨나 근심이 되어 어찌할 줄을 모르겠습니다. 진성대군은 대소 신하와 백성의 촉망을 받은 지 이미 오래이므로, 이제 추대하여 종사의 계책을 삼고자 감히 대비의 분부를 여쭙니다."

그러자 대비는 이렇게 말했다.

"변변치 않은 어린 자식진성대군이 중책을 감당하겠느냐. 세자연산군의 아들 이황이 장성했고, 또 어질기까지 하니 세자로 잇는 게 어떠냐?"

하지만 반정군의 반응은 싸늘했다.

"이미 대계를 다 정해 놓았기 때문에 바꿀 수 없습니다."

그러고 나서 유순정과 강혼姜渾을 보내어 여러 사람을 거느리고 진성대군을 사저에서 맞아오게 하였다. 또 승지 한순과 내관 서경생을 창덕궁에 있는 연산군에게 보내 아뢰었다.

"인심이 모두 진성에게 돌아갔습니다. 사세가 이와 같으니, 정전을 피하여 주고 옥새를 내놓으십시오."

이에 연산군이 체념한 듯 말했다.

"내 죄가 중대하여 이렇게 될 줄 알았다. 좋을 대로 하라."

그러고 나서 연산군은 시녀를 시켜 옥새를 내어다 상서원尙瑞院 관원에게 주었다. 상황이 이렇게 되자 대비는 미시未時, 오후 1시~3시에 백관이 궐 뜰에 들어와 줄을 짓자 교지를 발표했다.

"우리 국가가 덕을 쌓은 지 백년에 깊고 두터운 은택이 민심을 흡족하게 하여 만세토록 뽑히지 않을 기초를 마련하였는데, 불행하게도 지금 크게 임금이 지켜야 할 도리를 잃어 민심이 흩어진 것이 마치 도탄에 떨어진 듯하다. 대소 신료가 모두 종사를 중히 여겨 폐위하고 세우는 일로 와서 아뢰기를, '진성대군晉城大君 이역李懌은 일찍부터 인덕仁德이 있어 민심이 쏠리고 있으니, 모두 추대하기를 청한다."

부복하여 있던 군신들이 진성대군을 추대하라는 자순대비慈順大妃,

정현왕후 윤 씨로 진성대군의 생모의 교지를 듣고 기뻐서 뛰며 춤추었다고 한다. 군신들이 춤을 췄다는 점은 충분히 이해는 간다. 연산군의 학정이 끝났기 때문이리라. 광기 어린 연산군 앞에서는 그 누구도 목숨이 안전하지 않았다. 비위가 상하면 친소관계를 떠나 살상도 서슴지 않았지 않은가.

이렇게 반정이라는 반유교적 방법으로 졸지에 즉위했지만, 중종은 허수아비에 불과했다. 모든 국정은 박원종·유순정·성희안으로 상징되는 반정 삼대장 중심의 정국공신들이 끌고 나갔다. 중종은 자기 정치를 전혀 할 수 없었다. 오죽 힘이 없었으면, 경연이 끝나 대신들이 나갈 때 일어서서 예의를 다하며 눈치를 살펴야 했을 정도였다.

하지만 왕이 된 지 8년 즈음 지나자 상황이 바뀌기 시작했다. 반정 삼대장이 모두 죽음으로써 눈치 볼 사람이 사라지자 중종은 권력욕이 솟구치면서 자기 정치를 하고자 했다. 그렇다면 정국공신으로 대표되는 훈구 세력의 권력을 견제할 필요가 있었다. 이런 점에서 중종은 사림 세력에 주목하였고, 이들을 중용하여 훈구 세력에 맞서게 했던 것이다.

아무튼 조광조가 태어나서 청소년기를 거치는 동안의 시대적 상황은 이처럼 격변했다. 비상식의 광기가 모든 것을 집어삼키는 악행의 블랙홀이었다. 이는 그냥 그런 일이 있었다라고 치부할 일이 아니다. 조광조와 같은 성정을 가진 젊은이의 삶에 결정적 영향을 미쳤다.

05. 나면서부터 아름다운 자질이 있었다

조광조는 1482년성종 13 8월 10일 한성부 향교동 동지제洞之第에서 태어났다. 이때는 계유정난이라는 비정상적 사태가 어느 정도 수면 아래로 가라앉으면서 나름 평화가 찾아들 때였다. 동지제는 지금의 서울 종로구 경운동돈의동 18번지로, 인사동 낙원상가 북쪽 입구에 있는 횡단보도 부근이다. 그곳에 가면 '조광조 선생 살던 집터'라는 표지석이 세워져 있다.

서울 종로 낙원상가 북쪽 입구에 있는 조광조 선생이 살던 집터.

조광조는 아버지 조원강趙元綱, 사헌부 감찰과 어머니 여흥 민 씨驪興閔氏, 현감(閔誼)의 딸 사이의 3남 중 둘째 아들이다. 관례冠禮,성인식 때 손님들이 지어준 자字는 효직孝直이고, 스스로 지은 호는 정암靜菴이다.

이성계와 사돈 맺은 명문가

조광조는 한양漢陽에서 태어났다. 한양, 즉 서울은 예나 지금이나 정치·경제·사회·문화 등 모든 분야의 중심지이다. 이 얘기는 조광조의 가문이 중앙무대에서 나름의 역할을 해왔다는 것을 의미한다. 그의 본관이 '한양'이라는 점도 이 같은 추론이 신빙성 있음을 강력하게 뒷받침해 준다. 본관은 성씨 시조의 본적지 또는 씨족의 발상지를 상징한다. 전통적인 족보에서 '한양'을 본관으로 사용하는 성씨는 조광조 가문뿐이었다. 지금은 성을 새로 만들면서 본관을 한양으로 사용하는 경우가 여럿 있기는 하다.

한양 조 씨의 시조는 고려에서 조순대부 첨의중서사朝順大夫 僉議中書事를 지낸 조지수趙之壽이다. 함경도 일대에 대대로 살면서 토착 사족士族을 형성했다. 특히 조선을 건국한 이성계 집안과 밀접한 관계를 맺었다. 두 가문은 혼인을 통해 사돈 관계를 맺으며 끈끈한 유대관계를 형성했었다.

조광조의 7대조인 조양기趙良琪, 생몰년 미상는 고려의 무신이었다. 1281년 원나라가 일본을 정벌할 때 김방경金方慶 원수의 부원수로 참전하였고, 또 고려 충렬왕 때 원나라에 반란을 일으켰던 원 태조의 동생 내안乃顔의 잔당인 합단병哈丹兵을 토벌하는 데 공을 세웠다. 원나라 쿠빌라이는 그에게 금포와 옥대를 내려 그 공을 칭찬했다. 그의 딸은 태조 이성계의 할아버지인 조선의 추존왕 도조度祖 이춘李椿의 후처가 되었다.

5대조 조인벽趙仁壁, 생몰년 미상은 고려 말 왜구를 물리친 원수급 장수로, 이성계의 아버지인 환조桓祖 이자춘의 맏딸이자 이성계의 누이인 정화공주貞和公主와 결혼했다. 함경도 동북면병마사 유인우柳仁雨를 도와 쌍성총관부 수복에 공을 세워 호군이 되었고, 홍건적 침입 당시 경성 수복에 공을 세워 2등 공신이 되었다. 1388년 위화도회군에 참가하여 회군 공신이 되었고, 유폐된 고려 우왕에게 의대衣帶를 전하고 잔치를 베푸는 일을 맡기도 했다. 조선 개국 이듬해인 1393년 태조 2 용원부원군龍原府院君에 봉해졌다. 그러나 조선이 건국된 후 처남인 이성계가 여러 번 조정에 들어올 것을 요청했으나 두 임금을 섬길 수 없다는 불사이군不事二君의 절의를 내세워 이를 거절하고 스스로 낙산사 인근인 강원도 양양 조산으로 낙향하여 후학을 기르며 여생을 보냈다. 강원도 양양 조산에는 후학들이 그를 기리기 위해 세운 동명서원東溟書院이 있다.

조광조의 고조부인 조온趙溫, 1347~1417은 고려 말 조선 초의 문신으로, 1차 왕자의 난 때 이방원 편에 가담하여 정사공신에 봉해졌다.

조광조의 증조부는 의영고사義盈庫使를 지낸 조육趙育으로, 조광조 집안이 용인 지역에 입향한 선조이다.

위화도회군(威化島回軍): 1388년 명나라 요동遼東을 공략하기 위해 출정했던 이성계 등이 위화도에서 회군해 우왕을 폐위시키고 정권을 장악한 사건.

그는 용인 지역의 토성 사족으로 지영천군사를 지낸 용인 이 씨 이백찬李伯撰의 딸과 혼인하여 지금의 경기도 용인 수지 상현동에 뿌리를 내렸다.

조광조의 할아버지 조충손趙衷孫은 성균관 사예를 지냈다. 단종 시절 안평대군과 가깝게 지냈던 터여서 계유정난이 일어나자 어려움에 처했다가 공신의 자손이란 이유로 죽음을 면했다.

떡잎부터 남달랐던 바른 아이

이렇듯 조광조는 대대로 역사에 뚜렷한 족적을 남긴 선조들의 올곧은 선비정신이 가득한 집안에서 나고 자랐다.

"선생께서 나면서부터 아름다운 자질이 있어 어려서 놀 적에 이미 어른의 풍채와 태도를 갖고 있었다. 조금이라도 남의 잘못을 보면 능히 그것을 가리켜 말하였다."

퇴계 이황이 쓴《행장》에 나오는 조광조의 어린 시절에 관한 구절이다. 이렇듯 조광조는 어려서부터 어른 뺨치는 풍채와 태도로 주변을 놀라게 했다. 어릴 때 놀거나 장난치는 모습을 보면 도량이나 거동이 어른스러웠다고 한다. 이런 태도는 사람들에게 그가 훗날 크게 될 재목이라는 인상을 심어주기에 충분했다. 잘못된 것을 보면 그 자리에서 바로잡는 모습이며, 행동을 허투루 하지 않는 진중함 역시 그가 개혁을 이끌면서 보여주는 모습 그

행장(行狀): 사람이 죽은 뒤에 그 사람의 평생의 행적을 기록한 글.

자체였다.

하지만 이런 평가는 위인전에서나 맞닥뜨릴법한 구절과 닮았다. 이 상투적 표현에는 두 가지의 상징적 의미가 있을 수 있다. 하나는 정말로 그런 인물일 수 있고, 다른 하나는 과장된 표현일 수도 있다. 그렇다면 퇴계의 표현을 어떻게 보아야 할까?

1501년생으로 조광조와 나이 차가 열아홉 살이나 나는 퇴계가 그의《행장》을 쓰던 상황을 생각해보자. 한 사람의 짧은 전기를 쓰려면 많은 자료가 필요할 터인데, 당시에는 자신이 취재하고 발굴한 자료보다는 의뢰하는 쪽에서 제공한 자료를 적극적으로 반영할 수밖에 없었다. 세상에 떠도는 풍문을 참고하기도 했을 것이다. 더군다나 집필자가 집필 대상의 인물과 직접적인 교류가 없었다면 당연히 제공한 자료에 절대적으로 의존할 수밖에 없다. 그리고 '행장'의 주인공이 자신이 흠모하는 인물이라면, '위인전'처럼 쓸 가능성도 있다.

이런 점을 고려하여 조광조의 어린 시절에 관한 퇴계의 표현이 다소 과장이 있더라도 이해할만한 수준이라고 할 수 있다. 또 부족하긴 해도 조광조의 어린 시절에 관한 기록 대부분도 퇴계의 인식과 그 궤를 같이한다는 점이 그 신빙성을 높여준다.

조광조는 요즘 유행하는 한마디 말로 정리하면, '잘생긴 귀공자 유형'이라고 할 수 있다. 홍인우의《행장》에서는 "기질이 청미淸美하고 용모가 단민端敏하다"고 했다. 청미는 '맑고 아름답다'라는 의미이고, 단민은 '올바르고 재빠르다'로 해석할 수 있다. 이걸 한마디로 표현하면 "깨끗하고 빼어나다"라는 뜻을 가진 '청수淸秀'라는 말로 표현할 수 있으리라. 그렇다면 퇴계의 표현이 위인전에서나 볼 수 있는, 감동이라곤 눈곱만큼도 없는 그렇고 그런 표현이라고 단정 짓기는 성급하다.

조광조는 어려서부터 특히 예법 배우는 것에 관심이 많았다. 어른이 되어서도 항상 바른 자세를 가지려고 하는 그의 태도는 이때부터 비롯됐다고 볼 수 있다. 여기서 퇴계의《행장》한 구절을 다시 보자.

"선생은 타고난 자품이 특이하여 동류 중에서 뛰어나니, 마치 화려한 난새가 머무르고 고상한 고니가 우뚝 선 것 같고, 옥같이 윤택하며 금같이 순수하고, 또 무성한 난초가 향기를 풍기고, 밝은 달이 빛나는 것과 같았다."

퇴계가 비유할 수 있는 좋은 사례는 다 갖다 붙인 것 같다. 조광조를 흠잡을 데 하나 없는 완벽한(?) 인간으로 묘사하고 있다.

이상성 교수가 쓴《한국 도학의 태산북두 조광조》성균관대출판부에 실려 있는《경연일기》에서 율곡 이이가 조광조를 두고 한 평가를 보면 퇴계의 묘사가 상투적 표현이 아님을 알게 해준다.

"우리나라 유현儒賢-유학에 정통하고 어질며 총명한 선비 중 자질이 아름답기로는 조광조 만한 사람이 없다. 정신은 흰 달빛처럼 맑고, 행동거지는 움직이기만 하면 예법에 맞았다."

조광조의 이런 성품과 자질은 어느 날 갑자기 길러지는 것이 아니다. 어려서부터 실천하여 몸에 배야 비로소 다른 사람의 눈에 보인다. 그렇다면 조광조는 어린 시절부터 남다른 기질을 보여준 것만은 사실로 보인다.

이런 정황을 생각하면 퇴계의 표현은 과장이라기보다 있는 그대로의 모습을 쓴 것이라고 할 수 있으리라.

홍인우와
퇴계의《행장》

그럼 이왕 퇴계가 쓴《행장》을 인용했으니 퇴계가《행장》을 쓴 배경을 밝히고 가는 것이 좋을 듯싶다. 퇴계는《행장》끝부분에 자신이 조광조의《행장》을 짓게 된 사정과 과정을 자세하게 밝혀놓았다.

퇴계가 조광조의《행장》을 짓기 전에 이미《행장》이 지어져 있었다. 아버지 조광조가 사망하자 두 아들은 어리기도 하고, 또 겁도 많이 났을 것이다. 사람들이 피하는 것도 부담스러웠으리라. 아버지의 죽음이 정상이었다면 모르겠으나, 역모죄로 사약을 받았다는 점에서 그랬다. 해서 아버지의 뜻과 행함에 대해 글로 기록한다는 것은 꿈도 꾸지 못했을 것이다.

그러다 아버지에 관한 관심이 사람들에게서 점점 멀어지게 되자 아들은 조심스럽게《행장》작업을 진행했다. 이웃에 사는 홍인우洪仁祐에게 부탁했다. 당시 홍인우는 생원진사시에 급제한 '상사上舍'였다. 홍인우는 훗날 서경덕徐敬德과 함께 퇴계에게서 배운 제자이다. 서경덕이 그를 두고 말하길, "학문에 뜻을 둔 많은 사람을 겪어보았으나 함께 진보할 자는 오직 홍모 한 사람뿐이다"라고 했던 인사다.

《행장》이 완성되자 조광조의 둘째 아들 용은 묘비명이 필요했다. 전주 판관으로 근무하던 용은 아산에 살고 있던 오촌 조카 충용忠勇에게 홍인우가 지은《행장》을 들려 퇴계에게 보내어 말했다.

"비석이 이미 갖추어졌으니 묘비명을 받아서 묘도에 표석하려고 합니다."

그러자 퇴계는 문장이 능하지 못하다며 사양하면서 이렇게 말한다.

"비문을 짓기 위해서는《행장》을 먼저 구해 읽어봐야 한다. 홍인우가 지은《행장》을 읽어보니 자못 간단하다. 그렇다면 다시 널리 행적을 찾아 사적을 더 얻고 당대의 대가에게 부탁해《행장》을 보완한 뒤에 천천히 비문을 지어도 늦지 않을 것이다."

아들 용은 또 사람을 시켜 편지와 함께《음애일록陰崖日錄》등의 자료를 들려 보내며 말했다.《음애일록》은 김굉필의 제자로 조광조 등과 어울려 지낸 음애 이자李耔, 1480~1533가 쓴 일기이다.

"사적을 다시 많이 얻기가 어렵고, 사방을 돌아다보아도 우리 선인을 위해 즐겨 붓을 들만한 사람이 없습니다. 이에 감히 두세 번 욕되이 청합니다."

이에 퇴계는 계속 청하는 아들의 성의에 감동하여 이렇게 생각했다.

'비록 선생의 문하에서 공부하지는 않았지만, 선생의 영향을 받은 것이 많았다. 그러함에도 이미 비명을 사양하고 또《행장》도 짓지 못하겠다고 말할 수 있겠는가. 또한 학문에 뜻을 둔 선비요, 선생과 같은 마을에 사는 홍 씨지만 그가 지은《행장》을 보니 간략하다고는 하지만 미거微據한 부분이 있을 것이다. 그러므로 그 행장문에다 뒤에 얻은 자료를 참작하여 조금 잘못된 곳을 바로잡고 가감하면 되겠다.'

이리하여 퇴계는 조광조의《행장》을 지었다.

퇴계는 자신의 기록이 아들 용의 효성스러운 요청에 조금이나마 보답하는 것이라면서 이것이 최종본이 아니고, 훗날 누군가가 다시 쓸 때 참고할 수 있을 것이라며 수정 가능성을 열어 놓았다.

이렇듯 퇴계가《행장》을 짓게 된 사정과 과정에 대한 이야기는 퇴계가 조광조의 《행장》을 지을 때의 마음가짐이 어떠했는지 고스란히 느끼게 한다.

남곤과 멀리하라며 먼 곳으로 이사

퇴계나 율곡의 칭송처럼 조광조가 아무리 완벽한 인간이라 해도 '인간적인 너무나 인간적인' 빈틈이 있게 마련이다. 청년 시절, 조광조는 자신의 스승인 김굉필의 스승 김종직 문하에서 공부한 남곤과 친구처럼 교류하며 지냈다. 하루는 두 사람이 산책길에 나섰다. 길을 가던 중 예쁜 여자가 지나갔다. 그런데 남곤은 그 여자에게 눈길 한 번 주지 않고 앞서 나갔다. 하지만 조광조는 자꾸 뒤돌아보았다. 스치듯 지나간 그 여인의 아름다움에 이끌렸다.

산책이 끝나 집으로 돌아온 조광조는 자신이 여인을 훔쳐본 행위가 수양 부족에서 비롯됐다고 자책하며 어머니에게 이 사실을 솔직하게 털어놨다. 그러자 어머니 여흥 민 씨는 이렇게 말했다.

"젊은 사람은 젊은 사람답게 살아야 한다. 아름다운 여인이 있는데 어찌 젊은 사내의 마음이 잠잠하겠느냐?"

그러고 나서 여흥 민 씨는 남곤은 아름다운 여인을 보고도 아무 감정을 못 느끼는 나무나 돌과 같은 남자라며 이렇게 말을 이었다.

"네가 한눈을 판 것에 대해 나무라지 않는다. 철이 들면 분별할 수 있을 것이다."

여흥 민 씨는 조금 뜸을 들이다가 단호한 어조로 말을 이어나갔다.

"남곤은 목석같은 사람이다. 젊은이의 피가 끓지 않는 차가운 사람이다. 인격적으로 수양이 된 것처럼 보이지만 속으로는 그도 그 여인에게 마음이 쏠렸을 것이다. 속으로 그것을 참는 것은 어렵다. 그런데 남곤이 한눈 하나 팔지 않았다면 얼마나 차갑고 모진 사람이냐?"

여흥 민 씨는 남곤의 속 다르고 겉 다른 모습에 충격을 받은 모양이다. 그래서 아들에게 경계하는 말을 덧붙인다.

"훗날 남곤이 정치를 한다면 인정사정 봐주지 않을 것이다. 사람을 판단할 때 고운 정 미운 정을 헤아리지 않을 것이다. 사람은 살다 보면 실수할 수도 있고, 잘못을 저지를 수도 있다. 남의 윗사람이 된 사람은 너그러움이 있어야 한다. 죄지은 사람이라도 다음에 잘하라고 용서할 수 있다. 그러나 남곤은 그런 아량이 적어 많은 사람을 피흘리게 하거나 외면할 것이다. 네가 어찌 그런 사람과 사귀게 하겠느냐?."

여흥 민 씨는 이 일을 계기로 남곤의 집과 멀리 떨어진 곳으로 이사했다. 자식 교육을 위해 세 번이나 이사했다던 맹자 어머니의 모습[孟母三遷之教]이 여흥 민 씨에게서 어른거린다. 어디로 이사 갔는지는 기록을 찾지 못했다.

아무튼, 조광조는 이런 어머니를 비롯한 아버지, 삼촌 등 집안의 가르침으로 반듯한 아이로 자랐다. 어려서부터 책 읽기를 무척 좋아했던 그는 몸을 닦아 수양하는 데 많은 시간을 할애했다. 그러면서 자기 생각과 다른 세상사 이치에 대해 화를 내곤 했다. 가령, 바른말 하는 사람이 되레 화를 입는 것과 같은 세상사 말이다.

조광조는 이런 권모술수가 판을 치는 벼슬길에 굳이 나갈 필요가 있을까, 하는 회의감이 들었다. 그는 자신의 뜻을 과거 공부나 하는 데 두지 않았다. 학문에 큰 뜻을 품었다.

신분 뛰어넘어
갖바치와 교류

조광조 하면 으레 연관검색어로 떠오르는 인물, 갖바치와의 교류도 벼슬보다는 학문에 뜻을 둔 조광조의 자유분방한 모습이 있었기에 가능했다.

갖바치 얘기는 정사라고 할 수 있는《조선왕조실록》등에서는 관련 기록을 찾아볼 수 없다. 다만 조선 후기 실학자 이긍익이 조선 시대의 정치·사회·문화를 서술한 역사서《연려실기술燃藜室記述》에서 관련 기록을 찾을 수 있다. 한국고전종합DB에서 서비스하는《연려실기술》제8권, 중종 조 고사본말 중 〈기묘록〉에 나오는 갖바치와 관련한 기록을 보자.

> 어떤 숨어 사는 군자가 갖바치 속에 자취를 감추고 있었다. 정암은 그가 어진 사람임을 알고 찾아가서 학문을 묻고 때때로 간혹 함께 자기도 했다. 그 사람이 말하기를, "공의 재주는 일대를 건질 수 있을 것이나, 임금을 만난 후에야 할 수 있을 것이다. 바야흐로 지금 임금이 비록 이름을 취하여 공을 쓰고 있으나, 실은 공을 알지 못한다. 만에 하나 소인이 이간질하면 공은 반드시 면하지 못할 것이다" 하였

다. 공은 벼슬하라고 했으나 응하지 않았고, 끝내 그 성명도 말하지 않았다.

소름이 돋는다. 어쩌면 이렇게 정확하게 조광조의 운명을 맞혔을까. 독자들은 이 책을 앞으로 읽어나가면서 이 예언의 정확성을 확인할 수 있을 것이다.

조광조와 갖바치의 친분은 어떻게 매우 중요한 연관검색어 자리를 차지할 수 있었을까? 아마도 홍명희의 대하소설《임꺽정》과 신봉승의《실록대하소설》에 힘입은 바 크다고 할 수 있다.

홍명희는《임꺽정》을 집필하기 위해 전국에 떠도는 이야기를 수집했었다. 조광조와 갖바치 이야기 역시 이 과정에서 채록된 것으로 보인다. 그리고 작품에 반영했다. 홍명희는 홍문관 교리 이장곤의 처삼촌 갖바치와 조광조의 교유 설화를 등장시킨다. 조광조가 밤마다 갖바치의 집에 나타나 정사를 논했다고 한다. 또한, 작가 신봉승은《실록대하소설》은 물론이거니와 사극에도 이 이야기를 빠짐없이 넣었다. 아울러 최인호의《유림》이나 정찬주의 소설《하늘의 도》등 조광조에 관해 쓴 소설은 거의 모두 갖바치를 주요 인물로 등장시킨다. 그러다 보니 이 설화가 대중 속에 널리 퍼지게 되었을 것이다.

물론 조광조가 갖바치와 교유했느냐, 안 했느냐 하는 점에 대해 명쾌하게 했다고 대답하는 데는 한계가 있다. 당시가 강력한 신분제 사회였다는 점을 부인할 수 없기 때문이다. 하지만 개인이 기록한 역사서이긴 하지만《연려실기술》에 실렸다는 것은 당연히 그럴 개연성이 높다는 점을 뒷받침한다.

그럼 왜 조광조 이야기에 갖바치가 빠지지 않을까. 그건 아마도 조광조가 신분의 차이를 뛰어넘어 교유할 만큼 호방한 성품의 소유자였음을 고스란히 드러냈기 때문이다. 이는 신분을 넘어 누구에게든 배울 점이 있다면 배우겠다는 조광조의 열린 자세를 엿볼 수 있게 해준다.

청백리 숙부 영향
많이 받아

조광조에게 영향을 미친 인물 중에 숙부 조원기趙元紀 또한 빼놓을 수 없다. 조원기는 아홉 살 무렵 하라는 공부는 안 하고 놀이에만 열중한 모양이다. 모든 어머니가 그렇듯 조원기의 어머니, 즉 조광조의 할머니도 그에게 잔소리를 늘어놨다. 조원기는 어머니의 한탄을 듣고 깨달은 바가 있어 공부에 몰두했다. 그 결과 그는 1488년성종 14 사마시에, 1496년연산군 2 식년시에 문과 병과丙科로 급제하였다.

조원기는 집안 대대로 이어오던 무관으로서의 기질을 유감없이 발휘하기도 했다. 1500년연산군 6 무뢰한들이 평안도 서해 앞바다에 있는 해랑도를 점거하고 세력을 확대하고 있었다. 조정에서는 골치 아팠다. 이들을 그냥 두면 양민들에게 큰 피해가 돌아갈 수밖에 없어 진압해야 했다. 이때 조정에서 관군을 파견하면서 조원기를 부장으로 임명했다. 그가 무예를 겸비하고 있다고 알려졌기 때문이었다.

관군이 배를 타고 해랑도로 진군할 때 강풍이 불었다. 파도가 크게 일어 배가 제대로 항해를 할 수 없는 상황이었다. 배가 뒤집힐지도 모르는 위기의 상황이 벌어지자 군사들은 당연히 겁에 질려 우왕좌왕했다. 이때 조원기는 전혀 당황하는 기색 없이 관군을 독려하며 항해를 거듭한 끝에 무사히 해랑도에 도착했다. 그리고 무뢰한들을 붙잡아 귀순시키는 데 성공했다. 이 공적으로 조원기는 두 품계나 승진하여 병조정랑에 임명되었다.

조카 조광조가 빼닮은 조원기의 불의와 타협하지 않는 성정은 홍문관 수찬으로 일할 때도 유감없이 드러난다. 조원기는 궐내의 경적經籍을 관장하고 문한文翰: 문필에 관한 일을 맡아 하던 중 연산군이 사초를 보겠다며 제출하라고 명령했다. 사초는 사관이 기록한 자료로 조선왕조실록 편찬에 사용되는 기초 자료이다. 이 사초는 비록 임금이라 해도 살아 있을 때는 볼 수 없었다. 임금이 자신에게 불리한 기록을 빼거나 수정할 수도 있기 때문이었다. 이는 역사를 올바로 기록하려는 조선왕조실록의 편찬 정신을 정면으로 위배하는 행위이다. 이에 조원기는 연산군의 이 명령을 거부했다. 조정의 관원들 대부분은 그의 이 같은 행동을 몹시 걱정하였다. 그러함에도 조원기는 조금도 동요하지 않았다. 사초를 보겠다고 명령을 내렸는데, 일개 수찬이 거절했다? 연산군의 성정으로는 이 같은 행위가 용납될 리 없었다. 그 결과 그는 그 직에서 해임되었다. 그러나 곧 복직되어 봉상시첨정奉常寺僉正이 되었다.

1504년 갑자사화가 일어나자 연산군은 사초 제출을 거부했던 일을 떠올리고 조원기를 횡성에 유배시켰다. 그러나 1506년 중종반정이 일어나면서 그는 풀려나 사성이 되었다.

조원기는 목민하는 데도 탁월한 능력을 발휘했다. 경원 부사 시절, 자상하게 백성을 품고, 무관의 소질을 발휘하여 국방을 튼튼히 하였다고 한다. 그 공적을 인정받아 조원기는 대사간으로 승진되었고, 좌부승지로 있을 때 청백리에 뽑혔다. 이후 조원기는 지중추부사가 되었고, 1515년중종 10에 명나라에 다녀온 그 이듬해 대사헌, 이조참판, 형조판서를 거쳐 좌참찬을 지냈다.

조원기는 조카 조광조를 특별히 사랑했다. 자신의 경험을 수시로 들려주어 조카가 맡은 바 임무를 다하도록 도왔다. 특히 조광조가 명성이 지나치게 높아지고 성균관의 추천을 받게 되자 조원기는 걱정이 되어 직접 편지를 조광조에게 보내어 조심하라고 충고하기도 했다.〈45쪽 조원기 편지 참조〉

한편 조광조에게는 형과 아우가 각각 한 명씩 있었다. 형은 감찰을 지낸 영조榮祖, 아우는 목사를 지낸 숭조崇祖이다. 아쉽게도 형 영조에 대한 기록은 없어 자세한 생애를 알 수 없는 반면 아우 숭조에 대해서는 알려진 것이 좀 남아 있다.

숭조1486년 8월 8일~1559년 5월 27일는 형 광조처럼 어려서부터 함부로 행동하지 않고 예의가 발랐다고 한다. 음서로 태조 이성계의 어진을 모시는 경기전慶基殿의 참봉에 제수되면서 벼슬을 시작했다가 기묘사화로 형 광조가 사사되자 벼슬을 그만두었다. 그리고 능주로 가서 형의 시신을 모시고 용인으로 돌아왔다. 그 후 사림파의 잔당이란 낙인이 찍혀 불이익을 받았지만 숭조는 다시 벼슬을 하여 평산 부사를 지냈다. 평산 부사 시절 지역 유지들이 빌려 간 관곡을 갚지 않고 횡포를 부리자 악착같이 징수하는 과정에서 토호들이 되레 세금을 가혹하게 거둔다고 상소하는 일이 일어났다. 그러자 그중 악한 한 사람을 가려내어 조정에 알린 뒤 엄하게 다스렸다. 이 일을 계기로 토호들이 굴복했다. 이후 원주 목사를 거쳐 예빈시부정禮賓寺副正에 제수됐다가 향년 74세를 일기로 병사한다. 벼슬이 3품에 이르렀지만 쓸 만한 물건 하나 남기지 않은 청백리였다. 그 형에 그 아우라 할 수 있다.

06. 부부는 인륜의 처음이요,
만복의 근원이다

조광조는 열여덟 살 때인 1499년연산군 5에 한산 이 씨韓山李氏와 결혼하였다. 한산 이 씨는 첨절제사를 지낸 이윤형李允泂의 딸이다. 이윤형 집안은 대대로 용인에 뿌리를 내린 양반 가문이었다.

조광조는 한산 이 씨와 사이에 두 아들을 두었다. 맏아들 정은 1516년에 태어났고, 현감을 지낸 권흡權熻의 딸과 혼인하였으나 슬하에 자식을 두지 못하고 일찍 세상을 떠났다. 조카 희안希顔의 아들 순남舜男을 양자로 들여 후사를 잇게 했다.

둘째 아들 용은 형 정과 두 살 터울로 1518년에 태어났다. 대호군大護軍 이경李鏡의 딸과 혼인하여 슬하에 두 딸을 두었다. 음직으로 벼슬을 하여 문천군수와 전주 판관을 지냈다.

축첩도 안 하며 부부간 금실 과시

조광조는 아내 한산 이 씨와 금실이 좋았다. 아내를 사랑하고 존중하는 조광조의 여성관에 기인하기도 하겠지만 아내의 내조 덕도 크다. 조광조는 당시 당상관이라면 당연하게(?) 여기던 축첩도 하지 않았다. 아마도 일부일처제의 윤리를 강하게 실천한 것이 아닌가 싶다.

조광조의 이 같은 부부 금실은 1519년 사사되기 5개월 전에 있었던 장인상에서 보여준 그의 행동에 상징적으로 나타난다. 물론 요즘엔 당연하겠지만, 당시엔 미덕으로까지 보였다. 이 해 6월 조광조가 대사헌이 된 직후 장인 이윤형이 인천 제물포 임지에서 세상을 떠났다. 장인 슬하에는 장례를 주관할 장성한 아들이나 동생이 없었다. 조광조는 임금에게 장례를 치르고 오겠다고 고해 허락을 받는다. 그리고 처가로 가서 정성을 다해 장인의 장례를 치렀다.

이왕 얘기가 나온 김에 조광조의 여성관에 대해서도 알아보자.

조광조가 스무 살도 안 되던 시절, 한 여인에 대했던 태도를 보면 그 단호함이 조광조의 여성관을 상징적으로 보여준다.

조광조가 바깥나들이를 나갔다가 하룻밤 묵게 되었다. 그 숙소에는 미모의 젊은 여인이 손님으로 와 있었다. 이 여인이 조광조를 보고 반한 모양이다. 여인은 조광조에게 은근히 추파를 던지며 유혹했다.

그러자 조광조는 그 유혹이 부담스러운지 짐을 챙겨 숙소를 옮겼다. 그날 밤 가노가 어떤 사람이 나리에게 전하라고 줬다며 뜻밖의 물건 하나를 내놓았다. 비녀였다. 여인이 비녀를 준다는 것은 머리를 풀어헤친다는 것인데, 이는 몸을 허락한다는 것을 암시한다.

비녀를 받은 조광조는 가노에게 불호령을 내리며 돌려주라고 했다. 가노는 이 비녀는 오직 나리만이 돌려줄 수 있다고 했다. 여인의 정표는 오직 받은 사람만이 돌려주는 것이 관례라는 것이었다. 조광조는 비녀를 여인에게 직접 돌려주는 대신 벽에 걸어놓고 도망치듯 빠져나왔다.

이 일화는 조광조가 갖바치에게 이 이야기를 했다는 것으로 마무리된다. 갖바치는 '사모한다는 여인을 품어주는 마음의 여유도 없으면서 무슨 개혁을 하느냐?'라며 조광조를 타박했다고 한다.

허물 아내 내쫓기 전에 교화가 우선

《수정재역 정암선생문집》에는 그의 진보적인 여성관을 보여주는 또 따른 일화를 전하고 있다.

조광조가 대사헌으로 있을 때다. 또래의 진사 중 한 사람이 가정불화를 겪고 있었다. 그는 아내를 내쫓을 생각까지 할 만큼 심각했다. 그래서 어느 날 조광조에게 상담을 해왔다. 칠거지악을 어겨서 내쫓으려고 한다는 것이다. 아내의 허물을 들은 조광조는 이런 답변을 내놓았다.

"부부는 인륜의 처음이요, 만복의 근원이므로 관계되는 바가 지극히 중대하오. 부인의 성질이 음침하고 어둡고 무지하여 비록 잘못하는 바가 있더라도 남편으로서는 마땅히 바른 도리로 거느려 감화시켜서 가정의 도를 함께 이룩하는 것이 후덕한 일이오. 만약에 혹시라도 모범이 되는 도리를 다하지 않고 갑자기 내쫓으려 한다면 박정한 데에 가깝지 않겠소. 향차 한 집안의 윤리에 관한 일은 바깥사람이 감히 논의할 수 있으니 스스로 헤아려서 처리하는 것이 좋겠소."

칠거지악(七去之惡) : 아내를 내쫓을 수 있는 일곱가지 이유를 말한다. 시부모에게 순종하지 않는 것, 자식을 낳지 못하는 것, 음탕한 것, 질투하는 것, 몹쓸 병이 있는 것, 수다스러운 것, 도둑질하는 것 등 일곱 가지이다.

이 말은 들은 진사는 탄복하고 돌아갔다고 한다. 잘못이 있다고 무조건 박정하게 내쫓기보단 그 허물을 고칠 수 있도록 기회를 주고 또 도와주는 것이 먼저라는 것이 조광조의 생각이었다. 내쫓는 것만이 능사가 아니라는 얘기다. 당시의 사회적 분위기에서 이렇게 인식하기는 쉽지 않다. 많은 사람이 허물을 발견하면 그 즉시 감정적인 반응과 대응을 하기 마련이다. 즉각적인 감정적 대응은 화해보다는 이별을 불러오기 마련이고.

그러면서 조광조는 먼저 허물을 고치려고 노력하고, 그래도 안 되면 그때 내쫓아도 늦지 않다는 생각이었다. 피도 눈물도 없을 것 같은 개혁가이지만 조광조는 아주 따뜻한 마음의 소유자이기도 하다는 점을 보여준다.

역시 《수정재역 정암선생문집》에 나오는, 조광조의 면모를 알게 해주는 일화 하나를 더 소개한다.

1519년중종 14 사헌부 대사헌으로 있던 조광조가 기묘사화로 체포되기 전 어느 날, 성균관 유생들이 대궐에 나가 상소를 올리고 돌아오는 길에 종루종로를 지날 무렵 한 유생이 아버지와 함께 한 여인을 상간하였다는 이상한 소문이 돌았다. 상황이 고약한지라 다른 유생들의 반응은 당연히 이 유생을 인간 이하로 취급했다.

하지만 이 유생은 절대로 그런 일이 없었으므로 무척 억울해 했다. 그는 통곡하면서 집으로 갔다. 그리고 그냥 있을 수 없다고 생각해 다음 날 사헌부에 옳고 그름을 가려 달라는 소장을 올렸다. 사헌부는 당연히 조사에 들어갔다. 하지만 관련된 선비가 많았음에도 그 발설이나 출처를 밝힐 수가 없었다. 해서 대사헌이었던 조광조는 그 유생을 불러 판결을 내렸다.

"이 일의 옳고 그름은 사헌부에 있는 것이 아니라 그대에게 있다. 오늘 이후로 그대가 만약 몸을 단속하고 스스로 덕을 닦아서 착한 사람이라는 말을 듣게 되고 이것이 소문이 나면 오늘 옳고 그름이 가려져 바로잡아지지 않더라도 사람들이 반드시 전의 말은 거짓말이라고 하게 될 것이다. 그대의 행동이 어그러져서 착하지 못한 사람이라고 소문이 나면 오늘 사헌부에서 옳고 그름이 가려져 바로잡아진다 해도 사람들은 반드시 그 말이 헛말이 아니었다고 할 것이니 이 일의 옳고 그름을 가려 바로잡음은 오늘 사헌부에서 할 것이 아니라 바로 그대 스스로 앞으로의 행동에 달린 것이니 그대는 앞으로 힘쓸지어다."

이후의 얘기는 전해지지 않아 자세한 내용은 알 길 없으나, 짐작하건대, 그 유생은 큰 감화를 받고 조광조가 일러준 대로 착한 일을 실천해 그 소문을 깨끗이 씻었을 것으로 보인다.

이런 여성관을 갖고 있었던 조광조. 그는 집안에서 부인과의 관계도 아주 원만했다. 퇴계가 쓴《행장》의 기록을 보자.

“효도하고 우애하는 행실은 천성에서 나온 것이어서, 바람이 불거나 비가 오거나 날마다 가묘에 절하고, 어버이를 봉양하고 뜻을 어김없이 받드는데 마음과 정성이 지극했다. 집을 바르게 다스려서 안과 밖의 분별이 엄하였고 사랑과 훈계를 같이 베풀었다. 깨끗한 절조로 자신을 갈고닦고 몸가짐을 빈한한 선비처럼 하였다. 언젠가 부인에게 말하기를, ‘나는 나랏일을 전심하여 집안일은 생각할 여지가 없다’ 하고는 가정 살림에 신경 쓰지 못했다.”

이 기록을 통해 우리는 이런 훌륭한 ‘위인’이 있기까지는 아내의 헌신적인 내조가 있었다는 것을 알 수 있다. 바깥일 하는 남편과 가정 살림을 맡아 하는 아내의 역할 분담, 어쩌면 당연한 거 아니냐고 할지 모르겠다. 하지만 그 행간에 담겨 있는 남편과 아내가 서로 존중하고 역할을 맡아 책임을 다하는 모습을 읽을 수 있지 않은가.

퇴계의《행장》을 인용한 김에 조금 더 이어서 읽어보자.

“청탁이 통하지 않았고, 거마비를 받지 않았다. 자신을 살피고 사욕을 이겨내는 데에는 항상 남이 따르지 못할 점이 있었다.…… 더욱이 술이 성품을 해친다는 경계를 지켜서, 친구가 술을 마시고 체통을 잃는 것을 보면 준절하게 책망하였다.”

이렇듯 조강조의 한 점 흐트러짐이 없는 자세는 경이롭기까지 하다. 조광조는 훗날 붙는 ‘개혁가’라는 수식어에 절대 부끄럽지 않은 모습을 지니고 있었다. 개혁가라면 당당해야 한다. 아무리 작은 허물이라도 있다면 개혁의 정당성을 담보하지 못한다. 떳떳하지 못하면서 누구에게 고치라고 하겠는가.

07. 조선 도학의 계보를 잇다

조광조는 어린 시절에 여느 사대부집 아이처럼 공부했을 것이다. 특별히 스승을 초빙하거나 그 문하에 들어가 공부하지 않고 집에서 아버지 조원강의 엄격한 가르침을 받았을 것이다. 조광조는 사대부집 아이라면 공부의 입문서 역할을 하던 《천자문》을 읽었고, 이어 다양한 책들을 섭렵했을 터이다.

그런데 조광조는 어려서부터 공자나 주자, 정몽주 같은 분들을 인생의 롤모델로 삼았다. 그들이 세상의 모범이 될만한 스승이라는 확신이 들어서였다. 그러다 보니 조광조는 《대학》, 《논어》, 《맹자》, 《중용》 등 사서와 《시경》, 《서경》, 《역경》 등 삼경을 중요한 텍스트로 삼았다.

늘 바른 자세로 책 읽어

어린 시절 공부하는 모습만 봐도 조광조는 떡잎부터 다른 아이였다. 바른 자세로 공부에 집중하는 모습이 사대부다운 선비의 모습을 띠었다. 이렇게 집에서 공부에 집중하던 조광조의 공부에 날개를 단 것은 한훤당寒暄堂 김굉필金宏弼, 1454~1504과 만나면서부터이다. 앞에서 무오사화를 언급할 때 기억해두라고 했던 바로 그 김굉필이다.

조광조에게 평소 가슴에 품고 있던 김굉필 문하에 들어가 공부할 수 없는 기회가 왔다. 아버지가 함경도 어천찰방으로 발령을 받았던 것이다. 어천은 김굉필이 유배 생활을 하는 희천과 가까운 거리에 있었다. 조광조는 자연스레 김굉필을 떠올렸다. 그리고 부임을 앞둔 아버지 앞에 무릎을 꿇고 앉았다. 역사적 상상력을 발휘해 두 부자가 나눴을 법한 대화를 엿보자.

"아버님, 드릴 말씀이 있습니다."

아버지 조원강은 진중한 목소리로 물어오는 아들의 자세에서 궁금증이 크게 일었다.

"그래, 무슨 이야기인지 어서 해 보거라."

"며칠 후면 아버님이 어천찰방으로 부임하시는데, 제가 어천까지 함께 가겠습니다."

"뭐라고? 네가 그 먼 곳까지 왜 함께 가려고 하느냐? 집에서 하던 공부나 열심히 하거라."

"어천에서 공부를 제대로 한 번 해보고 싶어서입니다."

"여기 한양을 떠나 어천에서 무슨 공부를 제대로 한단 말이냐?"

"어천에서 가까운 희천에 한훤당 선생님이 유배 생활을 하고 계시지 않습니까? 한훤당 선생님께 한 번 배워보고 싶습니다."

"한훤당이 지금 어떤 처지인지는 알고서 하는 말이냐?"

"예, 잘 알고 있습니다. 가서 읍소하면 제자로 받아주실 걸로 생각합니다."

"유배자에게 배운다는 것이 말처럼 쉬운 일이 아니다. 다시는 허황된 생각은 하지 말고 하던 공부나 열심히 하거라."

그날 조원강 · 조광조 부자의 대화는 이쯤에서 끝났다. 조원강은 아들이 함경도 변방까지 가서 공부한다는 것도 그렇고, 더욱이 유배중인 죄인에게서 배운다는 게 탐탁지 않았다. 유배자를 만나면 만난 사람도 처벌하는 것이 당시의 법도였다. 그래서 그런 생각은 그만두라고 한 것이다.

조광조는 아버지께서 당연히 반대하실 거라고 예상했다. 아버지의 지적처럼 한훤당의 제자가 되는 것이 쉬운 일이 아님을 누구보다 잘 알고 있었다. 하지만 조광조는 너무도 절실했다. 김굉필의 제자가 되고 싶은 욕구가 너무도 강했다. 그래서 다시 아버지에게 간청했다. 아버지는 당연히 반대했다. 하지만 쉽게 물러날 조광조가 아니었다.

그러자 조원강은 아들의 생각을 반대하는 것이 더는 의미가 없다고 생각했다. 아들의 성정으로 미루어보아 말린다고 들을 아이가 아니었다. 그렇다면 어떻게 해야 할까. 그건 자명하다. 아들이 한훤당 밑에 가서 공부할 수 있도록 도와줄 수밖에 없다.

희천에 유배 중인 사림의 영수

김굉필은 점필재佔畢齋 김종직金宗直, 1431~1492의 제자로, 정여창, 조광조, 이언적, 이황 등과 함께 조선시대 5현으로 일컬어지는 유학자 다섯 명 중의 한 사람으로 꼽히는 인물이다.

서울에서 태어난 김굉필은 어렸을 땐 행동이 다소 거칠었지만, 자라면서 공부에 관심을 두고 매진했다. 열아홉 살 때 순천 박 씨와 혼인한 그는 합천 처가 옆에 서재를 마련하고 '한훤당'이라 불렀다. 한훤寒暄은 '춥고 더움에 대해 묻는다'는 의미이다. 김굉필은 그 초당의 이름을 자신의 호로 삼았다.

김굉필은 스물한 살 때 인근의 함양군수로 있던 김종직을 찾아가 제자가 되었다. 김종직은 그에게 《소학》을 건네고 열심히 읽으라고 했다. 《소학》은 아이들을 가르치기 위한 책으로, 주자朱子의 제자 유자징劉子澄이 편찬했다.

김종직의 문하에서 공부하던 어느 날 김굉필은 《소학》을 읽다가 크게 깨달아 '소학'을 알지 못하고는 학문을 할 수 없다고 생각하였다. 그리고 이런 시를 지었다.

> 글을 읽어도 천기를 알지 못했더니
> '소학'에서 지난날의 잘못을 깨달았네
> 이제부터는 마음을 다해 자식 도리를 다하련다
> 어찌 구구히 가볍고 따스한 가죽옷과 살찐 말을 부러워하리오.

이때부터 김굉필은 '소학'의 가르침대로 실천하였다. 김전, 김일손, 권오복, 남곤, 이목, 정여창 등과 동문수학하면서 그는 김종직의 수제자로 꼽혔었다. 그는 고려의 정몽주와 길재에서 비롯돼 김숙자, 김종직으로 이어지는 성리학의 학통을 이은 사림의 영수가 되었다.

온건한 성격의 소유자였던 김굉필은 늘 사림파의 일원임을 잊지 않았고, 현실에 대한 개혁의 실천을 염두에 두었다. 그러면서 그는 타협을 모르는 올곧은 자세를 견지했다. 그가 서른세 살 때 이조참판에 오른 쉰여섯 살의 스승 김종직의 처세를 비판한 시를 쓴 것만 봐도 그의 성품이 어떠한지 짐작이 간다.

김종직이 이조참판이 되자 훈구파에 적극적으로 맞서지 않고 적당히 타협하려 했다. 김굉필은 스승의 이 같은 태도에 불만이 컸다. 결국, 제자 김굉필은 스승 김종직과 결별을 각오하고 이 시를 썼다. 그랬다. 김굉필은 부러질지언정 구부러지지는 않았다.

겨울에는 갖옷가죽옷 입고 여름에는 찬물 마시는 데 도가 있다
날이 개면 다니고 비가 오면 그친다고 어찌 일을 다 했다고 할 수 있으랴
난초가 시속 따라 끝내 변한다고 할 것 같으면
소는 밭을 갈고 말은 타는 것이라 해도 누가 믿을 것인가?

이 시에 대해 김종직도 화답하는 시를 보내 자기변명을 했다.

분수에 맞지 않게 벼슬이 경대부卿大夫가 되었는데

임금 바로 잡고 세속 고치는데 내 어찌 감당하랴?
후배의 가르침이 어리석고 못나다 조소할지라도
구구하게 세리勢利에 타지는 않으리

나이 마흔한 살에 종9품 미관말직 참봉직에 제수돼 벼슬길에 나섰던 김굉필은 1498년연산군 4에 일어난 무오사화에 연루되었다. 사초에 있던 스승 김종직의 시 〈조의제문弔義帝文〉이 문제가 되었다. 실록청의 당상관 이극돈이 〈조의제문〉이 세조의 즉위를 비방한 것이라고 문제 삼아 "김종직과 그의 문인들을 대역죄인"으로 규정했다. 도대체 〈조의제문〉이 어떤 시였기에 사화를 일으킬 정도였을까. 한번 읽어보자.

정축 10월 어떤 날
내가 밀성밀양에서 경산성주으로 가는 길에
답역성주군 학산리에서 숙박하는데
꿈에 신이 칠장의 의복을 입고
훤칠한 모습으로 와서
스스로 말하기를
"나는 초나라 회왕의 손자인 심心인데
서초 패왕에게 살해되어
침강郴江에 잠겼다."
그리고는 문득 사라졌다.

이 일로 이미 사망했던 김종직은 부관참시당하는 형을 받았고, 그의 제자들은 〈조의제문〉에 동조했거나 김종직의 문도로서 붕당을 이루어 국정을 어지럽혔다는 죄로 곤장을 맞고 귀양을 가야 했다. 김굉필도 그렇게 희천에 유배되었다. 그의 나이 마흔다섯 살 때였다.

조광조는 이 사실을 잘 알고 있었다. 김굉필이란 이름도 또렷이 기억하며 사모해왔다. 그의 말투나 태도로 미루어보아 꼭 김굉필의 제자가 되겠다는 의지가 확실하게 드러나 보였다. 그러니 아버지로서도 달리 방도가 없었다. 다만 조원강은 선뜻 김굉필게서 배우게 할 수 없었다. 유배자는 죄인이라는 인식이 앞서기 마련이라 굳이 죄인에게 배울 필요가 있느냐는 세간의 시선이 부담스러웠다.

또 하나, 양평대군과 가까이 지냈던 아버지 조충손이 세조의 쿠데타를 반대하다 유배를 갔던 일을 생각하면 혹시 쓸데없는 일에 연루되어 곤욕을 치를지도 모른다는 우려에서였다. 하지만 어쩌랴. 결국, 조원강도 여느 부모들처럼 자식을 이기지는 못했다.

절실한 마음으로 김굉필 문하에 들다

아들이 여러 차례 간곡하게 허락해달라고 했던 터여서 조원강은 마침내 허락했다. 그리고 마음을 바꾸어 이왕 보낼 바엔 추천서라도 들려 보내는 것이 부모의 도리라고 생각했다. 해서 조원강은 김굉필과 절친인 대사간 양희지楊稀枝와 상의했다. 김굉필이 유배를 떠나자 꼭 살아 돌아올 것이니 웃으면서 길을 떠나라고 위로를 건넸던 양희지였다. 아무리 어렵더라도 우정은 변하지 않을 것이라는 말로 안심시켰던 사이였다. 조원강은 그에게 추천서를 써 달라고 부탁했다. 조광조는 아버지의 분부대로 추천서를 받기 위해 양희지를 찾아갔다. 양희지 앞에 무릎을 꿇고 조광조는 조심스럽게 입을 열었다.

"대감, 아버님께서 찾아뵈라고 해서 왔습니다."

"그래, 부친에게 얘기 들었네. 한훤당 처지가 지금 어떤지 알고서……."

양희지는 뜻밖이라는 듯 말끝을 흐렸다. 조광조는 잠시 머뭇거리다 대답했다.

"예, 잘 알고 있습니다."

"한훤당 처지를 잘 알고 있으면서도 가서 배우겠다는 게인가!"

"예, 꼭 한훤당 선생님께 배우고 싶습니다."

답답하다는 듯 양희지는 혀부터 찼다. 하지만 조광조의 분명한 뜻을 눈으로 직접 확인하자 양희지는 조금 전과는 달리 부드러운 말투로 말했다.

"자네 말이 무슨 뜻인지 알겠네. 추천서를 한 장 써 주면 되겠는가?"

양희지는 조광조의 대답을 듣기도 전에 서안을 끌어당겨 붓을 들었다.

수재 조군조광조은 친구의 아들인데, 나이 스무 살이 안 되었지만, 개연히 도를 구하려는 뜻을 가지고 김대유金大猷, 김굉필의 학문이 연원이 있다는 말을 듣고, 그의 부친이 있는 어천에서 대유가 귀양 가 있는 희천의 유배지에 가서 옷을 여미고 공손히 공부하기를 청하려고 나에게 소개하는 편지 한 장을 구하였다.

열일곱 조 씨 가문 수재가
삼천 제자가 행하듯
은근히 도를 구하려는 뜻 있어.
저 멀리 관서까지 가는구나!

양희지는 글을 다 쓴 듯 붓을 놓고 서안을 다시 제자리로 밀었다. 그리고 입을 열었다.

“이거면 한훤당도 거절하지는 못할 것일세.”

추천서를 받아든 조광조는 떨 듯이 기뻤다. 온 세상을 가진 듯 마음이 들떴다. 이제부터 제대로 학문에 정진하겠다고 의지를 다졌다.

1498년 7월 함경도 희천에 유배된 김굉필은 심부름하는 여종 한 명만을 대동하고 왔다. 유배자는 유배지 고을의 감시를 받는다. 통상 삭망점고朔望點考라 해서 초하루와 보름날에 수령에게 가서 점검을 받는다. 물론 수시로 점검이 이루어지는 별점고別點考도 있다. 간혹 수령이 유배자를 골탕 먹이려고 불시에 점고하며 수작 부리는 일도 있었다.

아무튼, 이런 점고일 말고는 유배자는 그런대로 맘대로 행동할 수 있었다. 물론 집밖으로 나갈 수 있는 것이 아니라 집안에서의 자유이다. 그럴 때면 글도 읽고 간혹 찾아오는 사람들과 만난다. 그래서 때로는 제자를 자임하고 찾아오는 젊은이도 있었다. 조광조가 김굉필을 찾아간 것도 그래서 가능한 일이었다.

조광조가 정확하게 몇 월 며칠에 김굉필을 찾아갔는지는 이에 대한 기록이 없어 알 수 없다. 다만, 언제쯤인가는 추정해볼 수 있다. 조광조가 김굉필을 찾아간 때가 그의 나이 열일곱 살 때인데, 그때가 바로 김굉필이 유배 가던 해인 1498년이다. 김굉필의 유배지가 희천으로 결정된 때는 그해 4월 8일이다. 해서 4월 이후에 찾아갔음은 분명하다. 김굉필이 유배지에서 막 적응해가던 때에 조광조가 찾아왔다고 볼 수 있다.

한 청년이 김굉필이 유배살이를 하는 초가의 사립문을 조심스레 열고는 여기저기 두리번거리다 목청을 가다듬는다. 목소리에 힘이 잔뜩 들어가 있었다.

"한훤당 선생님 계십니까?"

"……"

"한훤당 선생님, 안 계십니까?"

한참을 지나서야 방문이 열렸다.

"뉘시오?"

조광조는 대답하는 사람이 한훤당 선생님이라는 걸 꼿꼿한 자세에서 곧바로 알 수 있었다. 조광조는 그 자리에서 절을 올려 예를 갖췄다. 그러고는 무릎을 꿇고 앉았다.

"한훤당 선생님, 제자가 되고 싶습니다. 받아주십시오."

아닌 밤에 홍두깨 격으로 자신이 누구라는 것도 밝히지 않고 다짜고짜 제자로 받아달라고 하니 김굉필은 헛웃음부터 나왔다.

"허허, 그대가 뉘신 줄 알고 제자로 받아들이겠소? 자기소개부터 하는 게 순서가 아니겠소. 성급하긴……."

그때야 조광조는 자신이 누구인지 밝히지 않았음을 깨달았다. 첫 인상이 중요하다는 생각에 서두르다 낭패감부터 맛보았다.

"아, 예. 죄송합니다. 선생님을 뵙는 순간 제정신을 잃었습니다. 저는 한양 조가에 원 자, 강 자를 쓰는 어천찰방의 아들 광조라 합니다."

"자네가 어천찰방의 자제라고?"

"예, 그렇습니다. 선생님."

"내가 죄인이라는 건 알고 있는가?"

김굉필은 에둘러가지 않고 예민한 얘기를 먼저 꺼냈다. 조광조는 조금도 주저함 없이 대답했다.

"예, 잘 알고 있습니다."

"죄인에게서 배울 게 뭐가 있겠나? 그냥 돌아가시게."

조광조는 돌아가란 김굉필의 말에 약간 충격을 받았다. 그러나 이내 정신을 차리고 품에 대사간 양희지의 편지가 있다는 사실을 떠올렸다. 조심스레 품에서 양희지의 편지를 꺼내 들고는 자리에서 일어나 김굉필 앞으로 갔다.

"한훤당 선생님, 양희지 대사간님께서 선생님께 건네는 편지를 써 주셨습니다."

"양 대사간이 내게 편지를……"

조광조는 들고 있던 편지를 김굉필에게 건넸다. 김굉필은 양희지의 편지를 펴서 읽어 내려갔다. 다 읽고 나서는 고개를 들어 하늘을 쳐다봤다.

"오늘 날씨 참 좋구나!"

제자로 받아주지 않으면 어쩌나 조바심을 내고 있던 조광조는 환심을 사기 위해 이내 반응한다.

"너무 좋습니다."

"이보게, 조군! 꼭 내게 배워야 하겠는가?"

"예, 선생님. 선생님 제자 되기를 사모해왔습니다."

"그대가 조충손 선생의 손자일 테지?"

"그렇습니다."

"알겠네. 그럼 오늘부터 나와 함께 지내봄세."

조광조는 이렇게 김굉필의 제자가 되었다.

08. 오로지
소학만 읽다

김굉필은 스승 김종직이 자신에게 했던 것처럼 유배지까지 찾아온 제자 조광조에게 《소학》을 건네주고 읽으라 했다. 보통 서당에서 《소학》은 《천자문》, 《동몽선습》, 《명심보감》, 《통감절요》를 떼고 나서 배우는 교재였다. 열일곱 살의 조광조는 이미 서당에서 《소학》을 읽었던 바 있었다. 그래서 스승의 《소학》 읽기는 뜻밖이었다. 하지만 조광조는 싫은 내색 하나 없이 《소학》을 펴서 성심을 다해 읽었다.

소학, 소학교의 필독 수신서

《소학》은 중국의 하·은·주 시대에 소학교에서 배우던 수신서이다. 원래 이름은 '소자지학小字之學'인데, 줄여서 '소학'이라고 한다. 그런데 이 책은 진시황의 분서갱유 때 불타서 사라진다. 그러다 송나라 주자가 아이들을 위한 책이 필요하다고 생각하여 제자 유청지劉淸之, 자 子澄에게 지시해 편찬하게 하고 직접 교감하여 만든 책이다.

《소학》은 《예기》, 《효경》, 《논어》, 《맹자》 등 경전에서 아이들이 반드시 배워야 할 내용을 가려 뽑아 편찬한 책이다. 글을 배우는 것보다 인간이 되는 것이 우선이라는 가르침을 담고 있다. 모두 '3절三節 4도四道'로 구성되어 있다.

그런데 《소학》은 아이들이 읽기가 만만치 않은 책이었다고 한다.

분서갱유(焚書坑儒): '책을 불사르고 선비를 묻는다'는 뜻으로, BC 213년 중국 진시황이 학자들의 정치적 비판을 막기 위하여 의약, 점복, 농업에 관한 책을 제외한 민간의 모든 서적을 불태우고, 유생들을 생매장한 일을 말함.

소학의 구성: 《소학》은 모두 '3절 4도'로 구성되어 있다.

3절三節은 쇄소灑掃, 청소한다, 응대應對, 윗사람이 부르면 예하고 대답한다, 진퇴進退, 내가 언제 들어가야 하고 나오는 방법과 절차를 배운다를 말한다.

4도四道는 애친愛親, 어버이를 공경함, 경장敬長, 어른들을 공경함, 융사隆師, 스승님을 받듦, 친우親友, 벗과 친하게 지냄을 말한다.

문장이 길고, 또 경전에서 뽑은 구절들이 어려워 그 뜻을 이해하는 것은 물론이거니와, 글자 자체를 읽기조차 절대 쉽지 않았다고 한다. 그러자 중요한 《소학》을 아이들에게 쉽게 읽혀야 한다는 차원에서 주자가 교감한 원래의 《소학》과 경전에서 쉬운 내용을 뽑아 네 글자로 된 새로운 형식의 《소학》을 편찬됐다. 지은이가 누구인지 알려지지 않은 이 책이 바로 《사자소학四字小學》이다. 요즘 우리 아이들도 많이 읽는 책이다.

조선 시대 사림파들은 《소학》에 남다른 의미를 부여했다. 《소학》에서 강조하는 '인간의 도리와 의리'는 곧 공동체가 행해야 하는 도리와 의리여야 했다. 하지만 왕실과 조정은 말할 것도 없고, 백성들마저 일탈하기 일쑤였다. 이에 사림파는《소학》을 통해 갖가지 잘못을 바로잡아야 한다고 생각했다. 그래서 공부하는 자가 읽어야 할 첫 번째 텍스트로《소학》을 꼽았다.

김굉필도 김종직에게서 공부할 때《소학》을 으뜸으로 하여 배웠다. 그리고 그 자신이《소학》의 중요성을 깨달아 오직《소학》만을 읽었다. 나이 서른이 되어서야 다른 책을 읽었다고 전해질 정도였으니, 김굉필의《소학》사랑은 알만하다. 오죽하면 그의 별명이 '소학 동자'였겠는가. 김굉필이《소학》공부를 잘했다고 소회하는 시를 앞에서 소개한 바 있다. 그런 점에서《소학》하면 으레 연관검색어가 된 김굉필이 조광조에게《소학》을 읽으라고 강조하는 것은 당연한 일이다.

도학자 계통의 으뜸인 이색·정몽주와 함께 고려 삼은三隱의 중의 한 사람인 길재吉再, 1353~1419가 학문의 기본으로 삼은 이래《소학》은 그의 제사 김숙자, 김숙자의 아들이자 제자 김종직, 김종직의 제자 김굉필을 거쳐 조광조로 그 맥이 이어진 것이다.

하지만 무오사화 이후 사람들은《소학》을 홀대했다. 사림들이 공격을 받으면서《소학》도 덩달아 같은 취급을 받았던 것이다. 심지어《소학》을 찢어 문종이로 썼다는 얘기가 있을 정도였다.

그러나 김굉필에게 배우면서《소학》의 중요성을 깨달은 조광조는 훗날 벼슬길에 나서 임금에서부터 백성에 이르기까지 모두《소학》을 배워야 한다고 강조하며 적극적인 보급에 나섰다. 하지만 조광조의 실각 이후 또다시《소학》은 사화를 부르는 '난역亂逆의 책'으로 여겨졌다.

스승 허물 지적한 건치묘식 사건

김굉필 문하에서 학문을 연마하던 조광조는 서서히 스승을 닮아가고 있었다. 잘못된 것을 보면 그 자리에서 바로잡아야 직성이 풀렸다. 물론 조광조는 어려서부터 그런 성정이 있었지만 스승과 지내면서 그런 행동이 더 분명해졌다.

김굉필이 훈구파와 타협하려던 스승 김종직을 비판하는 시를 썼다는 얘기를 앞에서 한 바 있다. 그래서 소개하려는 이 일화는 그 스승에 그 제자라는 평가를 받을 만하다.《수정재역 정암선생문집》에 전하는 이른바 '건치묘식乾雉猫食' 사건이다.

김굉필이 하루는 꿩 한 마리를 얻었다. 이 귀한 음식을 어머니에게 드리는 것이 좋겠다고 생각하여 말리기로 했다. 생으로 보내는 것보다 말려서 보내는 것이 더 나을 듯싶어서였다. 꿩을 널어놓은 김굉필은 걱정이 됐다. 혹시 매와 같은 짐승들이 꿩을 낚아채 갈 수도 있을 것 같아서였다. 그는 여종에게 꿩을 잘 보라고 일렀다. 그런데 여종이 한눈을 파는 사이 고양이가 그만 그 꿩을 먹어버렸다. 김굉필은 화가 몹시 났다. 어머니에게 보낼 꿩을 고양이에게 빼앗겼다는 상실감이 앞섰다. 김굉필은 여종을 큰 소리로 꾸짖었다. 이를 지켜보던 조광조가 스승 앞에 나아가서 입을 열었다.

"어머님을 봉양하려는 정성은 비록 지극하오나 군자의 언사와 노기는 성찰하지 아니하면 안 되는 것으로 압니다. 불민한 저의 마음에 의심되는 점이 있어 감히 스승님께 여쭙니다."

그러자 김굉필은 일어나 조광조의 손을 잡으며 말했다.

"나도 방금 스스로 후회하고 있었는데, 너의 말이 또한 그러하니 심히 부끄러워 어찌할 바를 모르겠구나. 바로 네가 나의 스승이지 내가 너의 스승이 아니다."

이 사제 간의 대화에 대해 무슨 해설이 필요하겠는가. 그날 이후 김굉필은 조광조를 더 각별하게 여겼다고 한다.

어렵기로 유명한 《근사록》도 읽어

김굉필이 조광조에게 강조하며 읽으라고 한 책이 하나 더 있다. 《근사록近思錄》이다.

《근사록》은 우리에게 낯선 책이다. 낯선 만큼 어려운 책이다. 그래서 이름조차 들어보지 못한 것 같다. 한국학중앙연구원의 한형조 교수의 표현을 빌려 《근사록》을 한 마디로 설명하면, "주자학의 입문서"라고 할 수 있다.

《근사록》은 송나라 주희朱憙, 1130~1200, 朱子로 높여 부름가 친구인 여조겸呂祖謙, 1137~1181과 의기투합하여 북송 도학의 대표적 사상가 네 명의 저술과 어록에서 중요한 부분을 뽑아 14분야로 정리한 책이다. 4명의 도학자는 주돈이周敦頤, 1017~1073, 정호程顥, 1032~1085 · 정이程頤, 1033~1107 형제, 장재張載, 1020~1077이다. 성리학을 종합하여 완성한 주자가 이 작업을 주도했다.

이 책은 주희의 서문을 보면 정주학의 입문서임을 알 수 있다. 한

형조 교수의 '살아서는 도리 죽어서는 평화'라는 제목의 《근사록》 해설 글 일부를 인용한다.

> 정주학(程朱學): 성리학性理學 또는 주자학朱子學의 다른 이름으로, 정호·정이 형제가 기초를 닦고 주희가 집대성했기 때문에 앞글자 성을 따서 붙인 이름.

"순희 을미년1175년 여름에 동래 여백공여조겸이 동양東陽을 떠나 내가 있는 한천정사寒泉精舍에 들러 열흘 동안 머물렀다. 그와 함께 주자주돈이, 정자정호, 정이, 장자장재의 글을 읽고, 그들의 학문이 끝없이 광대하며 굉박한 것을 감탄했지만, 초학자들이 들어갈 곳을 모르게 될까 걱정하였다. 그래서 학문의 큰 강령과 관련이 있으면서 일상생활에 절실한 것을 선택하여 이 책을 편찬하였다."

이 책은 읽기가 결코 만만치 않다. 퇴계가 제자들에게 말하길, 이 책은《주역》의 설을 많이 인용해 초학자들이 이해하기 어려워 배우는 자에게 먼저 가르치지 않는다, 고 할 정도였다. 그래서 이 책에 대한 주석과 해설서들이 많다. 성리학을 공부하려면 반드시 읽어야 하는 필독서이기에 주석서나 해설서의 도움을 받아서라도 읽어야 했다.

이처럼 조광조가 김굉필의 가르침으로《소학》을 거쳐《근사록》을 읽으면서 당시 '재앙을 부르는 학문'으로 기피되었던 성리학에 빠져들었다.

성현이 되는 데에 학문의 뜻을 둔 조광조는 시쳇말로 무서울 정도로 성리학에 매진했다. 하루하루 공부할 목표를 세우고 무슨 일이 있어도 그 목표를 이루어야 했다. 낮에 이루지 못하면 밤에도 공부를 멈추지 않았다.

조광조가 과거보다는 학문에 뜻을 두고 몸을 닦아 수양하면서 자기완성을 위해 치열하게 학문에 몰두했던 그의 '학문하는 자세'를 퇴계가 쓴《행장》의 한 구절로 들여다보자.

> "성장하여 글을 읽고 학문을 닦을 줄 알면서부터는 의연하게 큰 뜻이 있으나 오직 과거 보는 글에는 뜻을 두지 않고, 성현의 위풍을 사모하여 넓게 배우고 힘써 행하여서 이룩함이 있기를 기약하였다."

아무튼, 이런 자세로 조광조는 김굉필의 제자가 되어 학문을 닦았다. 하지만 조광조가 김굉필 문하에서 공부한 기간은 그리 길지 않았다.

조광조는 김굉필의 제자가 된 이듬해인 1499년에 한산 이 씨와 혼인하고, 그리고 그 이듬해인 1500년에 아버지 조원강의 상을 당한다. 부친상을 주자의 가례에 따라 삼년상을 치른 조광조는 경기도 용인의 심곡리현 용인시 수지구 상현동에 있는 아버지의 묘소 아래에 서너 칸짜리 초막을 지어 그곳에서 지냈다.

이런 점으로 미루어보아 조광조는 혼인하더라도 곧바로 스승 곁으로 다시 돌아올 수 있었겠지만, 아버지의 삼년상을 치르면서는 어쩔 수 없이 스승 곁을 떠날 수밖에 없었을 것이다. 그리고 삼년상이 끝난 다음에도 스승에게로 돌아가지 않고 아버지의 묘소 아래에 초당을 짓고 그곳에서 기거하였다.

그런데 스승 김굉필은 1504년연산군 10에 일어난 갑자사화의 후폭풍으로 전라도 순천으로 유배지를 옮겼다가 그해 10월 7일 순천의 저잣거리인 철물시鐵物市에서 효수하라는 명을 받고 유배지에서 사형당했다. 그래서 조광조와 김굉필이 함께 한 시간은 매우 짧을 수밖에 없었다. 그렇다면 조광조는 이때부터 스스로 자신의 학문 세계를 향해 나아갔을 것이다.

09. 엄숙하고 바른 자세로 글을 읽다

아버지의 삼년상이 끝나자 용인의 아버지 묘소 아래 서너 칸짜리 초당을 지었던 조광조는 이 초당 아래에다 못을 파 연을 심고, 또 축대를 쌓아 잣나무를 심었다. 아버지를 사모하는 공간을 만든 것이다.

조광조는 아내와 가족이 있는 한양서울 집에 가지 않고 용인의 이 초당에서 주로 지냈다. 아버지에 대해 애틋함을 달래기 위함이 우선 고려되었겠지만, 학문에 정진하려는 의도도 있었을 것이다. 한양보다는 조용하고, 또 찾아오는 사람이 없어 세상사와 어느 정도 담을 쌓을 수 있는 곳이었기 때문이다.

사서삼경 중심으로 읽다

이 초당에서 조광조는 매일 새벽닭이 울면

잠자리에서 일어나 세수부터 하고 머리를 빗은 다음 엄숙하고 바른 자세로 앉았다. 그리고 마음을 편안하게 갖고 글을 읽기 시작했다. 《소학》과 《근사록》, 그리고 사서삼경을 중심으로 읽었다. 또 성리학을 집대성한 《성리대전》과 역사서인 《통감강목》도 읽었다. 그러다 1504년연산군 10 10월에 순천으로 이배된 스승 김굉필의 부음을 듣는다.

조광조는 상실감이 컸다. 스승이 순천으로 유배지를 옮겼다는 소식을 듣고도 차일피일하다가 찾아가 보지 못한 자신을 탓했다. 그러면서 조광조는 다짐했다. 더욱 학문에 정진하여 성리학이 지배하는 세상을 만들어야 한다고 의지를 다졌다.

이 무렵 중종반정이 일어나 세상이 바뀌었다. 조광조는 마음이 복잡하였다. 폭군 연산군을 몰아낸 것은 나라를 위해서나 백성들을 위해서나 다행이었다. 어쩔 수 없는 측면이 분명히 있다. 이해할 수도 있다. 하지만 정통성이 있는 왕을 무력으로 폐위시키는 것이 유교 나라에서 과연 정당한가 하는 점은 의문이 일었다. 아무리 흠결이 있다고 해도 정통성을 흔드는 일은 도학 정치 측면에서 보면 있을 수 없기 때문이다.

이 일은 하늘의 도가 거꾸로 작동하게 한 셈이다. 뒤에서 맹자의 〈호연장〉을 다루면서 얘기하겠지만, 맹자는 왕이 인의仁義를 해치면 보통사람과 다름없으므로 바꿀 수 있다고 말하긴 했다. 연산군의 악행은 인의를 해친 것이 분명하다. 그렇다면 그런 왕을 폐위시키는 것에 어느 정도 정당성이 있을 수 있다. 하지만 쉽게 이렇게 규정할 수 있는 일은 아니다.

여기에다 조광조를 혼란스럽게 만든 또 하나는, 반정을 주도한 사람들이 한결같이 연산군에게 충성을 다하던 인사들이었다는 점이다. 이들은 연산군 곁에 붙어 온갖 이권을 다 챙기다가 자신의 생명이 위협받자 하루아침에 등을 돌리는 이중성을 적나라하게 보여주었다. 그러잖아도 어린 단종을 끌어내리고 왕의 자리를 꿰찬 수양대군세조의 쿠데타계유정난 문제도 아직 명쾌하게 정리되지 않은 상황에서 또 이런 일이 일어나자 조광조는 혼란스러웠다.

조광조는 특히 스승김굉필의 스승인 김종직이 〈조의제문〉을 발표해 수양대군의 왕위 찬탈을 비판했다가 주검마저 무덤에서 파헤쳐져 부관참시를 당했던 일을 떠올리곤 몸서리를 쳤다. 조선 시대 4대 사화의 신호탄이었던 무오사화였다.

물론 중종반정으로 달라진 것도 있었다. 연산군의 포악한 전제정치가 끝나고 억눌려 있던 선비들의 기세가 조금 펼 수 있는 사회적 분위기가 마련됐다.

조광조는 이렇게 생각했다. 이런 악의 고리를 끊기 위해서는 근본적으로 개혁을 해야 한다. 그 개혁은 성리학이 널리 구현되는 세상을 만드는 데서 출발해야 한다. 도학 정치가 잘 펼쳐지면 이런 문제는 역사에서나 찾아볼 수 있는 구시대의 유물이 될 것이다. 해서 자신 혼자만 학문에 정진하는 것이 능사가 아니다. 성리학을 공부하는 사람들이 많아야 한다.

세상 사람들과 교류

이 무렵 세상에는 조광조의 학문이 깊다는 소문이 자자했다. 이 소문을 듣고 전국 각지에서 그를 찾아와 배우고자 하는 사람들이 많았다. 이에 조광조는 혼자만의 공부가 아니라 함께 공부하리라 다짐하고 이들을 가르치기 시작했다. 조광조는 비록 가르치지만, 이는 가르치는 것이 아니라 곧 배우는 것이라고 여겼다.

조광조는 열심히 공부하면 누구나 성현이 될 수 있다고 생각했다. 그래서 그는 성리학에 푹 빠졌다. 그런 그의 모습을 보고 사람들은 가까이하기엔 어딘지 모르게 부담스러워 멀리하고, 심지어 '광인'이나 '화태'라고 조롱했지만 아랑곳하지 않았다. 공부에 몰두하면 할수록 친구는 물론이거니와, 지인들과도 교류가 끊어지게 마련이지만 개의치 않았다.

그런 조광조가 누굴 가르치기 시작했다는 것은 엄청난 변화였다. 자신의 공부를 세상과 공유하기 시작한 것이다. 세상과 공유하는 것은 그의 공부 목적이 무엇인지를 뚜렷하게 보여준다.

이렇게 하여 조광조는 많은 사람과 교류했다. 드디어 외톨이였던 그의 인간관계가 다양하게 형성되기 시작했다. 훗날 생원·진사시에 함께 응시하여 급제하고 그의 주검을 수습해준 학포 양팽손을 비롯하여 왕족인 종남부수終南副守 이창수, 개혁 동지이자 평생지기인 김식, 서얼 출신의 박경, 심지어 그 자신을 죽음으로 몰아넣은 심정 같은 인사들이 그들이다.

이 무렵 조광조가 찾아오는 사람들과 어떤 마음으로 교류하였는지 이창수에게 화답한 시에 잘 나타나 있다.《수정재역 정암선생문집》조종업 역, 경인문화사에 실린 시를 이해하기 쉽게 다듬었다.

평생 착한 일 듣는 것을 좋아했네!
바라건대, 군자를 찾아 그 곁에서 놀아보자
몇몇 친구들과 학문을 연구하니
어느덧 서로 마음이 통하도다
처음 생각에는 서로서로 따르면서
백세토록 기약하며 같이 모색했는데
화기禍機가 스스로 닥쳐왔도다
한 성城 안도 멀게 됐네.
옛 친구는 홀로 산중에 있네!
아침저녁으로 산 등만 바라보니
한가하고 바쁨이 돈연頓然히 두 갈래네.
길옆 살구꽃 허무하게 내 옆에 떨어지니
어찌 서로 연정이 없겠는가?
심회心懷를 서술함에 봄 술을 겸했도다
비록 장안에 만가萬家가 있다 하나?
내 갈만한 곳 한 집도 없네
벼슬살이 괴롭기가 이렇게도 어렵도다
사람을 따르자니 억지 모양 짓게 되네
진성眞性을 가져도 한 번 결함 보게 되면
기왕의 공부할 것 저버릴까 두렵도다

모름지기 마땅히 행전을 풀어두고
내 성품 맞게 하여 길이길이 누리리라
해바라기의 정성이야 너무나 어리석어
뒤보고 앞을 보니 마침 지극함이 있도다
다만 한 되는 것은 축적蓄積이 본래 없이
보충하고 수습함이 응당 넓지 못하다

이렇게 뜻이 맞는 세상 사람들과 활발히 교류하고 공부하던 조광조가 또 한 번의 큰 변신을 한다. 이미 앞에서 자세하게 언급했던, 1510년 봄, 스물아홉 살의 적지 않은 나이에 진사시에 응시했던 것이다.

조광조에게 있어 진사시 을과 장원급제는 남다른 의미를 지닌다. 그동안 머물던 집에서 과감하게 벗어나 세상으로 성큼성큼 들어가며 세상과 본격적인 소통을 시작한 것이기 때문이다.

진사시에 급제한 조광조는 더욱 학문에 정진하는 한편 전국의 명산을 찾아다니며 공부에 매진했다. 진사시를 치르던 그해 5월엔 천마산과 성거산, 여름엔 개성 송도의 여러 산에 가서 글을 읽었다. 깊숙한 곳에 자리를 잡고 성리학의 이치를 궁구하는 한편 진정한 시대정신을 찾았다. 거친 음식에 만족하며 그는 자신이 정해놓은 시간표에 따라 공부했다. 누구도 흉내 낼 수 없는 가혹한 수련이었다. 이때 그의 이런 공부 모습이《수정재역 정암선생문집》조종업 역, 경인문화사 〈연보〉에 자세히 실려 있다.

"혹 기묘한 절경을 만나면 문득 소요하고 읊으며 티끌 같은 세상을 떠난 듯한 취향을 가져 청아하고 깊숙한 곳을 택하여 그곳에 들어앉아 조용히 잠겨 의리의 깊음을 독파하였다. 경전의 참뜻을 탐색하고 정신을 모아 단정히 앉았는데 그 우뚝함이 마치 조각한 사람 같았다. 소찬의 밥을 먹으면서 고행하기를 스님들과 더불어 같이 하였는데, 비록 숙달된 스님일지라도 모두 같이 하기 어려운 일이었다. 대체로 식사하고 뒷간에 가는 일 외에는 절대 한가한 시간은 조금도 없었고, 오직 삼경 후부터 오경 사이를 옷을 벗고 잠자리에 드는 시간으로 삼아 학문에 힘씀이 더욱 돈독하였다."

학문을 대하는 그의 태도가 얼마나 엄숙하고 한 치의 오차도 없었는지 함께 했던 기준奇遵은 이런 말을 했을까.

"선비로서 이처럼 고행하는 것도 또한 괴롭지 않은가!"

맹자 호연장,
그 의미를 깨치다

정암은 이때 산사에서 《맹자》의 〈호연장浩然章〉을 한 달 동안 읽고 그 진의를 해득하였다고 한다.

《맹자》의 〈호연장〉은 뜻을 깨쳐 알기가 어렵기로 유명하다. 우암 송시열尤庵 宋時烈, 1607~1689이 오, 육백 번을 읽었지만, 그 뜻을 알기가 쉽지 않았다고 자신의 문집인 《송자대전宋子大全》에 고백했을 정도다.

조광조의 관심을 끈 〈호연장〉은 맹자 사상을 잘 드러낸다. 〈호연장〉은 공손추에서 가장 긴 장인 '호연지기' 장의 마지막 편이다. '부동심장不動心章'이라고도 불리는데, 《맹자》에서 가장 중요한 곳으로 평가받는다. 이 호연지기 장만을 다룬 석, 박사학위 논문이 많다. 그만큼 중요한 부분이라는 것을 반증한다.

〈호연장〉은 "중국 고대의 정치 문화적 상황 속에서 유자儒者, 곧 유교 지식인이 어떻게 자기의 정체성을 확립하여 갔는가 하는 것을 명확하게 보여주"경희대 철학과 문석윤 교수의 논문 〈조선 후기 성리학에서 맹자 '호연장' 논란과 그 의의〉는 장이다.

사실 맹자의 사상은 때론 '불온한 사상' 취급을 받았다. 역성혁명易姓革命과 귀민경군貴民輕君의 신념 때문이었다.

역성혁명에 관해서 먼저 알아보자.

이는 '역성易姓' 즉 성을 바꿔 새 왕조를 창출하는 것은 아니더라도 잘못이 있는 왕을 과연 물리력을 행사해 바꿀 수 있느냐 하는 점에 대한 시사점이 있다. 앞에서도 언급했지만, 유교 국가에서 왕을 강제로 폐위하는 것은 있을 수 없는 일로 받아들여진다. 하물며 맹자는 왕조까지 바꿀 수 있다고 파격적인 주장을 하고 있다. 그런 점에서 중종반정의 정당성을 찾기가 어려웠던 조광조는 《맹자》의 〈호연장〉이 더 깊게 다가왔을지도 모른다.

《맹자》〈양혜왕〉하 8편에 보면 제선왕과 맹자가 대화를 나누는 장면이 나온다.

하나라 마지막 폭군 걸왕은 자신을 희생 제물로 삼아 가뭄을 물리친

포락지형(炮烙之刑): 달기라는 여인에게 빠져 주지육림酒池肉林 속에서 질탕하게 놀았던 은나라 주왕紂王이 내린 포악한 형벌로, 불에 달군 쇠로 단근질하는 것을 이른다.

은나라 탕왕에 의해 쫓겨났다. 포락지형炮烙之刑을 즐기던 은나라 마지막 폭군 주왕은 주나라 무왕에 의해 쫓겨났다. 이런 상황을 염두에 두고 제선왕이 묻고 맹자가 답했다.

"탕왕이 걸桀을 쫓아내어 가두고, 무왕이 주紂를 정벌했다고 하는데, 그런 일이 있었습니까?"

"옛 기록에 있습니다."

"신하가 자기 왕을 죽여도 됩니까?"

"인을 해치는 자를 적賊이라고 하고, 의를 해치는 자를 잔殘이라고 합니다. 잔적을 일컬어 한 사람의 필부라고 합니다. 한 사람의 필부인 주를 죽였다는 말은 들었어도, '왕을 시해했다'는 말은 듣지 못했습니다."

이 얼마나 파격적인 논리인가. 사실 부도덕하면 비록 왕이라도 '필부'로 취급한다. 따라서 필부를 죽인 것이지 왕을 죽인 것이 아니라는 맹자의 말은 준엄하기까지 하다. 《맹자》〈만장〉 하 9편에 보면 "군주에게 큰 허물이 있으면 간언을 하되, 거듭 간언해도 듣지 않으면 군주의 자리를 바꿔 버린다"라고 말했다.

조광조는 이 구절을 읽고 중종반정의 정당성을 어느 정도 이해할 수 있었다. 연산군의 광기는 '잔적'의 행위와 무엇이 다르겠는가. 연산군이 잔적이라면 그렇고 그런 필부일 테고 그 필부를 폐위시킨 것이다.

'귀민경군'의 신념은 무엇인가. 《맹자》의 〈진심장〉에 보면 이런 구절이 나온다.

"백성이 귀하고, 사직은 다음이고, 군주는 가볍다."

그렇다. 여기서 맹자의 민본사상을 엿볼 수 있다. 백성이 가장 중요하다는 그의 사상은 오늘날 민주주의의 정신과 맞닿아 있다.

산에 들어가 공부에 몰두하던 조광조는 1511년 나이 서른 살에 어머니 민 부인의 상을 당한다. 어머니상도 아버지상과 같이 주자의 가례에 따라 삼년상으로 치렀다.

어머니 삼년상이 끝난 1514년 조광조는 마침 경원의 임지로 떠나는 숙부 조원기에게 시와 서를 지어 바쳤다. 숙부 원기도 조광조에게 학문에 힘쓰라고 당부했다. 아들 정定이 태어난 1515년, 파평 용문사에서 글을 읽었던 조광조는 두서너 명의 친구들과 함께 걸상을 직접 만들어 둘러앉아서 밤낮으로 토론했다. 그리고 조광조는 본격적으로 공부하기 위해 성균관에 들어간다. 성균관에서의 그의 공부가 어떠하였는지는 앞에서 밝힌 바 있다.

아무튼, 조광조는 성균관에서 군계일학과 같은 두각을 나타내 벼슬에 추천되었고, 추천받아 벼슬길에 나갈 바엔 정식으로 과거를 보겠다는 자존감에서 알성시를 통해 관료가 되었다.

10. 역모에 연루되다

'조광조'라는 이름이 《조선왕조실록》과 같은 공식적인 역사 기록에 가장 먼저 등장한 때는 언제일까? 많은 이들이 앞에서 했던 그의 이야기에 비추어 상당히 어린 나이에 사람들의 입에 회자됐을 것으로 짐작할지도 모른다. 하지만 생각보다 늦은 나이에 역사 기록에 네뷔(?)한다. 그것도 나쁜 일로.

그의 이름이 공식적으로 처음 역사에 기록된 것은 스물여섯 살 때인 1507년이다. 국사편찬위원회에서 운영하는 '조선왕조실록' 홈페이지에 들어가 '조광조'라는 키워드를 넣고 검색하면 모두 1,688건의 기사가 검색된다. 그 중 첫 번째 기사 "중종실록 2권, 중종 2년 윤 정월 26일 경오 1번째 기사/죄인들을 공초하다"라는 제목 아래 빨간 글씨로 '조광조'라는 이름이 발견된다.

김공저·조광보 옥사 사건

이 기사는 '김공저金公著와 조광보趙廣輔의 옥사 사건'을 다루고 있는데, 조광조가 이 사건에 직접 연루된 것으로 나온다. 이 사건은 조광조가 어떤 인물인지 이해하게 해주는 중요한 단서가 된다는 점에서 그냥 지나칠 수 없다. 이 사건의 내막을 좀 자세하게 살펴보자.

1507년 윤 정월, 공조참의工曹參議 유숭조柳崇祖, 1452~1512가 궁궐에 나가 고변함으로써 사건은 시작된다. 유숭조는 이웃에 사는 의관 김공저가 자신을 찾아와서 충격적인 얘기를 털어놓았다고 했다. 그 내용이 무엇인지 《중종실록》 1507년 윤 정월 25일 자에 나와 있는 유숭조의 진술을 그대로 인용해본다.

> "김공저가 집을 빌려 신의 이웃에 와서 살고 있습니다. 그런데 이달 초에 공저가 신의 집에 와서 신에게 말하기를, '좌상박원종이 전왕의 나인들을 많이 데리고 있고 또 빈객 접대를 좋아한다. 그리고 유자광이 공을 논할 때 그 고향 사람을 많이 공신에 등록하였는데, 그날 시위 군사 중에 참여 못 한 자들이 모두 분하게 생각하고 있다. 지금 별의 변괴가 있으니 변고가 생길까 염려된다'라고 했고, 이달 15일께 공저가 또 와서 신에게 말하기를, '박·유 두 정승이 지금 마음대로 방자하니 광망한 무리가 공격하려 한다'라고 하였습니다."

중종반정을 일으킨 주모자로, 반정 삼대장 중의 한 사람인 박원종이 연산군이 데리고 있던 궁녀를 많이 데리고 있다는 사실은 비정상이다. 연산군이 아무리 용서하지 못할 폭군이라도 임금이 거느리던 궁녀를 신하가 사적으로 소유한다는 것은 있을 수 없는 일이다. 이 일은 당시 박원종의 권력이 어떠했는지를 상징적으로 보여준다. 또 박원종이 빈객을 많이 접대한다 했는데, 이는 자신의 세력을 모으는 것이고, 세력이 모이면 사적인 군사 조직이 될 가능성이 크다. 이는 뭔가를 도모할 힘을 가진다는 얘기다. 위험천만하다.

또 공이 없는 고향 사람을 공신으로 등록했다는 유자광은 누구인가. 그는 어머니가 노비여서 종모법에 따라 신분이 천민이었는데, 인생역전의 기회를 노리고 군대에 들어간다. 그리고 '이시애의 난' 진압에 공을 세워 세조의 총애를 받았다. 이후 그의 인생은 탄탄대로였다. 하지만 그는 임금 옆에 빌붙어서 얻은 자신의 권력을 어진 선비를 모함하여 자신의 영달을 위하는 데 사용했다. 세조부터 중종까지 다섯 임금을 섬기며 호가호위하였던 그의 이런 남다른 처세술은 자신을 간신배의 대명사로 만들었다. 유자광이 이런 자이기에 가만히 두면 뭔가 도모할지도 모르니 이에 대비해야 해야 한다는 취지에서 유승조는 고변했다.

유승조의 입에서는 남곤南袞한테서 들었다며 문종의 외손자이자 단종의 조카인 정미수鄭眉壽라는 이름이 튀어나온다. 남곤은 직접 들은 것이 아니라 심정에게 들었다며 말하길, "공저가 정미수를 장수로 삼아, 박·유박원종과 유자광를 제거하려

이시애의 난 : 1467년 토호 세력 축소 등 세조의 집권 정책에 반대해 함경도 지역의 전형적인 토호 가문 출신인 이시애가 일으킨 반란.

하는데, 거사하게 되면 바른 선비인 유숭조 같은 이들이 모두 응한다"라고 했다.

유숭조 입장에서는 이 얘기를 듣고 가만히 있을 수 없었다. 자칫 이 일이 '역모' 사건으로 확대되면 그 화가 고변하지 않은 자신에게도 미칠 수 있었다. 그렇다면 괜한 구설에 오르는 것으로 그치는 것이 아니라 신변에도 위험이 생길 수도 있다는 우려가 있었다. 그는 일단 관에 고변할 수밖에 없었을 것이다.

상황이 이렇게 되자 남곤도 곤혹스러웠다. 유숭조가 자신에게 들었다고 한 말에서 남곤은 이미 이 사실을 알고 있다는 얘기가 될 터이고, 이 일을 알고 있으면서도 고변하지 않았다면 이는 문책 사유가 된다. 그래서 남곤은 서둘러 궁궐에 나가 이 사실을 고변했다. 이때 남곤은 부모상을 당해 상중이었지만 아랑곳하지 않았다. 상복을 평복으로 갈아입고 궁궐에 나갔다. 《중종실록》 1507년 윤 정월 25일 자를 보자.

> "심정이 말하기를, '공저가 이장길李長吉 등과 상의하고, 조정에 있는 1품 재상을 장수로 삼아, 가만히 박 · 유를 습격한 뒤 정사를 도우면 성군이 치세를 이룰 수 있다 하더라."

남곤은 심정에게서 이 얘기를 듣고 너무 놀라 밤새 한숨도 자지 못했고, 심정은 이 얘기를 문서귀文瑞龜한테서 들었다고 하더란다는 말도 전했다. 그런데 이 사건이 조광조에게까지 불똥이 튄 것은 박경朴耕 때문이었다. 유숭조와 상의했던 김공저는 이 일을 박경 등과 모의했다. 그러면서 이 일에 조광보가 깊숙이 개입돼 있음이 드러났다. 조광보는 미친 사람으로 통했다. 그는 처음 대궐 뜰에 와서 큰소리로 글을 외우는 등 미친 사람의 태도를 보였다. 그때 그는 맨 먼저 유자광을 보자 큰소리로 외쳤다.

"자광 같은 소인이 어찌하여 이곳에 있을 수 있느냐? 무오년에 현량을 모함하여 김종직 같은 이들이 모두 주륙되었는데, 지금 또 무슨 일을 하려는가. 상방검을 얻어 이 간사한 신하의 머리를 베고, 밝은 임금을 모시고 어진 정승을 얻으면, 좋은 치세를 보게 되겠다."

서얼 출신이었던 박경은 사회에 불만이 많았다. 그는 김식의 집에 드나들며 뜻 맞는 인사들과 교류를 나누었는데, 이 과정에서 조광조와 친분을 나누었던 것으로 보인다. 조광조도 절친인 김식의 집을 드나들며 뜻 맞는 사람들과 교유했다. 김식金湜의 공술을 들어보자.

> "이 달1507년 윤 일월 21일에 문서귀 · 조광조 등이 먼저 신의 집에 왔는데, 서귀가 말하기를, '박경이 올 것이니, 우리와 박경에게 밥을 지어 달라' 하더니 좀 있다가 경이 조광좌와 함께 뒤따라와서 함께 뜰에 앉아 밥을 먹었습니다. 이때 경이 말하기를, '남아가 세상에 났으면 큰일을 하여야 한다. 유자광은 무오년의 난을 일으킨 자이고 박원종은 이욕利慾에 분주하니, 이 두 사람을 제거하고, 정미수를 정승으로 삼아야 하겠다. 김감 · 이계맹 역시 큰 소임을 맡길 만하다' 하였습니다. 또 말하기를, '천변이 자주 일어나고, 인심이 돌아서니 어떻게든지 보존하고 버티어야 하겠다' 하였습니다. 그리고 '김공저 · 이장길 두 형제와 유숭조 역시 참여한다' 하였고, '숭조는 공저와 친교가

있다'고도 했습니다. 또 '이 뜻을 남곤에게 말하였더니, 곤이 듣고 두려워하며 떨었다'라고 하였습니다. 그리고 또 말하기를, '공신들이 이욕에 분주하니, 무엇이 그리 즐겁겠느냐?'라고 하였습니다. 또 '종친도 육조에 써야 하며 또 서얼이 등용되지 못하기 때문에 그 신분을 생각하고 스스로 수신하고 단단히 타일러서 격려하지 않으니, 이것이 어찌 좋은 일인가. 서얼들이 과거에 응시하도록 허락하여 써야 한다'라고 했습니다. 또 말하기를, '과거의 자격을 따라서 사람 쓰는 법을 역시 파하여야 한다'라고 하였습니다. 이런 말들은 신만이 들은 것이 아니라, 자리에 있던 사람이 모두 들었습니다."

조광조,
젊다는 이유로 풀려나

조광조는 김식의 집에 가기 전에 먼저 문서귀의 집에 갔다. 문서귀가 하룻밤을 자고 가라고 붙잡아 하룻밤 묵은 다음 이튿날 문서귀와 함께 박경의 집으로 갔다. 여기서 조광조는 이 사건의 계획에 대해 들었다.

이런 과정에서 유숭조와 남곤의 고변으로 사건은 드러났고, 관련자들이 줄줄이 불려 나갔다. 조광조도 역시 불려 나갔다.

"칠팔일쯤 전에 신이 문서귀의 집에 갔는데 서귀가 신을 만류하여 함께 자고, 이튿날 이른 아침에 신을 데리고 박경의 집으로 갔습니다. 서귀가 조광보가 하던 말을 가지고 경에게 말하기를, '과연 이런 일이 있었는가?' 하니, 경의 말이, '있었다. 그러나 큰일을 하려는데, 병권을 잡은 자가 없으니, 일이 장차 잘 안 될 것 같다. 이계맹이 이 일을 유순정에게 말하려 하였으나, 형편이 어려워 못하였다. 정미수·김감·김공저·이장길은 이미 다 알고 있다. 김공저는 유숭조에게 말하기도 하였으며, 남곤은 이 사실을 듣고서 놀라고 두려워한다' 하였습니다. 그 밖의 다른 말을 다 기억하지 못합니다."

이 사건은 결국 박경과 김공저를 참형에 처했고, 미친 사람 행세하던 조광보는 석방되었다. 이계맹과 유숭조는 원방부처遠方付處, 멀리 떨어진 곳에 기거하도록 함하도록 했고, 조광조와 김식은 젊다는 이유로 불문에 부쳐 석방되면서 일단락 되었다.

靜庵 趙光祖

2부

개혁가 조광조

01. 파격적인 승진을 거듭하다

1515년중종 10 알성시 급제 후 첫 보직으로 성균관 전적을 받았다가 곧 홍문관 감찰로 자리를 옮겼던 조광조. 이때까지 그는 별다른 존재감을 드러내지 못했다. 그러나 1515년 11월 20일 사간원 정언 발령을 받으면서 '본분'을 잃은 대간들과 함께 일할 수 없다며 사직을 걸고 배수진을 쳤고, 그의 요구대로 일이 마무리되면서 조광조는 존재감을 분명하게 드러내며 화려하게 조정에 등장했다.

언로 닫은 대간과는 함께 일할 수 없어

성균관 추천으로 조지서 사지 직을 제수받았지만 부임하지 않았던 조광조에게 대간 직은 그의 관심사와 성품으로 보아 썩 잘 어울리는 직책이었다. 그런데 본의 아니게 조광조는 부임도 하기 전에 그 직책이 그에게 어울린다는 걸 몸소 보여줬다.

조광조는 '본분'이란 점을 그 어떤 것과도 타협할 수 없는 절대가치로 여겼다. 물의 본분은 '위에서 아래로 흐르는' 것이다. 이 본분을 어기면 반드시 탈이 난다. 대간의 본분은 '언로를 여는 것'이다. 대간이 역할을 제대로 하지 않고 언로를 막는다면 국정과 사회가 어떻게 되겠는가. 그 결과는 말을 하지 않아도 짐작하는 바대로다.

조광조는 이런 가치를 중요하게 여기고 실천하려고 했다. 그가 추천을 마다하고 정식 과거시험을 치르고 벼슬길을 나선 것도 이런 행동하려는 의지의 표현이라고 할 수 있다.

이 무렵 대간과 시종이 하찮은 일을 가지고 서로 치열하게 공박하는 일이 있었다. 이에 정광필이 징계하여 불성실하고 경박한 일을 저지르지 못하게 해야 한다고 주장하였다. 그러자 중종은 이렇게 말했다.《중종실록》1516년중종 11 2월 11일 자를 보자.

> "이 같은 풍조는 조광조로부터 비롯되었으나, 조광조뿐만이 아니라, 전에도 그런 일이 있었다. 일이 이와 같다면 비록 한 사람으로서도 의당 공박할 수 있겠으나, 하찮은 일로 한 사람이 공박한 것을 가지고 대간을 모두 교체하는 것은 심히 옳지 못하다."

조광조의 사직 투쟁이 중종에게 어떤 인상을 남겼는지 짐작이 가는 대목이다. 중종은 이 일을 통해 조광조가 기개 있고 또 원칙주의자라는 점을 확인했다. 반면 만만한 사람은 결코 아니라는 점도 알았다. 그러함에도 중종은 당연히 조광조를 중용하겠다고 맘먹었으리

라. 왜? 훈구파를 견제하려면 그 같은 뚝심 있는 원칙주의자가 필요했기 때문이다. 또한, 관료들도 조광조에 대한 기대감이 컸다. 이조판서 남곤이 중종에게 조광조를 중용해야 한다고 아뢸 정도였다. 《중종실록》 1517년중종 12 7월 28일 자의 기사를 보자.

"조광조는 이학理學에 뛰어나고 실천이 독실하므로 전날 생원으로서 바로 6품직에 임명되었습니다. 동료들에게 높이 받들고 섬겨 복종을 받아온 지 오랩니다. 그러므로 벼슬에 나온 지 얼마 안 되어 부교리에 임명되었으되 오히려 그 사람의 자격에 차지 않는다고 여겼습니다. 단 자급이 부족하므로 비록 4품에 결원이 있어도 준례에 따라 승급하여 임용하지 않았으니, 이 사람은 자급을 헤아릴 것 없이 결원이 있으면 4품에 세 사람의 후보자 중의 한 명으로 임금에게 추천하는 것이 어떻겠습니까?"

남곤은 6품직에 있던 조광조를 4품직에 자리가 나면 임명하라고 제안한다. 이때까지만 해도 남곤은 조광조에 대해 특별한 감정을 갖고 있지 않은 듯싶다. 두 사람은 서로 잘 아는 사이이다. 어려서부터 함께 교유했고, 각각 김종직과 김굉필의 제자라는 점에서 서로 동문의식을 갖고 있었다. 이때까지만 해도 남곤도 사림파로 분류되었다. 아무튼 이에 대해 중종은 남곤의 제안에 화답하는 전교를 내린다.

"조광조는 그 인물됨이 과연 아뢴 바와 같다. 유생 때로부터 현자라고 일컬었기 때문에 6품에 발탁하여 서용하였으며, 급제 뒤로는 오래도록 시종의 반열에 있었으니, 대저 올바르고 착한 사람들은 순서에 의하지 않고 발탁하여야 한다. 자급이 비록 부족하더라도 발탁하여 전한典翰에 임명하는 것이 어떠한가?"

훈구세력 견제를 위해 조광조 중용

이렇듯 조광조는 벼슬길에 나선 지 얼마 되지 않아 조정에서 주목받았고, 또 그의 파격적인 승진에 대해서도 특별히 이의를 달거나 시기하는 사람이 거의 없었다. 되레 권장하는 분위기였다.

사실 중종은 개혁적인 인사들이 많이 필요했다. 그동안 반정을 주도한 훈구세력에 휘둘리면서 허수아비 왕에 머물러야 했던 중종은 자기 정치를 해보는 것이 꿈이었다. 그런데 지금 그 기회가 왔다. 반정 삼대장도 모두 죽었다박원종 1510년, 유순정 1512년, 성희안 1513년에 각각 사망. 반정이 일어난 지 10년이 넘으면서 훈구세력은 관성에 길들면서 활력을 잃어갔다. 서슬 퍼렇던 권력의 힘도 많이 무뎌졌다.

이때 중종은 생각한다. 이들 훈구세력을 견제하여야 하는데, 그 견제 세력은 그들과 대척점에 있는 사림파여야 한다. 사림파가 어떤 성향인가. 개혁 성향을 보이는 자들이다. 물론 중종이 개혁 성향이 있는 사림파의 이념에 동의했다고 보기는 어렵다. 단순 논리로 보수 세력을 견제하기 위한 가장 적당한 세력이 누구인가를 생각해서 개혁 성향의 사림을 선택했다고 보는 것이 타당하다.

실록을 읽다 보면 중종의 입장이 오히려 훈구세력과 그 궤를 같이하는 경우가 많음을 발견할 수 있다. 사림세력과 의견을 같이하는 경우는 어떤 사건이 불거졌을 때 수습하는 과정에서 마지못해 동의하는 정도였다. 이것만 보더라도 중종은 사림세력과 이념을 같이 했다기보다는 사림을 자신의 정치를 위해 활용하려 했다는 인상을 지울 수 없다.

이런 상황에서 조광조가 확실한 존재감을 보이며 활용 가치가 매우 크다는 점을 보여준 것이다. 중종은 조광조를 사림의 핵심 인사로 꼽았다. 이번 일을 통해 개혁의 의지가 하늘을 찌르고 있음을 보았고, 또 그가 재야에 있을 때 학문이 깊고 또 나름 통솔력이 있어 따르는 사람이 많아 자칭 타칭 '사림의 영수'로 불린다는 점이 매력적으로 다가왔다.

중종의 이런 의중에 따라 많은 사림의 인사가 중용되었고, 조광조는 급속 승진을 거듭하며 중요한 직책을 맡았다.

벼슬에 나온 이듬해인 1516년 3월 6일, 불과 5개월 만에 서른다섯 살의 조광조는 종6품직인 홍문관 부수찬에 제수된다. 홍문관은 궁중의 경서와 사적의 관리와 문한文翰의 처리 및 왕의 각종 자문에 응하는 일을 관장하던 관서로, 부수찬은 맨 하위직이다. 그러다 22일 만인 3월 28일 수찬으로 승진한다. 참고로 알성시에서 갑과 장원을 한 장옥은 그때 부수찬으로 임명된다.

한편 이 해 겨울에 중종은 홍문관에 명령하여 계심잠戒心箴을 지어 올리라 했다. 조광조는 계심잠을 지어 올려 1등을 하고 털요 한 벌을 상으로 받았다. 조광조가 1등을 받은 계심잠을 읽어보자. 조광조의 생각이 고스란히 담겨 있는 귀중한 자료로 꼽히기도 한다. 《수정재역 정암선생문집》조종업 역, 경인문화사의 번역을 기초로 윤문했다.

사람은 천지에서 강함과 유함을 받아서 형체를 이루고, 건강함과 순수함을 받아서 본성을 이루니, 기氣는 즉 춘하추동이고, 심心은 사덕四德:인의예지입니다. 그러므로 기의 큼은 호연해서 포괄하지 않는 것이 없고, 마음의 신령함은 묘연해서 통하지 않는 것이 없거늘, 하물며 임금의 한 마음은 하늘이 큰 것을 체득해서 천지의 기와 만물의 이치가 모두 내 마음의 운용 가운데 있어서 하루의 기후와 물건 하나의 성품이라도 그 가히 내 법도를 따르지 아니하고 어겨서 사특하고 왜곡되게 하겠습니까? 사람의 마음에 욕심이 있어서 이른바 영묘하다는 것이 침체되고 사사로운 감정에 질곡이 되어 능히 소통하지 못하여서 천리가 어두워지고 기도 또한 막혀서 천성과 인륜이 무너지고 만물이 이루어지지 아니합니다. 이러하거든 하물며 임금은 아름다운 소리와 빛과 향기와 맛의 유혹이 날마다 앞에서 모여들고 형세지위가 높고 높아 또 교만하기 쉬운 처지가 아니겠습니까? 성상께서는 이를 생각하시고 두려워하셔서 신에게 경계하는 글을 지으라고 명하시니, 아아! 지극합니다. 신이 감히 마음속을 펼쳐내니 만분의 일이라도 도움이 되길 바랍니다.

천지의 음양이 크게 화합하고 만물이 순후하니
기가 통해 형체가 되고 이치를 받아 참이 된다
마음속에 거둬두니 삼라만상 이뤄진다

혼연하게 밝고 밝아 신묘한 쓰임 어기지 아니한다
은미해도 나타나고 인극사람이 마땅히 지켜야 할 도리을 받들도다
넓히면 사해 같고 그 공이 화육함과 같아진다
위대하다, 그 영묘함이여! 하느님께 통하도다
높고 높은 요임금의 덕업이 마음의 단충이요
그 본체 활발하고 허령하여 사물에 감동 없으련만
감정이 끌고 끌려 그 뜻을 잃게 한다
흡연히 어두워서 방탕하며 달리도다
잠깐 사이에 아득하여 모든 사악 성하리라
삼강오상 무너지고 천지가 뒤바뀌어
억지로 바꿔봤자 모든 품성 못 이루리
스스로 재앙 불러 계신지상마지막 시기의 위험이 아닌가
군자는 두려워서 고요할 때마다 수양하네
공경으로써 마음 갖고 의로써 바깥 유혹을 막아
깨어나고 보고 들음 떳떳하다
그윽한 방 두렵도다 상제가 임하신다
늠름하고 굳세게 스스로 지키면 신명이 엄숙하네
함양하여 폐치 말고 순순히 닦아가면
연연하게 맑아지고 호호하게 흐르리다
발휘해서 만변하고 탁연히 밝아지면
의가 일에 나타나고 인은 사물에 퍼져가리
화하고 순수하여 천지간에 성해지네
오호라! 잡고 버림으로써 선과 악이 분별되네

옛 성인 주고받음 심법만을 전해왔네
이치 밝힘 어렵고 욕심 흐름 쉽도다
정밀하고 순일하면 그 덕을 지니리라
바라건대 임금님은 체험하고 조심하사
그름 극복 적과 같이 선의 발단 풀 자라듯
살펴 지킴 정밀하고 중용 잡길 조심하여
태극에 마음 두셔 길이 보존하옵소서.

임금의 학문 성취는 나의 임무

1516년중종 11 조광조는 경연 검토관과 춘추관 기사관을 겸한다. 특히 조광조는 경연 검토관 직에 대해 큰 기대를 걸었다. 경연에서 경전과 역사서를 강할 수 있는 검토관은 유학에 정통해야 한다. 조광조가 이 자리에 제수된 것은 그의 학문이 깊기 때문이었다.

조광조는 군주를 옳은 길로 인도하여 요순과 같은 성군이 되게 해야 한다고 다짐했다. 요와 순이 누구던가. 훌륭한 군주의 모범 아니던가. 태평성대를 구가한 군주. 주나라로 되돌아갈 수 없을 만큼 좋은 시절. 조광조는 다시는 연산으로 돌아갈 수 없고, 중종이 요순처럼 해낼 수 있으리라 생각했다. 그러려면 우선 임금이 옛 성현의 가르침을 열심히 공부해야 한다고 생각했다. 임금이 성군이 되고, 그런 성군이 통치하면 당우삼대唐虞三代, 요순우 삼대와 같은 정치를 실현할 수 있을 것으로 믿었다.

애초 중종은 역사서를 즐겨 읽었다. 특히 《고려사절요》를 즐겨 읽었다. 그런데 조광조가 경연 검토관이 되자 독서목록부터 바뀌었다. 《중용》《대학》《성리대전》《근사록》과 같은 책이 독서목록 앞자리를 차지했다. 이 독서목록을 보면 경연의 목표가 어디에 있는지 분명하다. 성리학을 기반으로 하는 도학 정치를 펴야 한다는 메시지였다.

이에 대해 중종도 싫지는 않았다. 중종은 조광조가 성리학 공부를 강력하게 요구하자 "성리학을 숭상하며 배우고 싶다"라고 했다.

경연은 연산군이 폐지했었다. 《중종실록》 1506년중종 1 9월 2일 자를 보면 "연산은 스스로 그 잘못을 알고 말하는 이가 있을까 두려워서, 경연을 폐지하고 사간원·홍문관을 혁파"했었다.

그랬던 터여서 이튿날 대신 등이 모두 나서서 "일체의 법제는 모두 성종 조의 예에 의하는 것이 어떠하겠습니까? 경연에서 군신을 접하는 등의 일을 마땅히 속히 마련하여 행하고, 또 중궁 책봉에 관한 일은 아직 대비의 분부가 없으시니, 어떻게 하는 것이 좋겠습니까?"라고 아뢰었다.

이런 건의를 받자 중종은 조금도 머뭇거리지 않고 경연을 부활한다. 그리고 나름대로 열심히 공부하겠다는 다짐을 했다.

조광조는 1516년중종 11 6월 2일 《고려사》를 강독하던 야대에 나가 "폐조廢朝에서 거의 다 죽인 일을 겪고부터는 사기가 꺾였으니 만약에 떨칠 방법을 생각하지 않는다면 위란을 당하더라도 누가 감히 특별히 일어서서 위란을 극복하겠습니까?"라며 사기는 국가에 큰 영향을 미치므로 연산군으로 인해 땅에 떨어진 사기를 진작하라고 건의했다. 이에 대해 사신은 이렇게 평가했다.

> "조광조의 사람됨은 성품이 굳세고 바르며 선을 좋아하고 악을 미워하는 것이 성실함과 간절함에서 나왔다…… 늘 경연에 들어가면 강론을 종용하였으며 상의 학문이 성취되는 것을 자기의 임무로 삼았다."

조광조는 경연에서 토론이 없음을 매우 안타깝게 여겼다. 1516년 중종 11 9월 20일《대학연의》를 진강하는 주강에 나가 이렇게 건의했다.

"경연관이 진강만 하고 논란하는 일은 없으니, 이는 경연을 설치한 본의가 아닙니다. 비록 성학이 통달하기는 하였으나 만일 하문하여 논란하신다면, 말하는 사이에 정의情意가 서로 통하여지고 상하가 서로 신임하게 되어, 성상의 심지心志가 더욱더 고명하고 광대해질 것입니다."

조광조는 경연에서 활발하게 토론할 것을 주문한다. 경연이 자신이 원하는 만큼 활성화되지 않고 너무 형식적인 행위에 치우치는 것을 바꿔보려 애썼다. 그러면서 공부를 제대로 하는 풍토를 만들려고 했다.

조광조의 학문하는 방법

1516년 12월 12일《대학연의》를 진강하는 석강에서 한충韓忠이 아무리 미미한 것이라도 선과 악을 따져 선이면

적극 확충하여야 한다며, 이것이 조광조가 말하는 바라고 했다. 그러자 조광조는 학문하는 방법을 길게 설명했다.

"부자유친父子有親 · 군신유의君臣有義 · 부부유별夫婦有別 · 장유유서長幼有序 · 붕우유신朋友有信은 그 이치가 하나입니다. 가령, 효를 하되 그 도리를 극진하게 한다면 다른 것도 그 도리를 미루어서 해갈 수 있습니다. 한 가지 일을 행할 때에도 마땅히 그 한 가지 일의 이치를 다하여 조금도 미진함이 없게 해야 합니다. 또 학문하는 방법을 성상께서 이미 알고 계십니다. 《대학》과 《중용》은 상하 누구나 힘써야 하는 것이나 기본 줄거리는 임금을 위해 지은 것입니다. 특히 임금은 한 가지 것이라도 제자리를 얻지 못한 것이 없게 해야 하는 법입니다. 가령, 만물이 모두 제자리를 얻게 하려고 한다면, 학문이 아니고 무엇으로서 해나가겠습니까? 임금의 학문은 마땅히 큰일을 힘써야 하되, 한결같이 요순을 본받아야 합니다. 학문이 고명하여지면 다른 일은 자연히 노력하지 않아도 다스려지는 것입니다.

학문하는 방법이란 진실로 어려운 것입니다. 한갓 문자를 볼 뿐이어서는 안 됩니다. 그 글을 보면 모름지기 마음에 붙여 옛말을 자기의 말처럼 여겨 마음속 깊이 인정하기를 간절하고 지극하게 하여야 학문한다고 할 수 있는 것입니다. 외간外間을 들어 말한다면 조정에 가득한 사대부들이 누가 학문하지 않은 사람이겠습니까. 단지 문자만 배우고 그 이치를 알지 못하기 때문에 학문이 옛날과 같지 못하고 다스리는 도도 비속하니 한탄스러운 일이 아니겠습니까? 우리나라는 예부터 지금까지 성리학 하는 사람이 간혹 있었으나 한스럽게도 연원이 없으므로 마침내 지극한 경지에 이른 사람이 없었습니다. 모름지기 옛날 성왕들이 서로 전해 받은 뜻을 잊지 말고 깊이 생각하여 일이 일어나는 순간에도 반드시 모두 이에 의해 하여야 합니다. 지키는 바는 지극히 간략하지만 시행되는 면은 지극히 광대한 것이니 사기를 진작시키고 풍속을 고치심에 무엇이 어렵겠습니까? 크게 혼란했던 뒤인지라, 지극하게 다스려야 할 기회가 바로 오늘입니다. 지금 만약 힘쓰지 않는다면 뒷날을 어찌 기필할 것입니까? 이 기회에 힘을 다하소서."

그러고 나서 조광조는 아랫사람들을 진작시키는 것은 윗사람이라며, 임금이 먼저 덕을 닦아 감동을 준다면 아랫사람도 감동하게 되어 '지치至治'가 생겨난다고 했다.

지치란《서경》「군진편君陳篇」에 나오는 '지치형향 감우신명至治馨香 感于神明'에서 따온 말이다. '지치'는 조광조의 도학 정치사상의 핵심을 이루는 매우 중요한 개념이다. 잘 다스려진 인간 세계의 향기는 신명神明을 감명시킬 수 있다는 뜻이다. 이 사상은 하늘의 뜻이 인간의 일과 분리되지 않는다는 '천리불리인사天理不離人事' 즉, 하늘과 사람 사이에 간격이 없다[天人無間]는 명제를 전제한다.

조광조는 이상사회를 만들기 위해서 맑은 임금의 마음이 조정과 정사에 나타나면 나라 전체가 순정한 상태가 된다고 생각했다. 이런 그의 철학에 비추어 이날 조광조의 경연에서 설파한 학문하는 자세에 대한 언급은 중종에 대한 기대감과 아울러 임금이 어떻게 학문을 해야 하는지에 대한 자신의 속내를 드러냈다고 볼 수 있다.

조광조는 인仁의 중요성을 특히 강조하였다. 1518년중종 13 11월 4일 석강에서 임금이 "인이란 것은 사심 없이 하늘의 뜻[天理]에 합하는 것이다. 안자는 석 달 동안 인을 어기지 않았으니 이보다 더 지난 사람이 없으므로, 이것으로써 오래다고 하는 것인가?"라고 물었다. 이에 대해 조광조가 답하였다.

"안자가 석 달 동안 인을 어기지 않았다는 것은 이때를 지난 뒤에는 곧 어긴다는 말이 아니라, 사념이 있되 잠깐 있다가 곧 천리로 돌아와서 오래도록 끊김이 없다는 것입니다. 무릇 인심이 천리에 합하지 않고 털끝만큼이라도 사념이 끼게 되면 인이 아닙니다. 대저 인은 입으로 형언할 수 없는 것인데, 약간 옳은 것을 인이라 하는 것이 아니라, 천리를 극진히 하여 조금도 사사롭거나 사특한 마음이 없어야 인이라 할 수 있습니다. 공자의 문하에 다니는 제자 중에 어진 이가 진실로 많았는데, 안회 한 사람만 석 달 동안 인을 어기지 않았다 한 것은, 인이 큼을 말한 것입니다. 적연히 움직이지 않을 때도 환하게 밝고, 일에 응할 때에도 천리에 합하는 것이 곧 인입니다."

군자와 소인을 가려 써야!

조광조는 경연이 있는 날이면 전날 밤부터 몸가짐을 바로 하고 단정히 앉아 강론할 글을 미리 읽었다. 새벽이 되면 몸과 마음을 정갈하게 한 후 의복을 갈아입고 일찍 입궁했다.

경연에 임해서는 신명을 다 바쳐 강론했다. 혹 알아듣기 어려울까 봐 쉽고 빠르고 정확하게 강론했다. 조광조는 자신의 강론을 듣고 임금이 언제나 감동해야 한다고 생각했다. 나의 역사적 상상력을 발휘한 가상 대화를 통해 경연에서 중종과 조광조의 호흡을 가늠해보자.

조광조가 말했다.

"임금은 마땅히 도덕을 근본으로 삼아야 합니다."

임금이 말했다.

"임금이 좋아하고 싫어하는 대로 아랫사람들이 따르는 법이다. 성리학은 임금만이 아니라 아랫사람들도 모두 마땅히 힘써야 하는데 요사이 성리학에 힘쓰는 사람이 없다."

조광조가 또 말했다.

"성리학은 자신을 위한 학문입니다. 지금 학문하는 사람이 모두 남을 위한 학문만 하는데, 만일 위에서 숭상하여 좋아하는 바를 보인다면, 아랫사람들이 스스로 기뻐하여 따라 하게 될 것입니다."

중종은 조광조와 경연을 하는 날이면 시간 가는 줄 몰랐다. 즐거웠다. 인용하는 글귀 하나, 말 한마디 한마디 모두 폐부 깊숙이 파고들었다. 성군이 되어야 한다. 성군이 다스리는 나라는 백성들도 모두 잘산다. 성군이 다스리는 나라를 만들어야 한다.

한편 경연을 더해가면서 조광조는 사람이든 국가든 모두 하늘의 도를 따라야 한다는 생각을 더 강하게 가졌다. 하늘의 도를 거역하면 하늘은 우박이나 지진 같은 재앙을 내려 경고하고, 그래도 듣지 않으면 천벌을 내린다고 생각했다. 조광조는 이 점을 가슴 속에 두고 정치를 개혁해야 한다고 주장하기 시작했다.

"예부터 내려오는 법을 모조리 고치기는 어려우나 지금 마땅치 않거나 불편한 것은 고쳐야 합니다."

중종은 긴장했다. 조광조의 개혁 주장이 타당하기는 하지만 점점 그 강도가 더해지면서 반대 또한 커지고 있었기 때문이었다. 조광조는 긴장한 기색이 역력한 중종이 혹 긴장의 끈을 놓지 않기 위해서라도 계속 빠르게 밀고 나가야 한다고 생각했다. 조광조가 말했다.

"어질지 못한 사람이 임금님 앞에서 착한 말로 꾸며서 아뢰며 현명한 사람처럼 행동합니다. 그런데 이들을 분별하기가 쉽지 않습니다."

조광조는 임금 앞에 둘러쳐진 인의 장막이 걱정스러웠다. 옛날에는 자식이 부모 만나듯 임금을 만날 수 있었는데, 지금은 만나는 시간이 정해져 있다. 정해진 시간 안에 임금과 마주하면 누구든 임금에게 잘 보이려고만 한다. 그렇다면 임금은 누가 군자이고 누가 소인인지 구분하기 쉽지 않다. 소인의 말을 들으면 기분이 좋다. 군자의 말은 아프다. 아프고 아프다 보면 아픈 말을 한 사람을 멀리하게 되고, 그러다 보면 군자는 모두 떠나고 임금 곁에는 소인만 득시글거린다. 조광조는 중종 주변에서 여전히 맴돌고 있는 간신배와 소인을 경계하라고 직언한 것이다.

조광조는 소인이 임금에게 감언이설로 신임을 얻은 다음 임금을 등에 업고 온갖 이권을 챙기는 병폐가 걱정되었다. 그게 왜 중요한지는 멀리 갈 것도 없었다. 연산군 시절을 생각해보면 왜 그래야 하는지 그 이유는 분명해진다.

온갖 감언이설로 임금의 눈과 귀를 막고 갖가지 이권을 다 챙기던 이들이 더는 기대할 게 없다는 생각이 들자, 그들의 행동은 어떠했는

가. 임금을 갈아치우지 않았던가. 중종도 예외가 아닐 수 있다는 것에 생각이 미치자 조광조는 소명의식이 솟았다. 그래서 '개혁'이라는 화두를 꺼내 들었고, 그 개혁을 위해 온몸을 다 바치고 있다. 이 개혁이 성공하기 위해서는 임금도 눈과 귀를 막는 '소인'을 멀리하고 임금과 백성을 생각하여 온 힘을 다하는 '군자'를 곁에 두어야 한다고 봤다. 중종도 이 문제를 이미 알고 있었다.《중종실록》1517년중종 12 1월 23일 자를 보자.

"소인은 반드시 쇠퇴한 세상에만 있는 것이 아니라 태평한 세상에도 있는 법이다. 과연 대간을 가려서 임용한 연후에야 인물의 현명함과 간사함을 알게 될 것이다."

조광조는 중종의 말처럼 군자와 소인은 음지와 양지, 밤과 낮이 반드시 있고 또 섞여 있게 마련인 것처럼 항상 있다. 그래서 군자와 소인을 명확하게 구별한다는 건 현실적으로 어렵다. 하지만 노력하면 어느 정도 가려낼 수 있다고 생각했다. 그러려면 어떻게 해야 할까. 그해 12월 4일 자《중종실록》의 조광조가 한 말을 보자.

"학술이 밝아 마음이 빈 거울처럼 맑으면 어찌 소인의 실태를 알지 못하겠습니까?"

그랬다. 조광조는 임금의 학문이 깊고 인격이 높아지면 그 구분이 가능하다고 했다. 그래서 조광조는 임금에게 공부하라 했고, 그 공부를 위해 자신도 발 벗고 나섰다. 그것이 그가 경연에 누구보다 열심인 이유이기도 했다. 조광조는 중종을 성군으로 만들고 싶었다. 하지만 지금 상황에서 학문으로 이를 이루기는 쉽지 않다. 그렇다면 어떻게 해야 할까. 조광조는 그 숨은 속내를 드러냈다.

"전하, 학문하는 사람이 성현이 되고자 한다고 해서 다 성현이 되는 것은 아닙니다."

여기까지 얘기하고는 조광조는 말을 멈췄다. 중종도 가타부타 대꾸가 없었다. 경연에 참석한 그 누구도 중종과 조광조의 대화에 끼어들지 않았다. 침묵이 흘렀다. 한참을 지나 조광조가 입을 열었다.

"임금도 마찬가지입니다. 요순처럼 되고 싶다고 해서 다 요순이 되는 것은 아닙니다."

경연장 분위기가 싸해졌다. 경연에 참석한 사람들은 모두 놀랐다. 군자와 소인에 대해 설파하다 이야기가 이상한 대로 흐른다고 생각했으나 누구 하나 제지하지 않았다. 조광조가 할 말, 못할 말 가려서 분위기를 잘 조절할 거라고 믿었다. 조광조는 중종을 강하게 만들어야한다고 생각했다. 조금 물러서는 기미가 보이면 저들은 그 틈을 파고들 터이다. 그럼 개혁의 개 자도 꺼내지 못하고 물거품이 된다. 강하게 강하게 밀어붙여야 한다. 그러려면 더 독한 말을 해야 한다.

"우선 뜻을 세우는 것이 중요합니다."

"무슨 뜻을 말하는가?"

중종의 대답에는 뜻을 세우라는 말의 의미를 정말 모르는 눈치가 스며 있었다. 조광조는 주춤했다. 임금이 정말로 그 말뜻을 모를까. 어린아이도 충분히 알 수 있거늘. 그런데 모른다? 조광조는 중종의 속을 알다가도 몰랐다. 답답하다. 하지만 여기서 물러설 수는 없다.

"소인이 '뜻'이라 한 것은……."

"어서 말을 해보시게. 뜻이 의미하는 것이 뭔지."

"뜻은……"

조광조는 당황한 기색이 역력했다. 중종은 조광조의 말에서 오만의 그림자가 어른거림을 보았다. 지금 기를 꺾어놓아야 한다.

"왜 말을 다 하지 못하시오. 혹 내가 들으면 안 될 뜻인가요?"

"아닙니다. 전하. 그럴 리가 있습니까."

"그럼 속 시원히 말해보시오."

중종도 한 치도 물러서지 않고 조광조를 밀어붙였다.

"소인이 말하고자 한 뜻은 바로 개혁입니다."

대답하는 조광조의 목소리가 카랑카랑하다. '개혁'을 말할 때는 스타카토 식으로 끊어서 또박또박 분명하게 발음했다.

조광조는 조정에 처음 들어와서 많이 놀랐다. 훈구세력들이 펼쳐놓은 정치가 이 정도일 줄은 몰랐다. 모든 일이 자기들 맘대로, 아니 자기들 이익대로 굴러갔다. 민심은 떠났고, 삶도 팍팍해졌다. 이대로 두어서는 안 된다. 지금의 임금은 결코 성군이 될 수 없다.

개혁 통해 성군으로 만들 수 있어

조광조는 중종을 성군으로 만들 수 있다고 믿었다. 진성대군은 세자가 아니어서 당연히 서연에 참석하지 않았다. 세자였었다면, 어땠을까? 물어보나 마나다. 훈구파에 둘러싸여 세자 시절을 보냈을 터이다. 그런데 진성대군에게는 아무런 그림도 그려져 있지 않았다. 백지였다. 조광조는 이 점에 기대를 걸었다.

하지만 중종도 호락호락하지 않았다. 임금이 된 지도 이미 10년이나 되었다. 그동안 산전수전 다 겪으며 노회한 훈구파들과 정치를 해오지 않았던가. 귀 막고 눈 감고 입 다물고 10년을 지낸 셈이다. 하지만 그 과정을 통해서 중종도 제법 학습을 했다. 하늘 높을 줄 모르고 날뛰는 자를 어떻게 하면 다룰 수 있는지 알았다. 강한 자는 강한 자에게, 약한 자는 약한 자에게 어울리게 다루어야 한다. 강한 자는 약한 척 빈틈을 보이면 영락없이 자빠뜨린다. 그들은 자빠뜨리고 나서도 일으켜 세우는 것 아니라 짓밟는다. 중종은 지금 조광조와 기 싸움을 하고 있다. 조광조에게서 오만함을 보았다면 중종이 선택할 카드는 분명하다.

"개혁이라고 하였소, 정암?"

"예, 그렇습니다. 반드시 개혁해야 합니다."

조광조는 자신이 뱉은 개혁이란 말은 함부로 쓸 수 없는 단어라는 것을 잘 알고 있었다. 고칠 개改 가죽 혁革. 살가죽을 벗기는 것과 같은 고통이 따르는 일. 하지만 반드시 해야 하는 일이다. 그래서 함부로 꺼낼 수 없지만, 꺼냈다면 멈추어서는 안 된다. 조광조는 말을 이어갔다.

"낡은 정치는 이제 끝내고 새로운 정치로 새 세상을 열어야 합니다."

조광조의 입에서 연이어 개혁이라는 말이 나오자 경연에 함께 했던 사람들은 아연 긴장했다. 그러나 중종은 달랐다. 내심 기다리고 있었다는 듯 말을 받았다.

"잘 됐소. 그러잖아도 제대로 내 정치를 해보고 싶던 차, 그래 무엇부터 개혁하면 되겠소?"

뜻밖의 임금 반응에 놀란 쪽은 되레 조광조다. 조광조는 생각해보자는 정도의 대답만 들어도 대성공이라 생각했는데, 무엇부터 개혁해야 하다니. 조광조는 생각했다. 중종은 개혁을 실천할 준비가 된 왕이었다. 조광조는 내친김에 간단한 것 하나를 던졌다.

"전하, 강관講官이 강할 때 서서 하지 말고 앉아서 하도록 배려해주십시오."

애초 경연에서 주상과 강관은 아버지와 아들처럼 함께 앉아 편안한 가운데 진행했었다. 그러던 것이 세조 때 정희왕후가 조정에 임하면 모든 대소 신료들이 감히 쳐다보지 못했던 데서 금상과 신하의 거리가 멀어졌다. 또한, 연산 때 심순문이 주상을 똑바로 바라봤다는 것이 이유가 되어 벌을 받았던 적이 있었다. 조광조는 이런 권위주의도 개혁의 대상이라고 생각했다.

"좋소. 지금부터 모두 편안하게 앉아서 합시다. 내 서서 하는 자가 있으면 벌을 주리다."

중종은 명쾌했다. 조광조의 건의를 단 1초의 망설임도 없이 받아들였다. 집권 10년 차 중종과 관료 3년 차 조광조의 손발이 서로 맞기 시작했다.

02. 도가로는 어둠을 밝힐 수 없습니다

"임금이 내일 종묘에 친히 제례를 드리려 하는데, 희우犧牛가 묘문廟門으로 들어오다가 죽으므로 아헌관 정광필 등이 다른 희우와 바꾸자고 청하였다."

《중종실록》 1518년중종 13 4월 4일 자 기사이다. 종묘제례 희생 제물인 소가 종묘의 문을 넘다 죽는 사고가 발생했다. 그러자 영의정 정광필이 다른 소로 바꾸자고 제안했다는 내용이다.

종묘제례에 올릴 소가 죽은 사건

제례에 올릴 희생 제물이 죽었다는 것은 예삿일이 아니다. 더욱이 이 제례는 평범한 사람들의 그렇고 그런 제례가 아니다. 종묘제례가 아니던가. 조선 시대 역대 왕과 왕비의 신

위를 모시고 있는 종묘에서 지내는 제례이다. 온 나라의 정성을 다 바쳐 지내는 나라의 가장 큰 제례이다. 그런 종묘제례에 쓰일 희우가 죽었으니 조정이 발칵 뒤집혔음은 두말할 필요가 없으리라. 도승지 이자李耔·좌승지 한효원韓效元·우승지 김정金淨 등이 종묘에서 달려와 임금에게 아뢰었다.

"신 등이 제례를 드리는 곳의 일을 살피고자 종묘에 갔다가 희우가 묘문으로 들어오다가 죽는 것을 보았습니다. 이것은 실로 큰 변고라 삼공 예관三公禮官이 집사로 모두 종묘의 뜰에 있었기에 신이 그들과 의논하니, 모두 지금의 대제는 거행할 수 없을 것 같다고 합니다."

그렇다. 제례에 올릴 제물이 잘못되었다면 그 제례를 어떻게 해야 할까를 고민하는 것은 당연하다. 하지만 제례일이 임박해 있다. 바로 내일이다. 말이 쉬워 취소이지 실제로 취소하기도 쉽지 않았다.

한편에선 정성이 부족해 변고를 부르게 되었다는 내용을 제문에 넣어 제례를 지내자고 했다. 홍문관과 대간들은 신이 제물을 흠향하지 않으려고 해서 일어난 일이라며, 다시 날을 잡아 지내는 게 좋을 듯싶다고 했다. 정승들은 이런 일이 옛날에도 있었을 것이니 이를 자세히 살펴보자고 했다. 그러자 이튿날 중종은 대소신료를 모두 모아 놓고 이 문제에 대한 견해를 분명하게 밝혔다.

"이는 선조를 받드는 나의 정성이 부족하여 그런 것이다. 의당 먼저 자신의 정신을 차리도록 꾸짖으며 잘못을 알리고 대제를 물려서 거행할 것이다."

중종은 이 문제는 그냥 넘길 수 없는 큰 사건이라며 그 대책을 논의해보라고 했다. 이날 회의에는 영의정 정광필을 비롯하여 좌의정

신용개, 병조판서 장순손, 이조판서 남곤, 우찬성 안당, 대사헌 이장곤, 승지 김정, 부제학 조광조 등이 참석했다. 정광필이 먼저 입을 열었다.

"희우의 털과 뿔이 조금 상하였더라도 재변이라 이를 수 있는데, 묘문에 이르자 죽었으니 극히 놀라운 일입니다."

정광필은 도대체 왜 그런 일이 일어났는지 알지는 못하지만, 지금 당장 문제가 없다고 해서 후세에 무사하리란 보장이 없다며 자세하게 탐구해야 한다고 했다.

좌의정 신용개는 최근에 많은 재변이 일어났다는 사실을 들고는 해마다 천재와 괴변이 일어나는 것은 임금을 사랑하는 뜻에서 미리 경고하는 것이라고 했다. 그러면서 재이災異를 부르는 것은 반드시 이유가 있다고 강조했다. 그러자 이번에는 대사헌 이장곤이 입을 열었다.

"성상께서는 천품이 몹시 높아 행동할 때마다 옛 제도를 따르며 실수하는 일이 없는데, 재변이 해마다 계속되는 것은 무엇 때문입니까?"

이렇게 되묻곤 이장곤은 제례를 드릴 때뿐만 아니라 평시에 간사한 마음을 품지 않으면 능히 천심을 흠향시킬 수 있다고 했다. 그러자 조광조가 나섰다.

"신의 생각에는, 우리나라의 제사 의식이 옛날 제왕의 제도에 맞지 않는 것이 많으므로 하늘에 계시는 조종의 영혼이 그 합당하지 못한 뜻을 보인 것이라고 봅니다."

첫 마디에서 조광조는 제사 의식이 성리학적 규범에 맞지 않아 생긴 일이라는 것을 강조하고 있다. 이는 잘못된 제사 의식을 고쳐야 한다는 것을 암시한다. 조광조의 말은 계속 이어졌다.

"옛날에 맹의자孟懿子가 효를 물으니, 공자가 말하기를, '이치를 어기지 마라. 산 사람은 예로 섬기고, 죽은 사람은 예로 장례 하며, 제사를 예로 지내면 효라고 할 수 있다' 하였습니다. 천지 사이에는 이와 기가 있을 뿐입니다. 사람이 태어날 때에는 기를 타고나기 때문에 혹 잘못이 있지만, 죽으면 기는 흩어지고 이만 남아 있어 더할 나위 없이 지극히 올바른 신이 되는 것입니다. 그를 예의에 어긋나게 섬기면 신은 반드시 흠향하지 아니할 것입니다."

좌의정 신용개가 다시 입을 열었다.

"소격서는 제사에는 관여하지 않고 또 아무런 근거가 없으니 철폐함이 마땅합니다."

희우가 죽는 사건은 결국 소격서를 철폐해야 한다는 주장으로까지 연결됐다. 그러자 영의정 정광필은 소격서도 조종이 만든 것이므로 그대로 내버려 두면 성인의 뜻을 볼 수 있다며 철폐할 것까지는 없다고 주장했다. 그러자 기준이 말했다.

"제사는 예의에 어긋남으로써 할 수 없다는 뜻을 좌우에서 모두 이미 아뢰었습니다. 신이 어찌 알겠습니까마는 일찍이 생각한 바가 있습니다. 비록 죽은 이 섬기기를 산 사람 섬기는 것처럼 하라고 하였으나 어찌 차이가 있지 않겠습니까? 귀신 섬기기를 사람 섬기는 것과 같이 한다는 것은 결코 불가합니다."

그러함에도 이날 논의에서 소격서 철폐에 대해서는 더 이상의 진전이 없었다. 소격서 철폐가 주된 논의의 의제가 아니어서 그랬을 것이다. 그러다 홍문관 관료가 소격서 폐지 상소를 올리면서 꺼져가던 불씨가 다시 살아났다. 그리고 조광조가 이 불씨에 기름을 부었다. 조광조가 1518년 8월 초하루, 소격서 혁파를 주장하는 상소를 올렸던 것이다.

유교 나라에서 도교식 제사는 안 될 일

조광조는 생각이 달랐다. 유교를 숭상하는 나라에서 도교식 제사를 지내는 일은 있을 수 없는 제례라고 생각했다. 이 제례는 다 '미신'을 믿는 데서 비롯되었다고 보았다.

소격서는 태조 이성계가 만들었다. 그는 도교에 관심이 많았다. 비가 오지 않았을 때 지내는 기우제나 하늘에 이변이 있을 때 제사를 지내는 곳이 필요했다. 그래서 태조는 1392년 고려 시대부터 있었던 여러 도교 관련 관청들을 통합하여 소격전昭格殿을 설치했다. 소격전을 소격서로 이름 고친 것은 1467년세조 12이다. 조선은 비록 유교를 국교로 하는 국가였지만, 그다지 비중이 있지도 않은 이 관청을 그런대로 유지해 왔다.

그동안 소격서의 폐지 주장이 전혀 없었던 것은 아니었다. 세종 때 '도교'와 관련이 있다며 폐지를 주장했으나 세종은 오랜 관습이라는 이유를 들어 폐지하지 않았다. 세종은 심지어 도교와 불교의 가르침은 허황된 것이라고까지 말하기도 했으나 소격서를 그대로 존속시켰다.

이후 간간이 폐지하자는 주장이 제기되었으나 임금들은 한결같이 "국가의 오랜 관례를 바꿀 수 없다"라는 이유를 들어 폐지까지 하지는 않았다. 1518년 8월 1일 조광조 등 사림에서 올린 상소문을 보자.

"소격서를 설치한 것은 도교를 펴서 백성에게 사악함을 가르치는 것입니다. 기꺼이 따라 받들고 속임수에 휘말려서 밝고 밝은 의리에는 거짓으로 속이는 우상에 눈이 멀어집니다. 이는 실로 임금 마음의 사邪와 정正의 갈림길이요, 정치 교화의 순수하고 잡스러움의 원인이요, 상제의 기뻐하고 성냄의 기미이니, 왕정으로서는 끊고 막아야 할 것입니다. 이 도교를 신봉하는 것이 민간에서 성행한다고 하더라도 임금 된 이로서는 진실로 예를 밝히고 의리를 보여 대도를 천명하여 바른 방향으로 나아가 끝까지 정도를 보전해야 합니다. 그런데 도리어 사도를 존숭하여 관사官司를 두어 받들고 초제醮祭를 거행하여 섬기며, 마치 당연히 제향해야 할 신처럼 공경하고, 축수祝壽와 기도가 더욱 빈번하여 죽은 사람의 영혼이 간사하고 악독함을 빚어냅니다. 이는 곧 임금의 계책에 법이 없어서이니 아래 백성들이 어디에서 본받겠습니까?…… 또 도가의 학설은 유幽에도 증거 할 것이 없고 명明에도 근거할 것이 없다는 것은 여러 사람이 환하게 아는 바입니다. 하물며 전하께서는 오히려 고집하여 굳이 거절하시면서 반드시 조종을 들어 말씀하십니다. 조종께서 과연 신봉하였더라도 이처럼 조종께 돌리시면 이는 선조의 허물을 드러내는 것으로서 무례한 것이요, 옛날 풍속에 따라 우연히 둔 것인데 조종께 돌리시면 이는 선조께 잘못하는 것으로서 불경한 것이니, 불경과 무례는 사람들이 감히 할 수 없는 것입니다…… 아, 왕도는 전일하지 않을 수 없고, 왕정도 순수해야 합니다. 전일하고 바르면 백성의 뜻이 정해지고, 순수하고 간편하면 백성이 따르기 쉽습니다. 천지의 도는 순수하고 전일한 데 근본하여, 사시를 운행하고 끝없는 변화를 형통하게 함이 만물의 원기가 아닌 것이 없습니다. 이러므로 성왕은 천도를 공경하고 본받아 전일한 데에 도를 쌓고 순수한 데에 정치의 큰 근본을 세워서 예를 차려 대하고 시행하는 것이 한 이치로 관통되어야 제왕의 자리를 세울 수 있습니다. 바라건대, 전하께서는 학문으로 마음을 밝히시고 밝음으로 정일하게 하셔서, 이단에 미혹하지 말고 궤설에 빠지지 마시며, 순일한 덕을 따라 백성을 바른 데로 교화하시면, 왕도에 매우 다행하겠습니다."

소격서 혁파가 개혁의 출발

조광조는 조정은 물론이거니와, 민가에서도 미신을 없애야 유교에 기반한 진정한 도학 정치 시대를 열 수 있다고 생각했다. 그래서 조광조는 그 상징성이 큰 소격서부터 없애는 것이 개혁의 출발이라고 여겼다. 이러한 상황에서 조정은 10여 년 동안 혁파와 존치 파로 나뉘어 치열한 논쟁을 벌였으나 쉬이 결론이 나지 않았다.

특히, 유림에서 소격서 문제를 들고나왔던 데는 사대주의적 발상도 한몫하고 있었다. 소격서는 하늘에 제사를 지내고 별에 기도하는 일을 관장하는 부서이다. 그런데 유교의 전적을 보면 하늘에 제사를 지낼 수 있는 사람은 오직 천자뿐이다. 그다음 제후는 산천에 제사를 지내고, 대부는 조상의 제사를 가묘에서 지낼 수 있고, 서민은 아비의 제사를 침실에서 지낼 수 있다고 했다. 그렇다면 조선의 왕은 제후에 해당하기 때문에 하늘에 제사를 지낼 수 없다는 논리다.

이런 속내를 노골적으로 내비치지는 않았지만, 도학 정치가들은 미신이라는 말로 비판했다. 물론 결론이 나지 않았던 것은 중종의 우유부단한 태도도 한몫했다. 임금이 명쾌하게 결단을 내리면 문제는 간단하게 해결될 일이었다. 논의는 이미 충분하게 이루어졌다. 하지만 중종은 예로부터 있었던 관청이고 존속시키는 데 비용도 그다지 들지 않으므로 모르는 척해 달라는 처지였다.

하지만 도학 정치를 주장하는 사림으로서는 중종의 이런 미온적 태도를 이해할 수 없었다. 미신과 다를 바 없는 소격서를 두고는 도학 정치는 시작도 할 수 없다는 위기의식이 작동하고 있었다. 그러다 사달이 여기에 이른 것이다.

쇠심줄 같은 중종의 고집을 알았던 터여서 회의에 모인 관료들은 하나같이 입을 꾹 다물었다. 조광조가 쓴, 홍문관이 제출한 '소격서 폐지를 요청하는 상소'인 '청파소격서소請罷昭格署疏'의 한 구절을 보자.

"전하, 도가의 주장으로는 어둠을 밝힐 수 없습니다. 밝음도 근거 없음을 모르는 사람이 없습니다."

사림은 이번 기회에 소격서를 반드시 철폐하겠다는 강한 의지를 갖고 중종과 씨름했다. 중종과 사림 세력이 소격서 철폐를 두고 벌이는 줄다리기를 역사적 상상력을 발휘해 가늠해보자.

중종도 물러서지 않고 태도를 단호히 했다.

"선조들이 해오던 것을 내가 없앨 수는 없다. 또 이렇게 사생결단을 해야 할 만큼 큰 관청이 아니지 않은가?"

조광조 역시 물러설 생각이 없었다.

"성인이 다스리는 요순시대를 향해 달려가는 유교의 나라에서 미신을 믿는다는 것이 말이 됩니까. 미신은 미신일 뿐, 그 어떤 이로움도 없습니다."

물러설 생각이 없음은 중종도 마찬가지였다.

"혁파하든 안 하든 무슨 차이가 있단 말인가."

짜증스럽게 되묻는 중종에게 조광조는 분명한 어조로 대응했다.

"구습을 버리지 못하고 버려두면 되레 그것이 조종에 대해 불경이 됩니다. 그릇된 말에 빠지지 마시고 덕을 베풀어 올바른 방법으로 백성을 교화시키는 것만이 유교의 나라가 번성할 수 있습니다."

중종의 태도는 요지부동이었다. 이 둘의 논쟁은 논쟁을 벗어났다. 오로지 누구의 고집이 더 센가를 겨루고 있을 뿐이었다. 올바른 표현인지 모르지만 둘의 자존심 싸움에 지나지 않았다. 혁파하라, 안 한다, 혁파하라, 안 한다……. 결국, 조광조는 이날 끝장을 봐야겠다고 맘먹는다. 그리고 뜻을 같이하는 동료들과 함께 정원으로 갔다.

"날이 이미 저물었지만, 정성을 다하여 의논하여 결론을 냅시다."

조광조의 발언에는 결기가 가득 차 있었다. 참석자들 역시 조광조와 같은 마음이었다. 이들의 논의는 새벽닭이 울 때까지 이어졌다. 사실 논의라고 했지만, 이들의 논의는 요구였고, 같은 논리를 반복하는 중언부언이었다. 결론도 이미 내려져 있었다. 소격서 철폐!

끈기 있게 물고 늘어지는 조광조의 쇠고집 앞에 당해낼 자가 없었다. 중종은 박상과 김정의 구언 때 조광조가 보여줬던 일을 떠올렸다.

'내가 조광조에게 잘못 걸렸구나. 저자는 원하는 목표를 이루어야 문제가 해결되는 것 아닌가.'

혼잣말을 내뱉던 중종은 허공을 쳐다본다. 그리고 이렇게 말했다.

"정암, 내 그대의 청을 받아들이겠네."

"성은이 망극합니다."

그러나 이 사소하다면 사소한 소격서 철폐 문제는 거침없이 추진하는 조광조의 개혁에서 작은 나비의 날갯짓에 불과했다.

속고내 체포
정정당당하게 해야

소격서가 혁파되고 난 직후 조광조는 속고내束古乃 문제에 대한 견해 개진으로 또 한 번 시선을 끌었다. 1518년 중종 13 8월 조정에서는 때 아닌 속고내 체포 논쟁이 벌어졌다. 속고내는 일찍이 함경도 회령 일대의 국경을 넘어와 약탈을 일삼던 여진족 두목이었다.

이때, 속고내가 사냥하러 온다는 정보를 조정에서 입수했다. 병조판서 유담년柳聃年은 함경도 절도사 정인겸鄭仁謙이 임금에게 제출한 문서인 계본啓本에 따라 "사로잡을 것"을 논의하자고 제언했다. 중종은 삼공 및 의정부와 함께 군사업무를 의논하는 지변사 재상知邊事宰相 등을 불러 병조와 함께 의논하게 하였다.

여기서 정광필은 계책을 써서 사로잡아야 한다고 했다. 이장곤은 함경도 사람들이 다 사로잡으려고 하는데, 조정에서 사로잡으려 한다는 소문을 들으면 그곳 사람들이 경솔하게 움직일 수 있으므로 "기병 4~5명에 군관 2~3명을 거느리고 단기로 급히 달려가서 토병土兵 약간을 뽑아 계책을 써서 사로잡아야" 한다고 주장했다. 중종은 이튿날 방어사 이지방李之芳을 불러서 파견 계책에 대해 논의했다. 때마침 이곳에 있던 조광조가 이 얘기를 듣고 "가벼이 의논해서는 안 된다"라며 딴지를 걸고 나서자, 중종이 조광조를 불러들여 의견을 물었다.

> "이 일은 작은 듯하나 큽니다. 신은 이것 때문에 변방에 일이 일어날까 두렵습니다. 속고내에게 죄가 있는지 없는지는 알 수 없습니다만, 제왕의 거동은 조금도 허술함이 없어야 합니다. 반드시 사리가 바른 뒤에 거행해야 합니다. 지금 속고내가 반역을 꾀하는 마음이 없고 다만 사냥하러 왔을 뿐인데, 우리가 불의에 엄습하여 사로잡으려 한단 말입니까?"

중종은 조광조의 말이 옳다며, 속고내가 변경을 요란하게 하면 사로잡는 것이 옳겠지만, 그냥 사냥하러 왔는데 도적의 꾀를 내서 엄습하는 것은 바람직하지 않다고 했다. 이에 대해 정광필은 조광조의 말이 유자로서 할 수 있는 말이라고 평가절하하고는, 변방 일을 처치하면서 제왕의 도를 따르지 못한 적이 많이 있었으므로 괘념치 말고 처리하는 것이 좋겠다고 했다. 그러자 다시 조광조가 나섰다.

"저들이 먼저 변경을 요란하게 하여 적이 우리를 침범하면 부득이 대응하되, 서서히 죄를 묻는 군사를 일으키는 것이 본디 사리에 마땅합니다. 그렇게 하더라도 우리의 병력을 살피고 헤아려야 하며 가벼이 움직여서는 안 됩니다. 하물며 명분 없는 거사임에는?…… 지금 조정에서 대신을 보내어 숲속에서 오랑캐를 엄습하여, 사기의 술책을 가지고 도적의 방법을 행하니 국가의 사리와 체면은 어떻게 되겠습니까? 신은 변방의 일만 일으키고 국가의 체면만 크게 상하게 될까 염려됩니다."

그러자 유담년이 버럭 화를 내어 소리를 지르며 말했다.

"일이 만약 처리를 잘못하면 과연 사단이 생기겠지만, 옛말에 '밭 가는 일은 종에게 물어야 하고 베 짜는 일은 여종에게 물어야 한다' 하였으니, 이와 같은 일은 신의 말을 들어야 합니다."

유생 조광조 따위가 뭘 알겠느냐, 북방을 드나들며 오랑캐의 사정을 잘 아는 군사전문가이자 병조판서인 자신이 이 일은 더 잘 안다, 그러니 내 말대로 하자는 주장이었다. 대신들도 대부분 유담년의 주장에 동조했다. 그러함에도 중종은 조광조의 말에 손을 들어주었다.

이처럼 조광조는 속고내 같은 오랑캐를 잡을 때도 정정당당하게 해야 한다는 의견이었다. 몰래 병사를 일으키는 것은 어떤 식으로든 정당성을 찾기 어렵다는 점을 강조한 것이다. 전쟁할 때 미리 선전포고하는 것을 보면 조광조의 주장이 타당하다는 것을 알 수 있다.

03. 정몽주·김굉필 문묘 종사 추진하다

조광조를 중심으로 하는 사림 세력을 중용하자 15, 16세기 조선의 정치적 이념 지형도에 상당한 변화가 생겼다. 그동안 조선의 성리학 기반은 조선 개국의 밑그림을 그린 정도전鄭道傳, 1342~1398에서 비롯됐었다. 하지만 사림파의 중용은 그 사상적 기반이 정도전에게서 다른 사람에게 넘어간다는 것을 의미한다. 그가 누구일까?

사림파가 중종에게 끊임없이 문묘 종사를 요구한 인물이 있다. 그가 바로 사림파의 사상적 지주라고 할 수 있는 인물이다. 그는 정도전과 학문적 친구이자 동지였던 정몽주鄭夢周, 1337~1392다. 두 사람 모두 태종 이방원에게 살해되는 비운의 주인공이기도 하다.

고려에 충절을 지킨 도학의 영수

우리는 정몽주가 누구인지 잘 알고 있다. 학창 시절 교과서는 물론 각종 드라마와 영화 등에서 보아온 상식이 적지 않기 때문이다. 그러함에도 정몽주가 어떤 인물인지 물어보면 대답을 머뭇거린다. 잘 알고 있는 듯하면서도 실질적으로 별로 아는 것이 없는 게 현실이다. 다시 개략적으로 정리하면, 조선 왕조의 개국을 놓고 정도전과 의견 차이를 보였고, 두 임금을 섬길 수 없다는 도학적 이념을 실천하며 조선에 합류하길 거부하고 고려에 충절을 지킨 인물이다.

정몽주는 조광조를 중심으로 하는 사림파의 도학적 출발점이라고 해도 틀리지 않다. 그도 그럴 것이 조광조에서부터 위로 올라가며 도학의 학문적 계통을 따져보면 그 시작하는 지점에 정몽주가 있음을 발견할 수 있다. 조광조의 스승이 누구인가. 김굉필이다. 김굉필의 스승이 누구인가. 김종직이다. 김종직의 스승이 누구인가. 김종직의 아버지자 스승인 김숙자이다. 김숙자의 스승은 누구인가. 길재이다. 그럼 길재는 누구에게서 배웠는가. 그렇다. 길재는 이색과 함께 정몽주에게서 배워 유학연원儒學淵源을 이룬 인물이다. 특히 정몽주는 '동방이학東方理學의 할아버지'로 추앙받고 있다.

그런 점에서 권력을 잡은 사림파가 자신들의 스승을 추증하려고 하는 것은 어쩌면 당연하다. 물론 이들은 사림파라는 이념적 추종자일 뿐만 아니라 많은 백성에게 존경받는 인물이기도 하다. 충절을 지켰다는 것은 시대를 초월한 가치로 여겼기 때문이리라. 그래서 '사림파'라는 특정 계파의 범주와 무관하게 모두에게서 추앙받는 인물이라는 보편성에서 문묘에 종사될 수 있는 함량은 충분하다. 사림파로서는 이 같은 보편적 가치 때문에 문묘 종사를 주장하는 데에 있어서 거리낄 게 없었다.

정몽주에 대한 추증 주장은 조선 개국 직후부터 있었다. 하지만 그럴 때마다 아직 때가 아니라는 이유로 이루어지지 않았었다. 조선 건국에 반대했던 사람을 조선에서 추증한다는 게 모순이란 논리였다. 그러다 중종 대에 들어와서 보다 활발하게 추진되었다. 사림파의 정계 진출로 필요충분 조건이 형성되었기 때문이다.

> "전조고려 정몽주는 사람들이 다 동방이학의 으뜸이라고 합니다. 동방은 상례를 오래도록 폐지하였었는데, 몽주가 비로소 고정考定: 여럿 중에서 골라 결정함을 가可하였습니다. 최치원崔致遠 · 설총薛聰 · 안유安裕 같은 이도 다 문묘에 배향하였으니, 몽주를 치원 등의 예에 따라서 종묘와 묘정廟廷에 종사하면 인재를 분발하여 일어나게 하기에 족하겠습니다."

《중종실록》 1510년중종 5 10월 18일 자에 기록된 정언 이여李膂의 건의이다. 길재와 더불어 사림파의 시조로 꼽히는 정몽주를 문묘에 종사하자는 내용이다. 조선의 개국 과정에서 태종 이방원에 의해 희생된 정몽주는 충절의 대명사이다. 그런 점에서 조선 선비들의 우상이라고 해도 틀린 말이 아니었다.

이날 이여의 건의에 앞서 1510년 2월의 경연에서 이자가 정몽주와 길재의 사당을 세우자고 하였지만, 이튿날 바로 그런 전례가 없다는 이유로 받아들여지지 않았던 적이 있었다.

하지만 이여의 건의에 대해서는 삼공영의정·좌의정·우의정이 나서서 개국된 지 오래돼 논의한 바가 없지만 "지금 가볍게 의논할 수는 없으므로 그의 평생 사적을 다 상고하게 한 뒤에 의논하여 결정"하겠다고 했다. 그러나 그것은 표면적 이유일 뿐 당장 실천하지 않겠다는 변명에 지나지 않았다. 결국 이루어지지 않았다.

그러다 1517년중종 12 8월 7일, 성균관 생원 권전權碩 등이 상소를 올려 꺼졌던 불을 다시 지핀다.

"정몽주·김굉필을 문묘에 종사하게 하여 우리나라에서 만세토록 이어갈 도학의 중함을 밝혀서 이 백성이 으뜸으로 삼아 따를 바가 있는 줄 알게 하소서. 그러면 유교의 도리나 도덕이 다행하고 사림이 다행할 것입니다."

자, 여기서 정몽주는 물론이거니와 또 한 사람의 이름이 등장한다. 바로 김굉필이다. 김굉필은 조광조의 스승 아니던가. 김굉필이 어떤 인물인지는 앞에서 자세하게 설명한 바 있어서 여기서는 생략한다.

아무튼 이에 대해 중종은 상소한 자의 뜻이 가상하다며 조정에서 논의하라고 전교를 내린다. 이튿날 열린 경연에서 중종이 이 상소에 대해 얘기하자 조광조는 "김굉필처럼 추향이 지극히 바르고 몸가짐이나 행동에 도가 있는 사람은 얻기가 쉽지 않다"라고 아뢰었다. 조광조의 사심이 많이 들어간 진술이다. 김굉필은 조광조가 직접 사사받은 스승 아니던가.

조광조에 이어 검토관 기준도 나섰다. 도학이 밝지 못한 우리나라에 정몽주가 그 연원을 조금 열어놓았고, 김굉필이 송나라 유학의 실마리를 얻어 극진히 한 공로가 있다고 했다. 그러면서 기준은 이렇게 덧붙였다.

"사림이 이 사람을 사모하여 착한 마음을 일으켜 다투어 본떴으니, 행여 크게 능력이 있어 쓸모가 있는 선비가 그 사이에 나와 이 사람이 바른 것을 닦은 도를 본받는다면 유교 문화를 도운 공이 참으로 작지 않을 것입니다."

하지만 이번에도 조광조와 사림은 그 뜻을 이루지 못했다. 이에 조광조와 기준 등은 경연에서 중종에게 따지듯 아쉬움을 드러냈다. 이후 수차례 이 문제에 대한 설왕설래가 있었지만 쉽게 이루어지지는 않았다. 그러자 조광조를 비롯한 사림파는 1517년중종 12 8월 11일 조강에서 작심하고 이 문제를 다시 꺼냈다. 이날의《중종실록》의 기록을 보자.

> 시강관 조광조가 아뢰기를,
> "묘현의 일을 관중館中이 극진히 아뢰었으나 윤허 받지 못하였으므로 요즈음 아뢰는 것을 멈추었습니다. 그러나 이 일은 단연코 거행해야 하는데도 거행하지 않으니 어찌 이처럼 회한될 일이 있겠습니까?"
> 검토관 기준이 아뢰기를,
> "상의 뜻이 어찌 행해야 한다는 것을 모르시고서 조정 의논이 어렵게 여기기 때문에 행할 수 없다는 것이겠습니까? 끝내 물리쳐 행하지 않는다면 어쩔 수 없겠으나, 해야 할 일을 알면서 행하지 않는다면, 이뿐 아니라 일마다 다 그렇게 될 것입니다."

임금이 이르기를,

"친영親迎은 유순·남곤이 거행해야 한다고 의논하였으므로 행하였으나, 지금 이 일은 의정부와 육조이조·호조·예조·병조·형조·공조가 다 거행하여서는 안 된다고 하니 이는 조정이 다 거행하지 않고자 하는 것인데, 어찌 조정의 의논을 배척하고서 독단하여 거행할 수 있겠는가?"

하자, 기준이 아뢰기를,

"여러 신하를 불러들여 정사에 대하여 물을 때, 조용히 논란한 것이 아닙니다. 구차한 대신이 거행해서는 안 된다고 한 마디 말을 냄에, 그 아래 어질지 못한 자들이 다 대신의 말을 빙자하여 불가하다고 한 것이니 이것은 역시 공론이라 할 수 없습니다."

조광조가 아뢰기를,

"옛것을 좋아하여 죄다 회복하고자 하는 것이 아닙니다. 무릇 일에 있어서 구차하게 잠깐 끊어지게 하는 것은 옳지 않으므로 신 등이 먼 앞날을 염려하여 아뢴 것입니다."

지평 이우李佑가 아뢰기를,

"정몽주를 배향하는 일에 대하여 대신이 새로운 의논을 하였으나, 이는 바로 그릇된 의논이니 행하여서는 안 됩니다."

영사 정광필이 아뢰기를,

"이는 신 등이 사사로운 의논이 아니라 선대 유학자들의 의논인데, 신 등이 마침 듣게 되었으므로 의논이 된 것입니다."

조광조가 아뢰기를,

"신우辛禑의 일은 당시 사람들이 신 씨인지 왕 씨인지 분간하지 못하였으며, 정몽주는 신우에게 벼슬하여 공명·부귀를 얻고자 한 것이 아니니 선대 유학자의 말에도 과연 잘못이 있습니다. 공양고려 최후의 임금을 책립한 뒤에 죽음으로 절개를 지켰으니, 정몽주가 어질다는 것은 대개 상상할 수 있습니다. 적인걸狄仁傑이 무후武后를 섬겼으나 마침내 당실唐室을 회복하였거니와, 정몽주가 적공狄公과 같은 마음을 가졌었는지 어찌 압니까? 5백 년을 지낸 고려 말의 종사가 한 몸에 달려 있었고, 그 사람이 죽자 그 종사가 곧 망하였거니와, 그 사람을 어찌 경솔히 의논할 수 있겠습니까?"

마침내 정몽주 문묘 종사

대간이 전의 일까지 끌어들여 논하였으나 중종은 정몽주와 김굉필의 문묘 종사를 허락하지 않았다. 하지만 사림파도 물러서지 않았다. 이튿날인 8월 12일 조강에서 김정이 "정몽주와 김굉필을 문묘에 종사하자는 의논이 있는 것은 다만 이 사람을 존중하기 위해서가 아니라, 그렇게 하면 도학이 절로 밝아져서 아랫사람들의 취향이 모두 바르게 될 것이기 때문"이라고 주장했다.

그러자 8월 20일 중종은 "정몽주와 김굉필을 문묘에 종사해야 할 것인지 정부·육조의 참의 이상, 한성부의 당상, 성균관의 장관에게 물으라"라고 전교를 내린다. 하지만 이날의 논의는 원점에서 계속 맴돌 뿐 결론을 쉽게 내지 못했다. 정몽주의 문묘 종사는 시간을 한참 더 보낸 뒤인 9월 17일에 가서야 마침내 이루어진다.

정몽주의 문묘 종사는 파격성을 내포하고 있었다. 사실 정몽주는 고려의 충신이지 조선의 충신은 아니다. 그렇다면 조선의 처지에서 보면 정몽주는 역적일 수 있다. 그런데 조선의 문묘에 종사한다? 이는 정몽주의 충절이 많은 선비의 본보기가 될 수 있다는 의미이다. 물론 조선 개국 직후 권근이 충성심만은 높이 살만하다며 추천하자 태종은 정몽주를 영의정 부사로 추증한 바 있다. 이어 세종도 정몽주를 '충신도'에 포함했고, 문종은 정몽주의 후손들에게 관직을 내렸었다. 그런데 이제 문묘에까지 종사 되었다.

조광조가 정몽주의 문묘 종사를 추진한 것은 마땅히 해야 할 일이었지만 자신의 스승인 김굉필도 함께 추진하겠다는 목적이 있었다. 하지만 그 뜻을 다 이루지는 못했다. 목표의 반만 이룬 셈이었다.

하지만 김굉필의 저항정신에서 반정의 정당성을 찾을 수 있었던 조광조는 포기하지 않았다. 이번에는 김굉필과 더불어 정여창의 문묘 종사를 추진했다. 이들은 무오사화와 갑자사화 때 스승 김종직의 제자라는 이유로 희생되었다. 하지만 조광조는 살아생전에 스승 김굉필의 문묘 종사를 결국 실현하지 못했다. 김굉필은 1610년광해군 2에 가서야 정여창, 조광조, 이언적, 이황과 더불어 동방 5현으로 비로소 성균관 문묘에 종사 된다.

04. 개혁을 위한 숨은 인재 발굴에 나서다

조광조는 늘 생각했다. 개혁의 출발은 인적 개혁에서부터 시작해야 한다. 이것은 누구나 인정하는 상식이다. 현대사에서도 인재가 개혁의 성공을 담보하는 열쇠라는 사실이 중요시되고 있다. 사람이 바뀌지 않고는 아무리 좋은 개혁 정책도 그 빛을 발하지 못하기 때문이리라.

개혁의 출발은 인적 개혁부터

조광조의 인재관은 이미 앞에서 잠깐 드러난 바 있다. 1507년중종 2 윤 정월 26일에 일어난 '김공조·조광좌 사건'에 연루되었던 박경의 입을 통하여서였다.

이 사건은 유숭조와 남곤의 고변으로 연루자가 모두 잡혀 와 공초를 할 때였다. 이 공초에서 문서귀는 박경에게 지금의 과거 제도는 혁파하여야 하는지, 서얼 중에 재주 있는 자를 뽑아 써야 할 것인지를 물었다고 한다.

이에 대해 박경은 정말 재주가 있는 자라면 등급을 건너뛰어 등용해야 한다고 대답했다. 우리나라는 귀천의 명분이 매우 엄하지만, 재능이 있는 사람이라면 천하더라도 써야 한다고 한 것이다. 조광조와 가까이 지내던 사람 대부분이 이 같은 생각하고 있었다. 그들은 과거제도에 대해 회의하고 있었던 것이다.

과거제도는 중국에서 시작된 인재 선발 방법이지만, 고려 광종 때 쌍기雙冀가 우리나라에 들여온 이후 큰 문제의식 없이 조선 시대까지 이어졌다. 이는 응시 자격을 양반 자제에게만 부여하는 등 공정성이 크게 모자란 제도였다.

더욱이 과거시험은 시험과목이 정해져 있어 열심히 외우기만 하면 급제할 수 있었다. 그러다 보니 양반의 자제는 어린 시절부터 으레 과거시험을 위한 공부에만 매달렸다. 다양한 지식을 습득하지 못하는 폐단이 있었고, 또 인성에도 많은 문제점을 내포하고 있었다. 오죽하면 중종도 이 문제를 지적했을까. 《중종실록》 1518년중종 13 7월 21일 자 기록을 보자.

"옛사람은 학문이 넉넉한 뒤에 벼슬을 하였는데, 지금 사람은 교묘하게 요약본을 일삼아 공부하여 일찍 과거에 올라 일이 바쁜 소임에 제수되니, 내 생각으로는 연소한 문신은 일이 바쁜 소임에 차출하지 않도록 했으면 한다."

더욱이 가장 큰 폐단은 양반 자제가 아니면 등용이 안 되다 보니 다양한 능력과 재주를 가진 인재들을 조정 곳곳에서 효율적으로 쓸 수 없었다는 데 있었다. 그래서 앞에서 언급한 서얼을 등용해야 한다는 문서귀 진술이 나오게 된 것이다.

조광조의 생각도 크게 다르지 않았다. 그 자신이 신분 고하를 막론하고 갖바치 같은 학식이나 인품 있는 인사라면 전혀 격식을 차리지 않고 만났던 점에서 보면 이들의 생각보다 더 진보적인 면이 있었다.

사실 중종은 꼭 과거제에 의해서만 인재를 선발하려고 하지는 않았다. 여러 차례에 걸쳐 숨어 있는 인재를 추천해보라고 했다. 하지만 실제 운용에선 기대에 못 미쳤다. 《중종실록》 1511년중종 6 4월 16일자를 보면 시강관 송호의宋好義가 이를 한탄하는 말을 한다.

> "근래 여러 번 천거하라는 전교를 내리셨으나, 아직도 누가 천거로 다시 임용되었다는 말을 듣지 못하였습니다. 또 요행히 관직에 보임된 자가 있어도 모두가 미관으로부터 올라가므로 품은 뜻을 펴지 못합니다."

사실 인재 추천은 형식에 불과했고, 설령 추천되었다 해도 좋은 자리에 임명하지 않아 그다지 관심을 끌지 못했다. 이는 기득권 세력들의 특권의식과 배타적인 입장 때문에 비롯된 것으로 보인다. 자신들이 잘 먹고 잘사는데 듣도 보도 못한 자가 자리를 차지하러 온다면 내키지 않지만, 자신의 몫을 나눠줘야 하기 때문이다.

더욱이 과거를 보지도 않고 요직에 발탁될 수 있다면 누가 그 힘든 과거시험을 준비하겠는가. 상황이 이 지경이다 보니 추천을 받는 사람도 관심이 없었다. 고작 참봉 자리에 나가려고 추천받아 벼슬길에 나서겠는가. 미관말직에 임용된다 해도 능력에 따라 장래가 보장된다면 또 모른다. 미관말직에서 능력을 발휘할 기회조차 없는데 무슨 장래를 꿈꾸겠는가. 빛 좋은 개살구라는 비유가 설득력 있었다.

그래서 조광조는 완전히 다른 처지에서 있는 둥 없는 둥 하던 추천제를 제대로 운용해봐야겠다고 생각했다. 나라가 제대로 서고 발전해 나가려면 사람을 제대로 써야 한다고 여겼다. 조정에 인사 혁신이 무엇보다 필요하다고 느꼈다. 인사 혁신의 요체가 무엇인가. 고인물은 바꾸어야 한다. 신진세력으로 교체하여 국정에 활기를 불어넣어야 한다.

조광조는 사람이 바뀌지 않은 개혁은 의미가 없다고 생각했다. 무슨 일이든 성패의 여부는 사람에게 달려 있었다. 또 조금만 빈틈이 생기면 어김없이 반개혁 세력이 파고들어 그동안 쌓아놓은 성과들을 일순간에 무너뜨린다. 앞선 얘기이긴 하지만 조광조가 개혁 작업으로 도입한 현량과가 조광조가 사약을 받자마자 훈구세력에 의해 없었던 일이 되었던 점을 생각하면 반개혁의 복원력은 매우 강하다.

개혁 세력 확보를 위해 현량과 실시

조광조는 사림의 인재가 더 많이 조정에 들어와야 한다고 생각했다. 자신의 개혁 작업에 힘을 보태줄 우군이 무엇보다 필요했다. 물론 훈구세력이라고 해서 다 썩었다고 이분법으로 매도할 필요는 없었다. 관성으로 움직이던 관행에 브레이크가 필요했고, 뭔가 새로운 방법이 요구되었을 뿐이다.

그러나 사림들이 쉽게 조정에 발을 들여놓을 리 없었다. 조광조는 자신만 해도 출사는 하지 않으리라 했던 다짐을 바꾸는 것이 여간 힘들지 않았기 때문이다. 그렇다면 어떻게 하면 인재를 뽑아 적재적소에 배치할 수 있을까. 조광조는 생각이 여기에 미치자 거칠 것이 없었다. 조광조는 즉시 공론화에 착수했다.《중종실록》1518년중종 13 3월 11일 자 기록을 보자.

조강에서 참찬관 이자가 아뢰었다.

"한나라의 급암汲黯이 정사를 보는 재능에서는 그 당시 대신들의 하는 일에 미치지 못함이 있었으나 굴하지 않는 지조가 있었기 때문에, 회남왕淮南王 안安이 반심을 품었을 때, 당시의 다른 대신은 두려워하지 않았으나 급암에게만은 두려움을 품었습니다. 조정에 굴하지 않는 신하가 있으면 나라를 유지할 수 있습니다. 옛사람이 이른바 '어린 자식을 맡길 만하다'라고 한 말은 바로 이런 사람을 가리킨 것입니다. 그러므로 그 지조와 절개를 귀하게 여겨야 합니다."

그러자 참찬관 조광조는 이때다 싶어 자기 생각을 덧붙인다.

"급암은 조정에 있는 신하이거니와, 비록 초야의 미천한 선비라 해도 지조가 있으면 한 시대에 중시되어 의지할 수 있습니다. 동한 말엽 공융孔融이 초야에 있었는데, 조조曹操가 그를 두려워하여 감히 거사하지 못하다가, 그를 죽인 뒤에야 반역을 모의하였습니다. 하물며 조정의 반열에 있고 또 대신의 지위에 있는 자이겠습니까?"

다시 이자가 나섰다.

"조정에 인물이 부족하다는 걱정이 있으니 이것은 괴이한 일입니다. 한 시대의 인물을 신이 감히 모두 알 수는 없으나 어찌 반드시 없다고 할 수 있겠습니까? 국가가 사람을 선택하는 길이 극히 협소하므로 많이 막히고 있습니다."

이번에는 최숙생이 거들고 나섰다.

"인물이 어찌 없다고만 하겠습니까? 국가에서는 반드시 과거로 뽑은 후에 쓰일 곳에 임용하는데, 외방에 숨어 사는 사람으로서 어진 이는 비록 여러 번 윗자리에 추천하여 발탁하지만, 과거를 거쳐 뽑은 사람과 달리 임용하니, 그 사람은 이것을 천하게 여겨 취임하기를 좋아하지 않을까 염려됩니다."

그러자 조광조가 작심하고 말한다.

"자李耔가 아뢴 말은 신 등이 늘 하고 싶었던 것입니다. 외방의 경우는 감사·수령, 한양 안의 경우는 홍문관·육경·대간이 모두 재행이 있어 임용할 만한 사람을 천거하여, 대정에 모아 놓고 친히 대책對策하게 한다면 인물을 많이 얻을 수 있을 것입니다. 이는 조종이 하지 않았던 일이요, 한나라의 현량과·방정과의 뜻을 이은 것입니다. 덕행은 여러 사람이 천거하는 바이므로 반드시 헛되거나 그릇되는 것이 없을 것이요, 또 대책에서 그가 하려고 하는 방법을 알게 될 것이요, 두 가지가 모두 손실이 없을 것입니다."

이에 대해 중종은 혹시 빠뜨리는 자가 있지 않을까 걱정된다고 하자, 조광조는 이렇게 말한다.

"우리나라는 땅덩어리가 작아 인물이 본래 적은 데다가 또 서얼과 사천을 분별하여 쓰지 않습니다. 중원에서는 귀천을 가리지 않고 오직 골고루 쓰지 못함을 걱정하거늘 하물며 작은 우리나라이겠습니까? 향리가 천거하는 일은 시대가 오래되어 다시 회복할 수 없겠지만, 만약 이처럼 하면 대현인이라도 얻을 수 있을 것입니다."

이날의 논의를 길게 인용한 것은 조광조가 도입하게 될 현량과의 성격과 방향을 고스란히 알게 해준다는 점에서다.

"인재는 신중히 뽑아야 합니다. 반드시 학문이 풍부하고 덕행과 재능이 뛰어난 자로 뽑아야 합니다. 그런데 지금 우리 조정을 보면 윗사람은 훌륭한 반면 그 뒤를 받쳐줄 아랫사람들이 부족합니다."

《중종실록》 1518년 3월 11일 자 기록에 의하면, 이렇게 서두를 꺼낸 조광조는 지금이 사람을 뽑아 써야 할 적기임을 강조했다. 그러면서 문장을 잘 하는 자로 할 수 없다고 못 박았다. 조광조는 사장을 중시하는 당시의 사회적 분위기에 문제가 있다고 보았다.

사장은 문장만 화려할 뿐 실제 관료 생활에 그다지 도움이 되지 않는다고 조광조는 생각했다. 물론 사장 중시는 조광조가 추구하는 도학 정치와도 그 대척점에 놓여 있었다. 경학이 중요하다는 게 조광조의 지론이었다.

하지만 반대도 만만치 않았다. 예부터 전해오는 전통이므로 이를 바꿀 수 없다는 게 반대파의 핵심 주장이었다. 조광조 역시 과거제를 아예 폐지하자는 견해는 아니었다. 여러 가지 폐단이 있으니 이를 보완할 수 있는 제도를 만들자는 것이다. 바로 현량과를 시행해야 한다고 했다.

현량과는 일종의 추천제도다. 시골에 묻혀 사는 학식이 있고 덕망이 있는 자를 추천받아 간단한 시험을 보아 채용하는 방식이다. 답안만 달달 외워 과거에 급제한 관료들의 부족한 부분을 학덕 있고 지혜 있는 사람으로 메우면 조정은 말 그대로 제대로 진용을 갖추게 된다.

훈구파 쪽에서는 조광조에게 곱지 않은 시선을 보내고 있었다. 필시 인재를 등용한다는 명목으로 자기 쪽 사람을 심어 파당을 만들어 정권을 틀어쥐겠다는 심보라는 것이다. 물론, 천거를 받다 보면 자신과 잘 통하는 사람을 추천하게 마련이고 그러다 보면 자신과 뜻이 맞는 사람이 출사할 확률이 높다. 반대파들의 볼멘소리가 결코 허튼 소리는 아니었다.

조광조는 사심을 없애면 이 같은 폐단은 얼마든지 극복할 수 있다고 믿었다. 그러면서 개혁이 성공하려면 인적 청산이 잘 돼야 한다는 점에서 묵은 관료들에 대한 세대교체를 이룰 수 있으리라 생각했다. 중종도 더 이상의 왈가왈부는 의미 없다고 판단하여 1518년 3월 11일 시행하라고 지시를 내렸다.

"혹시라도 빠뜨림이 있을까 염려될 뿐이다. 다른 일은 걱정할 것이 없으니 대신과 의논하여 행하라."

조광조는 아직 현량과를 통해 인재를 선발하지도 않은 상태이지만 천군만마를 얻은 기분이었다. 이미 머릿속에는 어떤 인재를 발탁할 것인지 밑그림이 다 그려져 있었다. 이제 남은 일은 현량과 시행을 하루빨리 서두르는 것이었다.

훈구파로서는 중종이 아주 못마땅했다. 그러잖아도 조광조의 위세가 날로 커지고 있는데 자기편 사람을 대거 등용할 기회를 주었다는 점에서 그랬다. 이들은 중종이 더 이상 자신들의 편이 아니라는 생각이 들었다. 남곤의 얼굴에는 시름이 가득했다. 임금께 아주 강하게 현량과만은 안 된다고 주청을 드렸건만 중종은 조광조의 손을 들어주었다.

더욱이 '사소한 문제점을 걱정하여 해야 할 일을 하지 않으면 어느 세월에 교화하겠느냐?'라고 목청을 높인 김정의 일갈이 마음에 걸렸다.

조광조는 좀 점잖게 반대 세력의 입장을 배려하는 듯한 발언을 했다. 남곤의 '천거제는 어쩌다 한 번이지 항상 시행할 수 없다'라는 주장을 생각하여 '천거제를 시행하되 과거제 역시 유지한다'라는 입장을 견지했다. 그러면서 조광조는 혹 재주 있는 사람이 천거에서 빠질 때도 과거를 치르면 되므로 두 제도는 서로 상호보완적이라고 설명했다.

조광조의 이 같은 처세는 반대 세력에게 걱정하지 말라는 신호를 주는 것이기도 하였지만, 안당과 같은 중립파를 끌어들이기 위한 전략이었다. 조광조가 이 같은 병행 방침을 밝히자 안당은 곧바로 동의했다.

현량과는 지방 유력자가 추천하는 향거리선제鄕擧里選製와 달리 추천자의 이름을 밝히지 않는 것이 관례였다. 그렇다면 천거를 받은 자가 잘못해도 천거자가 누군지 모르므로 책임질 일이 없다. 그러자 조광조는 천거자가 누군지 모르는 것은 문제가 있다고 생각하여 추천자를 밝히게 했다.

현량과로 신진인사 28명 선발

조정에서 현량과를 시행한다고 발표했다. 조광조는 초야에 묻혀 있으면서 학식과 덕망이 높고 지조가 곧은 선비들의 발굴에 대한 기대감이 컸다. 그러나 이런 기대와 달리 진행은 지지부진했다. 천거해야 할 인사들이 별 관심을 두지 않아 실제 천거가 별로 이루어지지 않았던 것이다. 기존의 추천제가 유명무실했던 것도 천거 부진에 한몫했다. 이는 그만큼 현량과를 반대하는 세력이 광범위하게 퍼져 있다는 방증이기도 했다.

현량과의 선발 과정은 우선 누군가가 누군가를 성균관에 천거하면서 시작한다. 성균관은 전국에서 천거한 자의 명단을 작성하여 예조에 보고한다. 예조는 보고된 자의 상세 자료를 만들어 의정부에 보고한다. 상세 자료에는 이름과 출생연도는 물론 자字, 성품, 학식, 행실과 행적, 지조, 재능, 생활 태도, 현실 대응 태도 등 다양한 정보를 기록한다. 그런 다음 피천거자를 궁궐 뜰에 입실시켜 임금이 참석하여 면접을 본 후 합격자를 발표한다. 과거제와 다른 점은 필기시험 대신 면접시험을 거쳐 선발하는 제도이다.

요즘 기업들은 시험일을 정해놓고 필기시험으로 1차 거르고, 필기시험 합격자를 대상으로 면접을 시행하던 기존의 인재선발방식을 바꾸고 있다. 수시로 필요한 사람을 선발하는데, 방식도 수시로 응모를 받고, 응모자 중 서류로 심사하여 1차 합격자를 내고, 그 합격자를 대상으로 여러 차례 면접을 통해 선발한다. 왜 그럴까. 아마도 필기시험에 의존하는 방식보다 이런 방식의 평가가 조직에서 필요한 인재를 찾기가 더 효과적이기 때문일 것이다. 아마도 조광조 등 사림파의 생각도 요즘 기업들의 생각과 크게 다르지 않았던 것 같다.

하지만 개혁에는 언제나 반대 세력이 있기 마련이다. 특히 현량과의 경우 훈구파로서는 반드시 막아야 할 사안이었다. 사림파 인재의 대거 조정 배치는 당연히 훈구 세력의 약화를 초래하기 때문이다. 훈구파는 사림파가 득세하면 당연히 조정의 주도권이 사림파로 넘어갈 수밖에 없다는 위기감을 가질 수밖에 없었으리라.

이런 복잡한 상황이 전개되고 있던 1519년중종 14 2월 어느 날, 익명의 편지를 매단 화살이 대궐로 날아들었다. 중종은 승정원에 명하여 그 편지를 열어보지 말고 곧바로 불태우라 명령했다. 승정원은 곧바로 그 편지를 불태웠다. 그러자 발 없는 소문이 천 리를 달렸다. 조광조를 모함하는 내용이라면서 의문이 눈덩이처럼 부풀어졌다.

중종은 "소인이 군자를 해치기 위해 한 짓"이라 하고, 신용개는 "조정에 깊이 관여하고 있는 누군가가 한 짓"이라고 했다. 이렇게 어수선한 가운데 '강윤희 고변 사건'이 발생한다.

서얼 출신 정국공신인 강윤희가 같은 정국공신인 김우증이 "현량과 출신이 조정에 들어오면 정국공신을 다 죽일 것이다. 그 전에 이들을 쳐 없애자"라는 말을 했다고 고변한 것이다. 그러면서 강윤희는 건춘문에 화살 쏜 사건도 현량과 실시를 우려해 일어난 일이라고 주장했다. 하지만 이 일은 김우증이 유배 가면서 일단락되는 듯했다. 그러나 홍경주를 비롯한 남곤 등 훈구세력은 '강윤희의 고변 사건'을 예삿일로 여기지 않았다. 뭔가 불길한 일이 꼭 닥쳐올 것 같은 위기감이 들었다.

이런 상황에서 현량과는 미진하지만, 그럭저럭 진행되고 있었다. 예조에서 일단 직접 시험에 응할 참여자로 120명을 천거해 올렸다.

1519년 4월 13일 경복궁 근정전에서 중종이 직접 참여한 가운데 친시가 열렸다. 이 친시에서 모두 28명의 신진인사를 선발했다. 장원은 김식이 차지했다. 김식은 조광조와 아주 친한 사이였다. 또 김정, 박상, 김구, 기준, 정산, 송효직 등 개혁 성향의 인재를 대거 선발했다.

이미 앞에서 한 번은 접했을 법한 이름들이다. 현량과를 왜 실시해야 하는지를 분명하게 보여주는 결과였다. 또 조광조의 후원자로 알려진 안당의 세 아들 처겸, 처근, 처성도 뽑혔다. 이 세 아들이 훌륭한 자질이 있다고 해도 결국 후원자 안당에 대한 배려가 아니냐는 의구심을 낳기에 충분했다. 이 일은 조광조의 현량과가 특별히 비판받는 빌미가 되었다.

뽑힌 자들의 평균연령은 35세이고, 이 중 12명이 이미 관직에 진출한 사람들이었다. 전혀 벼슬을 하지 않은 인사만이 아니라 관직을 가진 인사를 뽑았다는 것은 무엇을 의미할까. 그것은 아마도 능력은 있으나 미관말직에 머무르고 있어 그 능력을 제대로 발휘하지 못하는 인재를 보다 중요하고 높은 직급에 발탁하기 위함이 아니었을까.

그리고 급제자 중 상당수가 명문 귀족들의 자제로 주로 조정과 상당한 연관이 있을 뿐만 아니라 서울에 사는 사람이었다. 이는 결국 고위직이 문벌 집안으로 대물림되는 우려를 낳고 있음 또한 지적됐다. 이 점 역시 현량과가 비판받는 요인이 되기도 했다.

개혁 세력이 많이 뽑힌 것은 특별히 개혁 세력을 많이 뽑겠다는 의도의 결과는 아니라고 본다. 국가적 과제인 '개혁' 업무를 제대로 활발히 추진하겠다는 점에 방점을 찍어 객관적이고 상식적인 관점에서 선발한 결과였다. 물론 '개혁적인 인사'에 방점을 찍은 것 자체가 문제라고 하면 할 말이 없다. 그런데 당시 시대적 화두가 무엇이었던가를 생각하면 이 같은 지적은 설득력을 잃는다.

상황이 이렇게 되자 훈구파에서는 우려가 현실로 나타났다며 위기감을 드러냈다. 그러면서 신랄한 비판이 이어졌다. 숨어 있는 인재를 구한다더니 결국 자기 세력을 선발하기 위한 요식행위에 불과했다는 인식이 강했다. 조광조가 자신의 야욕 때문에 자기 파벌의 사람들을 늘렸다면, 그다음 순서는 불을 보듯 뻔하다고 봤다. 훈구파를 탄압할 것이 분명했던 것이다.

하지만 어땠는가. 힘겹게 힘겹게 추진해오던 개혁이 날개를 달고 속도를 내지 않았는가.

향약, 적극 보급 나서

이 무렵 조광조의 개혁은 백성들의 삶의 자세에도 변화가 필요하다고 인식했다. 조정만 변해서는 대동사회를 만들 수 없기 때문이다. 손뼉도 마주쳐야 소리가 나듯 백성의 의식과 행동에서도 개혁이 필요했다. 이런 차원에서 조광조는 향약에 주목했다.

1517년중종 12 6월 30일 함양 사람 김인범金仁範이 상소를 올려 "여씨향약을 그대로 행하여 풍속을 바꾸도록 하라"라고 건의했다. 이에 대해 중종은 "초야의 한미한 사람으로 인심과 풍속이 날로 경박하게 되는 것을 탄식한 나머지, 천박한 풍속을 바꾸어 당우지치唐虞之治: 요순의 정치를 일컬음를 회복하려는 것이니, 그 뜻이 또한 가상하다"라며 "한낱 벼슬 없는 선비의 오활한 말이라고만 여기지 말고 풍속을 바꿀 방도를 강론해서 상하가 서로 힘쓰도록 하라"라고 지시했다.

그리고 이듬해인 1518년중종 13 4월 1일 동지중추부사 김안국金安國이 "성종 조의 전례를 따라 많이 고쳐 발행하여 세상에 널리 퍼뜨려라"라고 건의한다. 9월 5일 참찬관 조광조가 조강에서 이 문제를 다시 꺼냈다.

"신이 듣건대, 온양군 사람이 향약을 잘 행한다고 합니다. 만약 향약을 잘 이행한다면 진실로 아름다운 일입니다."

이에 영사 정광필은 '향약이 좋기는 좋지만, 모인 무리가 착한 일을 하지 않으면 수령의 권세가 도리어 약해질 것이니 살펴서 경계해야 할 것'이라고 하자, 중종은 '아무리 아름다운 일이라도 실행이 없으면 불가하다. 모든 일은 이름에 따른 실지가 있어야 한다'며 실천을 강조했다. 그러자 조광조가 향약의 효과에 대해 말했다.

"향약을 행하는 고을에서는 양민을 강압하여 천인으로 만들고 관에 진 빚의 납부를 막는 이러한 일은 모두 보지 못하였습니다. 지난번에 김안국이 경상 감사로 있을 때에 비로소 향약을 행하게 하였는데, 그 때에는 전처럼 싸우는 일이 있었으

향약의 4대 강령: 덕업상권德業相勸: 좋은 일은 서로 권한다, 과실상규過失相規: 잘못은 서로 규제한다, 예속상교禮俗相交: 예의로 서로 사귄다, 환난상휼患難相恤: 어려운 일은 서로 돕는다.

나 시초였기 때문입니다."

그러자 집의 김희수가 "이렇게 하여 풍속이 이루어지게 되면 조정에서 형법을 쓰지 않더라도 다 교화될 것"이라고 하자 참찬관 유인숙柳仁淑이 "당장 효과를 보려고 하면 이루지 못하게 되니 오래 기다리는 것이 좋다"라고 했다.

향약은 여씨향약呂氏鄕約을 말하는데, 여씨향약은 1076년 중국 북송 때 향촌을 교화 선도하기 위해 만들었던 자치적인 규약이다. 여대충呂大忠 · 대방大防 · 대균大鈞 · 대림大臨 4형제에 의해 섬서성 남전현에서 시행했었다.

향약의 보급은 마을을 보다 살기 좋은 마을로 가꾸어보자는 생각에서 개혁의 하나로 추진했다. 백성의 삶에 주목하지 않은 개혁은 진정한 개혁이 아니기 때문이다.

05. 공훈 없는 가짜공신을 퇴출하다

현량과를 통해 적재적소에서 활동할 개혁적인 인재를 확보한 조광조는 개혁의 고삐를 바싹 쥐고 거침없이 달렸다. 개혁에 본격 시동을 걸 무렵 조광조의 직급도 제법 높아졌다. 1518년 정월에 정3품 당상관인 통정대부通政大夫 홍문관 부제학 겸 경연 참찬관 춘추관 수찬관에 제수되었다. 이때 조광조는 사직 상소를 올렸지만 허락받지 못했다.

사직을 허락받지 못함은 너무도 당연했다. 조광조는 너무 빠른 진급과 중책을 맡게 된 데 따른 부담감이 컸다. 그의 이 같은 중용은 훗날 되레 화가 되었음은 두말할 필요가 없으리라. 오죽 안타까웠으면 퇴계가 〈행장〉에서 사직하지 못했음을 안타까워 했을까.

그 무렵 때마침 조광조가 말을 타다 떨어져서 다치자 중종은 어의를 보내 치료하게 했다. 중종이 조광조를 얼마나 신뢰하는지 보여주는 상징적인 일이었다.

조광조는 그해 5월에 승정원 동부승지 겸 경연 참찬관 춘추관 수찬관으로 자리를 옮겼다가 11월에 가선대부 문무관종2품 품계로 승진하여 동지성균관사종2품를 겸했고, 다시 사헌부의 대사헌이 되었다. 조광조는 1518년 한 해에도 승진에 승진을 거듭했다.

수면 위로 꺼낸 정국공신 개정 문제

이런 배경에 힘입어 조광조는 그동안 물밑에 가라앉아 있던 문제를 수면 위로 꺼낸다. 이른바 중종반정 후 책봉했던 정국공신 문제였다. 정국공신의 공훈 책봉에 문제가 있었다는 얘기는 사실 공공연한 비밀이었다.

정국공신의 공훈 수혜자 숫자가 많기도 하거니와, 상당수는 반정과는 거리가 먼 인사들이었다. 그동안 수차례 정국공신 책봉이 잘못되었다며 이를 바로잡아야 한다는 의견이 대두되었지만, 번번이 그 뜻을 이루지 못했다. 그리고 세월이 점차 흐르면서 공신자가 하나둘 사망하자 문제의식은 사람들의 기억에서 멀어졌었다.

이런 상황에서 아무도 예상하지 못한 문제 제기가 도발적으로 이루어진다. 1519년중종 14 10월 25일, 대사헌 조광조는 대사간 이성동과 함께 정국공신에 대한 전면적인 개정을 요구하고 나섰다.

"정국공신은 세월이 오래 되었으나, 이 공신들 중에는 폐주 연산군의 총신이 많습니다. 이들의 죄를 논하자면 결코 용서할 수 없습니다. 비록 폐주의 총신이라도 반정 때 공이 있었다면 기록되어야겠으나,

이들은 그다지 공이 없습니다. 대저 공신을 중히 여기면 공을 탐내고 이利를 탐내어 임금을 죽이고 나라를 빼앗는 일이 다 여기서 말미암았습니다. 임금이 나라를 잘 다스려지게 하려면 먼저 이의 근원을 막아야 합니다. 성희안은 그때에도 그렇게 하지 않으려 했으나, 유자광이 제 자식들과 혼인한 집안을 귀하게 하려고 그렇게 하였습니다. 이것은 전적으로 소인이 모의에 참여하여 만든 일입니다. 지금 상하가 잘 다스려지기를 바라는 때에 이를 앞세워 이 일을 개정하지 않는다면 국가를 유지할 수 없을까 걱정스럽습니다."

이렇게 말한 후 조광조는 개정해야 할 공신의 대상에 대해 구체적으로 거론했다. 조광조는 특히 2등과 3등 중에 개정해야 할 사람이 많다면서 구체적인 명단을 보고한다.

2등 공신 중에 유순柳洵, 운수군雲水君 이효성李孝誠, 운산군雲山君 이계李誡, 덕진군德津君 이활李濊, 이계남李季男, 구수영具壽永, 김수동金壽童과 3등 공신 중에 송일宋軼, 강혼姜渾, 한순韓恂, 이손李蓀, 정미수鄭眉壽, 박건朴楗, 김수경金壽卿, 윤탕로尹湯老, 신준申俊 등이 개정의 대상이라고 했다. 50여 명이 책봉된 4등 공신은 모두 공도 없는데 함부로 기록된 자라고 했다. 그러면서 조광조는 윤장尹璋, 조계형曺繼衡, 이우李堣 등이 이미 훈적에서 삭제된 바 있어 전례가 있는 만큼 이들도 삭제하는 일이 가능하다고 했다. 이들의 공훈 삭제에 관한《중종실록》1514년 중종 9 1월 30일 자 기록이다.

"폐조 때의 승지 윤장, 조계형, 이우 등은 반정하던 날 정원에 입직하였다가 화를 모면하기 위해 나가서 사변을 보고 오겠다고 핑계하여 폐주를 속이고 궁성의 수구로 앞을 다퉈 도망쳤으나 도리어 훈적에 기록되었으니 지극히 어그러진 일이다. 아울러 삭탈하여 절의를 권하고 장려하라."

과다한 공신 책봉

그렇다면 도대체 정국공신을 어떻게 책봉하였기에 잘못이 있으니 바로잡자고 하는 것일까. 정국공신의 공훈을 어떻게 평가하고 어떻게 기록했는지 그 자초지종을 살펴보면 제대로 된 책봉과 그렇지 않은 책봉을 구분할 수 있으리라.

1506년연산군 12 9월 2일, 잘못된 것을 바로잡는다는 명분으로 상식을 벗어난 임금 연산군을 몰아내고 그의 이복동생인 진성대군을 새 왕중종으로 옹립하는 중종반정이 일어났다. 요즘 말로 하면 쿠데타를 일으켰다. 반정 세력의 행위가 정당하지 못하다는 지적에서 보면 그렇다. 유교 이념에 따르면 아무리 잘못이 크더라도 임금을 몰아내는 것은 잘못이다.

이 반정에서 쿠데타군은 소위 반기를 든 신수근을 가장 먼저 살해했다. 그의 죽음은 쿠데타군이 옹립한 진성대군의 부인인 그의 딸 신씨가 폐위되는 결과를 낳았다.

하지만 이 쿠데타는 성공한 쿠데타였다. 성공한 쿠데타는 혁명이라던가. 그래서 쿠데타에 가담했던 사람들은 그 경중에 따라 포상을 받았다. 성공했으니 논공행상이 따르는 것은 당연하다. 여기까지는 크게 문제가 없어 보인다. 조광조도 그렇게 생각하고 있었다.

그런데 포상자를 선정하는 과정을 들여다보면 이래도 되는가 싶을 만큼 엉터리였다. 《중종실록》 1506년중종 1 9월 8일 자에 정국공신 책봉자 명단을 싣고 있다.

1등: 유자광, 신윤무, 박영문, 장정, 홍경주.

2등: 운수군 이효성, 심순경, 변수, 최한홍, 윤형로, 조계상, 유순, 김수동, 김감, 운산군 이계,이계남, 구수영, 덕진군 이활.

3등: 고수겸, 심형, 황탄, 유세웅, 유계종, 윤사정, 이심, 이식, 민회발, 민회창, 허상, 장온, 구현휘, 백수장, 이극정, 이석번, 김우증, 이손, 신준, 정미수, 박건, 송일, 강혼, 한순, 유경, 김수경, 정윤겸, 김경의, 이함, 심정, 변준, 변사겸, 한숙창, 박이검, 유영, 성희옹, 윤형, 신윤문, 홍경림, 강지, 윤금손, 유응룡, 윤탄, 신수린, 조세훈, 한세창, 이맹우, 윤여필, 손동, 유승건, 안현수, 성동, 이종의, 허광, 이한원, 유홍, 이기, 성율, 조원륜, 김선, 민효증, 윤장, 조계형, 이우, 김극성, 황맹헌, 성몽정, 이세응, 장한공, 한사문, 김임, 박영창, 박영분, 조계은, 수안군 이당, 박이온, 이희옹, 이성언, 신은윤, 윤희평, 강윤희, 이창, 최유정, 채수.

이 명단은 반정 삼대장이라 일컬어지는 박원종, 성희안, 유순정의 주도 아래 작성됐다. 1등에 5명, 2등에 13명, 3등에 83명 등 101명을 선정했다. 공로가 많고 적음에 따라 이들을 3등급으로 나누었는데, 나라의 재정 상태를 감안하면 무작정 많이 할 수는 없었다. 해서 이들은 위의 명단 중 심정까지 30명은 3등으로 하고, 변준 이하는 4등으로 하여 상을 차별하는 것이 좋다고 보고했다.

재정 상태 위협하는 포상

도대체 공신들에게 어떤 상을 내리기에 국가의 재정 상황까지 고려해야 했을까. 상도 물론 반정 삼대장이 정했다.

1등: 3자급 뛰어넘어 제수. 부모와 처자에게도 관작을 주어 3자급 뛰어넘어 제수한다. 아들이 없는 이는 생질이나 사위에게 2단계 뛰어넘어 제수. 호위병 10인, 노비 13구, 주인을 모시고 다니는 하인 7명, 논밭 1백 50결, 은 50냥, 옷감 1단, 말 1필.

2등: 2단계 뛰어넘어 제수한다. 부모와 처자에게 관작을 주어 2단계를 뛰어넘어 제수. 아들이 없는 이는 생질이나 사위에게 1자급을 더함. 호위병 8인, 노비 10구, 하인 5명, 논밭 1백 결, 은 30냥, 옷감 1단, 말 1필.

3등: 1단계 더한다. 부모와 처자에게 관작을 주어 1단계를 더함. 아들이 없는 이는 생질이나 사위에게 품계를 더하며, 호위병 6인, 노비 8구, 하인 3명, 전지 80결, 은 20냥, 옷감 1단, 내구마 1필.

4등: 1단계 더한다. 부모와 처자에게 관작을 주어 1단계 더함. 아들이 없는 이는 생질이나 사위에게 품계를 더한다. 호위병 4인, 노비 6구, 하인 2명, 논밭 60결, 은 10냥, 옷감 1단, 말 1필.

이처럼 공신에게 주어지는 포상이 엄청나다. 대단하다는 말밖에 할 수 없다. '국가 재정'을 감안해야 한다는 주장이 허튼소리가 아니었다. 그런데 공신 책정의 문제는 재정만의 문제가 아니었다. 애초 반정 삼대장이 정한 정국공신의 숫자는 101명이었다. 이 숫자도 이때까지 있었던 여느 공신들과 비교하면 무시할 수 없을 만큼 많은 숫자다. 1392년 조선 건국에 공을 세운 개국공신開國功臣 52명, 1398년 제1차 왕자의 난을 평정하는 데 공을 세운 정사공신定社功臣 29명, 1400년 제2차 왕자의 난을 평정하는 데 공을 세운 좌명공신佐命功臣 47명, 1453년 계유정난에 공을 세운 정난공신靖難功臣 43명, 1455년 금성대군과 혜빈 양 씨 숙청에 공을 세운 좌익공신佐翼功臣 44명, 1467년 이시애의 난 진압에 공을 세운 적개공신敵愾功臣 45명, 1468년 남이의 역모 진압에 공을 세운 익대공신翊戴功臣 40명 등이다. 100명을 넘긴 경우가 단 한 번도 없었다.

그런데 이 숫자의 문제가 여기서 끝이 아니었다. 우선 반정의 실질적 주도자이자 리더였던 반정 삼대장이 명단에서 빠져 있었다. 중종반정이 이들 세 사람을 빼고 가능했을까. 불가능하다. 그렇다면 이들 세 사람만 공신에 책봉하고 다른 사람들은 책봉하지 않아도 전혀 이상하지 않을 것이다. 그러함에도 이들 세 사람의 이름이 빠졌다. 왜 그랬을까? 여기에는 반정 삼대장의 노회한 전략이 숨겨져 있었다. 영의정 유순과 우의정 김수동이 중종에게 아뢴 말을 보면 그 전략이 뭔지 알 수 있다.

"박원종 등은 감히 스스로 자기의 공을 의논할 수 없으므로, 아뢴 바가 이와 같습니다. 박원종 · 성희안 · 유순정은 제일 먼저 큰 계책을 결단하여 큰 공을 이루었으니, 그 차례가 마땅히 자광의 위에 있어야 합니다."

자, 이들 반정 삼대장이 '자광'보다 위에 있어야 한다는 것은 무슨 의미일까. '자광'은 '유자광'인데, 그 이름은 1등 공신 중에서도 가장 먼저 거명된 인물이다. 그렇다면 반정 삼대장을 그보다 위에 두어야 한다면 모든 공신자 중에서 맨 앞에 거명해야 한다는 뜻이 된다.

그러자 이 말의 의미를 모를 리 없는 중종은 영의정과 우의정의 제안에 알았다고 대답했다. 중종의 알았다는 이 반응은 이들 반정 삼대장을 1등 공신에 책봉하겠다는 의사 표시에 다름이 아니었다. 결국, 이들 삼대장은 1등 공신에 기록되었고, 애초 5명이던 1등 공신은 8명으로 늘어났다.

그런데 유자광 같은 이가 어떻게 1등 공신에 책봉되었을까. 유자광은 우리가 익히 다 아는 간신배의 대명사 그 유자광이다. 유자광은 무오사화를 기획하고 일으키면서 철저하게 연산군에게 충성을 다한 인물이다. 유자광은 처음부터 반정에 참여하지 않았다. 그런데 돌아가는 상황이 자기 생각과는 다르게 전개되고 있었다. 이럴 때 동물적 감각을 지닌 그는 재빨리 반정군 편에 발 하나를 디밀었을 뿐이다. 그리고 1등에 책봉됐다. 놀라운 처세술의 결과이다.

엉터리 책봉으로 공신 117명으로 늘어

공신의 숫자가 늘어난 것이 반정 삼대장이 1등 공신에 추가 책봉되는 것에 국한되는 일은 아니었다. 넷째아들 문경이 연산군의 딸 휘문공주와 결혼하여 연산군과 사돈지간이었던 구수영 같은 이도 공신에 책봉되었다는 사실은 이해되지 않는다. 그는 연산군이 주색잡기에 빠지도록 적극적으로 부추기고 심지어 채홍사 역할도 서슴지 않았던 인물이었다. 그런 자가 마지막 순간에 반정군에 숟가락 하나를 슬쩍 올렸다가 2등에 책봉되었다.

2등에 책봉된 유순도 공신에 책봉되기엔 수준 미달의 인물이다. 연산군의 비위를 맞추며 승진을 거듭하며 고위직에 있으면서 부귀영화를 누리던 그는 반정 지도자 박원종과 성희안으로부터 참여를 제안받았다. 그러나 그는 가타부타 대답하지 않고 뭉그적거리다 전개되는 상황이 연산군에게 불리하게 돌아가자 재빨리 합류하는 기지를 발휘해 공신에 올랐다. 그의 처세는 중종 시대에서 만인지상의 자리인 영의정 자리까지 올랐다.

그래도 유자광이나 구수영, 유순 같은 이들은 절대로 공신에 책봉되어서는 안 되는 인물임은 분명하지만 신수린에 비하면 시쳇말로 양반이었다. 신수린은 반정 삼대장 중의 한 사람인 성희안의 매제다. 성희안이 누구인가. 말이 필요 없는 인물이다. 당시 나는 새도 떨어뜨릴 만큼 절대 권력을 휘두른 인물이 아니던가. 그래서인지 장모가 그를 불러 아들 신수린이 공신에 포함되지 않은 것에 대해 노발대발한다. 그러자 성희안은 이렇게 변명한다. 참고로 신수린은 반정에 전혀 참여하지 않았다.

"박원종과 유순정 그리고 저, 세 사람의 자제들이 모두 공신 등록에 참여하였으나, 제 자제가 가장 많았습니다. 수린은 나이가 젊어서 사적인 입장에서 입을 열 수 없습니다."

그 말을 듣고 장모가 몹시 화를 내며 자리를 보전하고 누웠다.

"내 다시는 네 낯을 보지 않으리라."

이에 성희안은 조금도 망설이지 않고 이튿날 박원종 등을 찾아가 신수린을 공신록 3등에 덧붙여 기록해 달라고 청하였다. 물론 3등 공신이 되었음을 두말할 나위 없었다. 그러자 사람들은 신수린을 두고 '화가 나서 누워버리자 공신이 되었다'는 의미의 '노와공신怒臥功臣'이라며 비웃었다.

이뿐이겠는가. 열아홉 살, 새 왕인 중종도 공신 끼워 넣기 경쟁에 뛰어들었다. 중종이 반정 삼대장 등 권력 실세들에게 말한다.《중종실록》1506년 9월 17일 자의 기록을 보자.

"형조참판 윤탕로尹湯老는 거사할 때 비록 밖에 있어서 모의에 참여하지 못하였으나, 즉위하기 전의 임금일 때부터 본디 모셨던 수고가 있으니, 녹공하는 것이 어떠한가? 그리고 제안대군 이현李琄과 당양위唐陽尉 홍상洪常도 아울러 녹공하는 것이 어떠한가?"

중종이 정승 및 세 대장에게 이렇게 물었다. 그러자 권력 실세들이 대답했다.

"거사할 때 탕로는 마침 밖에 있었기 때문에 미처 오지 못하였으나 추대하려는 마음은 반드시 다른 이들과 같았을 것입니다. 그러함에도 주상을 모신 공이 있으니, 녹공한들 무엇이 해롭겠습니까? 현으로 말하면 본디 견주어 비교할 만한 공이 없고, 홍상은 지금 제주에 있어 털끝만 한 공도 없으니, 녹공할 수 없습니다."

그리하여 중종의 외삼촌인 윤탕로는 3등에 기록되었다. 중종이 추천한 인사 모두가 책봉되지 못한 것이 눈에 띈다. 이는 중종의 위상이 어떠한지 상징적으로 보여준다. 이런 식으로 공훈자가 하나둘 늘어나기 시작했고, 급기야 1등 8명, 2등 13명, 3등 31명, 4등 65명 등 모두 117명까지 늘어났다.

2, 3등 일부와 4등 전부 위훈 삭탈

상황이 이러하니 공신 책봉 직후부터 많은 신하가 공훈을 개정해야 한다고 주장했다. 그러다 1510년중종 5에 박원종이 마흔셋의 젊은 나이로 세상을 뜬다. 그리고 2년 뒤 유순정이 쉰셋의 나이로, 그 이듬해에 성희안이 쉰둘의 나이로 사망한다. 이들 세 명의 죽음은 단순한 고위관료의 죽음을 의미하지 않는다. 이는 반정 삼대장이 역사의 뒤안길로 사라지면서 반정 세력의 약화를 알리는 신호탄이 되었다.

이러는 가운데 정국공신 1등이었던 박영문이 탄핵을 받았다. 박영문이 공신을 책정할 때 뇌물을 받았다는 이유였다. 중종은 당연히 그를 축출했는데, 박영문은 1등 공신인 신윤무에게 불만을 털어놓았다.

그런데 낮말은 새가 듣고 밤말은 쥐가 듣는다는 말처럼 이 불만

토로를 의정부 관노인 정막개가 엿들었다. 정막개는 곧바로 이들이 역모를 꾸미고 있다고 고변하기에 이른다. 이 둘은 당연히 참형에 처해진다. 반정 세력의 핵심인물이랄 수 있는 1등 공신들이 이렇게 하나둘 정치력을 잃고 있었다. 이런 가운데 조광조가 1519년에 대사간 이성동과 함께 정국공신에 대한 전면적인 개정을 요구하고 나섰다.

앞에서 살펴본 것처럼 1등 공신은 대부분 죽었다. 남은 사람은 홍경주뿐이었다. 조광조는 1등의 개정은 실익이 없다는 생각에서 제외하고, 2등과 3등, 4등을 손보기로 했다. 2등과 3등 중 심한 자는 삭탈하고, 4등은 아무런 공이 없는 자들이기에 모두 삭탈할 계획이었다.

이 문제를 두고 벌어진 조광조 등 사림세력과 중종과의 기 싸움은 참으로 지리했다. 누구도 절대 양보할 기색이 없을 만큼 치열하게 맞섰다. 중종이 반대하자 조광조의 우군으로 나선 부제학 김구金絿 등이 대간의 말을 따르도록 청하였으나 받아들이지 않았다. 중종은 꿈쩍도 하지 않았다. 그러자 이번에는 승정원과 홍문관에서 나섰지만, 중종은 역시 요지부동이었다.

결국, 조광조 등 개혁 세력은 사직서를 내고 배수진을 쳤다. 조광조와 이성동은 물러갈 기색이 없었다. 밤을 새울 작정이었다. 이미 소격서 철폐 문제를 두고 조광조의 물러설 줄 모르는 고집을 경험한 바 있는 중종으로서는 일부 개정에 동의한다고 한발 물러섰다.

이렇게 협상의 물꼬가 트이면서 논의는 구체적으로 전개되었다. 그리고 11월 11일 중종은 정국공신 개정에 관한 전지傳旨를 내려 마침내 조광조 등이 요구한 위훈 삭제안을 받아들이기에 이른다.

"초창 때에 일이 황급하여 원대한 계책에 어두웠으므로, 바르게 결단하지 못하고 녹공을 분수에 넘치게 하여 우리의 현저한 공신까지 흐리게 하였다. 이것이 어찌 거의 나라를 탐욕으로 향하는 길로 이끌어가는 것이 아니겠는가. 이 때문에 여론이 거세게 일어나 갈수록 울분이 더해가니 또한 내가 어찌 감히 '함께 허물이 있다' 하지 않을 수 있겠는가…… 내가 어질지 못하더라도 감히 하늘을 속이고 백성을 속일 수 없다. 내 어찌 공훈 없이 헛되이 기록된 것을 국가의 근본 방침에 따라 결단하지 않을 수 있겠는가."

그러면서 중종은 삭훈자 명단을 거론했다.

"운수군 이효성, 유순, 김수동, 김감, 운산구 이계, 이계남, 구수영, 덕진군 이활, 장온, 이석번, 신준, 정미수, 박건, 송일, 강혼, 한순, 이손, 유경, 김수경, 윤탕로, 변준, 변사겸, 한숙창, 박이검, 유영, 성희옹, 윤형, 홍경림, 강지, 윤금손, 유응룡, 윤탄, 신수린, 조세훈, 한세창, 이맹우, 윤여필, 안현군 성동, 이종의, 허광, 이한원, 유홍, 이기, 성율, 조원륜, 김선, 민효증, 김극성, 황맹헌, 성몽정, 이세응, 장한공, 한사문, 김임, 조계은, 수안군 이당, 박이온, 이성언, 신은윤, 윤희평, 강윤희, 이창, 최유정, 채수, 우정, 문치, 서경생, 김계공, 김숙손, 김은, 임원산, 권균, 김준, 김무, 반우형, 이곤 등의 외람된 것을 추가로 바로잡아서 공신에게 지급한 포상문서를 맑게 하라."

결국 중종이 백기를 들었다. 중종은 더 이상 버틸 수 있는 명분도 없었다. 이렇게 정국공신 중 엉터리 공신들이 삭제되기에 이르렀다.

이 전지가 의미하는 바는 명백하다. 정국공신 책봉에 문제가 있다는 걸 국가가 공식 인정했다는 점이다. 그리고 중종의 위훈 삭제 결단은 개혁 세력에게 가장 민감한 개혁을 해냈다는 자신감을 심어주기에 충분했다. 이렇게 큰 개혁의 산을 넘으면서 향후 조광조의 개혁 작업은 날개를 달았다.

06. 중종,
밀지를 내리다

조광조의 개혁은 멈춤 없이 빠른 속도로 내달리고 있었다. '거침없었다'라는 표현이 무색하지 않을 정도였다. 잘못된 제도와 정책이라면 하루빨리 고치는 것이 상책이라는 생각에서 전광석화처럼 추진했다. 개혁을 강력하게 추진하면 할수록 기득권층을 비롯한 개혁 대상자들로부터 강한 저항에 직면할 수밖에 없었다. 시쳇말로 내 손에 들어온 떡을 쉽게 내줄 사람이 있겠는가. 그 떡을 내놓지 않으려고 끝까지 저항하기 마련이다.

주초위왕 사건

조광조의 개혁 역시 기득권층의 저항을 수반할 수밖에 없었다. 개혁의 대상이 바로 기득권층이기 때문이다. 그들은 공적인 업무를 하면서도 알게 모르게 자신들의 부와 명예를 지키기 위한 사적인 욕망 추구에 집중했을 터이다. 물론 모두가 다 그런 것은 아니다. 일부 정치적인 관료들이 문제였다.

요즘, 우리 사회를 뜨겁게 달구고 있는 개혁의 당위성이 일부 정치를 하는 사람들의 타락에서 비롯된 것처럼 말이다. 그들이 권력을 행사하는 동안 자연스럽게 적폐가 만들어졌을 터이고, 그 적폐는 신진세력에 의해 개혁될 수밖에 없을 터이다. 개혁하려는 자와 개혁에 저항하려는 자의 무한 투쟁, 그래서 개혁은 자칫 진영 싸움이 될 공산이 큰 이유다.

그러다 보니 기득권층을 대표하는 훈구세력은 조광조를 비롯한 개혁 세력에 깊은 반감을 갖게 됐고, 그 반감은 상상을 초월하는 일도 서슴지 않은 상황으로 치달았다.

아울러 조광조에게 무한 신뢰를 보내던 중종조차 점차 개혁 피로감을 느끼기 시작했다. 타협 없이 전광석화처럼 밀어붙이는 개혁 세력의 추진력에 브레이크가 없다는 것이 과연 옳은가 하는 의구심이 들었다.

애당초 중종이 조광조를 비롯한 사림파를 대거 등용한 것은 개혁을 위한 것은 아니었다. 단지 자기 정치를 해보려는 의도에서 기득권 세력인 훈구파를 견제하려는 차원에서였다. 반대지점에 자리한 사림세력을 활용하면 훈구세력을 효율적으로 통제할 수 있기 때문이었다.

그런데 사림파의 개혁이 옳은 일이기는 하지만, 예상을 뛰어넘었다. 동의할 수 없는 일이 대부분이었다. 위훈 삭제 문제만 해도 그렇다. 자신을 왕으로 옹립하는데 기여한 사람들에게 상을 내리는 건 당연한데, 그 과정에 허물이 좀 있다고 해서 줬던 상을 도로 빼앗을 수 있을까 싶었다.

이는 중종과 사림파 사이에 생기기 시작한 틈을 더 벌렸다. 이런 기회를 훈구파가 놓칠 리가 없었다. 갖가지 공작을 벌일 호기였다. 훈구세력은 다양한 방법으로 중종과 사림세력의 틈을 더 벌리려고 안간힘을 썼다. 그 유명한 '주초위왕走肖爲王' 사건도 조광조를 몰아내기 위한 수단의 하나로 기획했던 일이었다.

사람들은 주초위왕 사건을 야사에 나오는 얘기로 치부한다. 물론 이 이야기가《중종실록》에는 등장하지 않는다. 하지만《선조실록》1567년선조 1 9월 21일 자에《중종실록》에 빠진 것을 기록한다며 이렇게 기록한다.

> "당초에 남곤이 조광조 등에게 교류를 청하였으나 조광조 등이 허락하지 않자 남곤은 유감을 품고서 조광조 등을 죽이려고 하였다. 이리하여 나뭇잎의 감즙을 갉아 먹는 벌레를 잡아서 모으고 꿀로 나뭇잎에다 '주초위왕' 네 글자를 많이 쓰고서 벌레를 놓아 갉아먹게 하기를 마치 한나라 공손公孫인 병이病已의 일처럼 자연적으로 생긴 것같이 하였다. 남곤의 집이 백악산 아래 경복궁 뒤에 있었는데 자기 집에서 벌레가 갉아먹은 나뭇잎을 물에 띄워 대궐 안의 어구에 흘려보내어 중종이 보고 매우 놀라게 하고서 고변하여 화를 조성하였다."

'병이의 일'은《한서漢書》에 나오는 얘기다. 훗날 한나라 선제가 되는 무제의 증손 병이가 태어난 직후 무고 사건이 일어났다. 조부 여

태자戾太子 이하 온 가족이 화를 당하고 병이만이 강보에 싸여 군저옥郡邸獄에 수감되었다. 이때 점쟁이가 장안에 천자가 될 사람이 있다고 하자 무제가 사건과 관련된 자들을 모두 찾아 죽이게 하였다. 하지만 병이는 정위감廷尉監 병길邴吉의 보호를 받아 살아났고, 뒤에 곽광霍光이 힘써 선제가 되었다는 것이다.

병이가 선제가 되는 과정이 억지가 아니라 자연스럽게 했듯 남곤도 이 일을 아주 자연스럽게 일어난 일처럼 꾸몄다.

남곤은 나뭇잎에다 '주초위왕'이라 쓰고, 그 위에 꿀을 발라 벌레가 갉아먹게 했다. 그리고 벌레가 갈아먹어 '주초위왕'이라 새겨진 나뭇잎을 경복궁 뒤 자신의 집에서 대궐로 가는 어구에 띄워 보냈다. '주초走肖'는 '조趙', 즉 '조광조'를 가리킨다. 이걸 중종에게 고변하여 조광조를 처리했다.

반면 야사에서는 '주초위왕' 사건을 조금 다르게 전한다. 훈구파가 조광조를 제거하기로 작정하고 정국공신 1등에 봉해진 홍경주의 딸인 후궁 희빈 홍 씨를 이용하였다. 희빈 홍 씨는 나인들을 시켜 궁중 동산의 나뭇잎에 꿀로 '주초위왕'이라고 네 글자를 쓰고, 이것을 벌레가 갉아먹어 글자 모양이 나타나자, 그 잎을 가져다 중종에게 보여 왕의 마음을 흔들었다는 것이다.

훈구세력의 조직적 반격

하지만 조광조 등 사림파를 제거한 내막이

《중종실록》에서는 나뭇잎 사건과 다르게 설명하고 있다. 조광조 사사 이듬해인 1520년중종 15 4월 16일 자를 보면, 최운崔澐이 이신이라는 자에게 이런 말을 전한다.

> "심정이 주초대부필走肖大夫筆이라는 참서를 궐내에 떨어뜨렸으므로 상께서 매우 놀라셨다. 그 뒤에 홍경주의 집에 가서 말하기를 '상께서 외로우신 것을 사람들이 아느냐?' 하였다. 홍경주가 드디어 소매 안에서 대내에서 나온 글을 내어 보이니, 심정이 매우 기뻐하며 말하였다. '이런 일을 인덕이 뛰어난 임금께서 과연 이미 아시는구나!'라고 하면서 홍경주와 함께 남곤의 집에 가려 하였으나 홍경주가 가지 않았다. 그 뒤에 심정이 사람을 시켜 엿보아 홍경주가 남곤의 집에 간 것을 알고 심정도 갔다. 세 사람이 둘러앉아 함께 이야기한 뒤에 정광필의 집에 가서 말하니, 정광필이 말하기를, '상께서 그 사람을 워낙 흠결 없게 대우하시는데 어찌 그런 일이 있겠느냐?' 하였다. 하지만 드디어 11월 16일에 신무문을 거쳐 들어가 참소하여 해치는 일을 꾸몄다고 한다."

조광조를 제거한 경위를 짧고 간결하게 설명하고 있는 이 기록에서 우리는 우선 '주초대부필'이라는 말에 주목해보자. 여기서 '주초'가 조광조의 '조'를 의미한다는 것은 더 이상의 설명이 필요 없다.

그런데《태종실록》1411년태종 11 윤 십이월 25일 자를 보면, 이 말은 본래 정도전이 지어 올린 〈수보록受寶籙〉에 처음 등장한다. 처음엔 그냥 '주초'만 등장하였고, 나중에는 이런 문장으로 바뀐다.

"목자장군검木子將軍劍 주초대부필走肖大夫筆 비의군자지非衣君子智 부정삼한격復正三韓格이라."

'목자木子'는 이성계李成桂의 성인 '李', '주초走肖'는 조준趙浚의 성인 '趙', '비의非衣'는 배극렴裵克廉의 성인 '裵'를 의미한다. 여기서 이 문장의 의미를 자세하게 해석해 볼 필요는 없겠지만, 액면 그대로 살펴보면, 이성계의 칼과 조준의 문장, 배극렴의 지혜 등 셋이 힘을 합쳐 삼한을 다시 바로잡았다는 의미다.

애초 '주초'는 조준을 지칭했었으나 중종 대에 들어와 당시 권력자인 조광조의 '조' 자를 의미하는 말이 됐다. 《인종실록》 1545년인종 1 5월 25일 자에 보면, 홍문관 부제학 나숙이 상차上箚하는 글에서 '주초'라는 말을 언급한다.

"남곤은 주초라는 참서를 대내에 투입하여 선왕을 현혹, 북문을 열게 하여 선비들을 모조리 잡아서 그 음흉한 죄가 극도에 이르렀는데도 죽어서 그 귀貴를 누리고 아직도 벼슬을 삭탈하지 않았습니다."

이런 기록으로 미루어보아 나뭇잎에 꿀을 발라 벌레가 갉아먹은 글자가 '주초위왕', 즉 조 씨가 왕이 된다고 새겨진 나뭇잎을 조광조에 대한 탄핵의 근거로 삼았다는 것은 설득력이 좀 떨어진다.

2015년 인하대 생명과학과 민경진 교수팀이 실제 나뭇잎에 꿀을 발라서 벌레가 어떻게 갉아먹는지 실험했다. 실험팀은 서울 관악산 일대 나뭇잎에 꿀로 '王' 자를 쓴 다음 그 부분만 벌레들이 먹는지를 두 달에 걸쳐 확인했다. 그러나 유의미한

상차(上箚): 관료가 임금에게 차자箚子, 즉 소장疏章을 올리는 일. 일정한 격식을 갖추지 않고 간단히 사실만을 기록하여 올림.

결과를 발견하지 못했다고 한다.

아무튼, 이런 이야기가 설득력 있게 회자하는 것은 훈구세력이 조광조를 얼마나 미워하는지를 보여주는 단적인 예로 보인다. 이는 결국 그를 견제의 대상이 아니라 제거의 대상으로 삼았다는 것을 의미한다.

개혁의 대상으로 기득권층을 대표하는 훈구파의 홍경주·남곤·심정 등은 중종의 후궁들에게 부탁하여 기회만 되면 중종에게 조광조 등의 신진세력을 모함했다. 그래서 반정 삼대장의 한 명으로 박원종의 수양딸인 경빈 박 씨와 중종반정의 핵심 주동자 중 한 사람인 홍경주의 딸 희빈 홍 씨 등 두 후궁은 자신의 가문과 직결되는 이 문제의 심각성을 인식하고 지성을 다해 중종에게 조광조를 하루빨리 내치라고 종용했다. 강주진이 쓴《조정암의 생애와 사상》박영사에 보면 희빈 홍 씨가 중종에게 무고했던 말이 나온다.

> "나라의 인심이 모두 조 씨에게 돌아갔습니다. 지금 조광조 일파가 공훈의 삭제를 주장하는 것은 나라의 중신을 모두 제거한 후 그들 마음대로 국사를 하고자 함이요, 또 현량과를 만들어 그들의 세력을 공고히 하여 옛 신하 중에 조금만 못마땅한 사람이 있으면 이를 배척하여 가히 입을 열지 못하게 하자는 것입니다. 만일 지금 그들을 처치하지 않으면 이겨내지 못할 것입니다."

그러잖아도 그동안의 개혁 작업을 통해 마음이 맞지 않아 조광조에 대한 신임이 점차 떠나기 시작하던 차 이런 갖가지 모함과 사건을 접한 중종으로서는 깊은 고민에 빠질 수밖에 없었다. 조광조 일당을 어떻게 할 것인가. 그대로 중용할 것인가, 그동안의 폭주를 이쯤에서 멈추게 할 것인가.

중종, 사림파 척결 밀지 내려

한편 《중종실록》 1519년중종 14 11월 16일 자를 보면 남곤이 조광조를 죄주기 위한 밀지를 갖고 정광필을 만났다고 나온다. 이 밀지는 중종이 홍경주에게 준 것으로 보인다. 밀지의 내용이 무엇인지부터 보자. 《중종실록》 1519년 12월 29일 자 사신의 논평이다.

"임금이 신하와 함께 신하를 제거하려고 꾀하는 것은 도모에 가깝기는 하나, 간사한 무리는 이미 이루어졌고 임금은 고립하여 제재하기 어려우니, 함께 꾀하여 제거해서 나라를 안정하게 하려 한다."

《연려실기술》한국고전종합DB에는 밀지의 내용이 자세하게 실려 있다.

"조광조 등이 정국공신을 삭제할 것을 청하는 것은 신하가 임금을 폐하지 못한다는 강상綱常: 윤리를 범한 죄을 중하게 하는 것이라 하여, 먼저 공이 없는 자를 삭제한 뒤에 겨우 20여 명의 이름을 남겨서 연산을 폐한 죄를 성토하고 보면 경 등은 어육이 될 것이요, 그 다음에는 나에게 미칠 것이다. 주초의 무리가 간사하기가 왕망王莽: 한나라의 역적이나 동탁董卓: 한나라의 역적과 같아서 온 나라 인심을 얻어서 백료들이 우러러보는 바가 되었다. 하루아침에 송 태조 때 곤룡포를 몸에 덮어 입히는 변이 있게 되면 비록 조광조가 사양하고자 하나 그만둘 수가 있겠는가.

조광조가 현량과를 설치하자고 청한 것도 처음 생각에는 인재를 얻기 위해서인 줄 알았었다. 지금 생각해 보니 반드시 저들의 일을 하는 사람을 심으려 했다. 이들을 잘라 없애려 하나 경의 사위 김명윤金明胤이 그 속에 있으니 이것이 한스럽다. 내 심복이 몇 사람이나 있는가.

정광필은 왕실에 마음을 둔 자이나 이장곤은 처음부터 그렇지 않았다. 이제 소인배에게 붙었으니 믿을 수가 없다. 심정은 근래 비록 논박을 입었으나 재간이 있으니 가히 신임할 만하다. 내가 이들을 제거하려는 뜻을 딴 사람에게 번거롭게 말하지 말고 남곤과 심정에게 묻는 것이 어떠한가. 유용근柳庸謹과 한충韓忠과 김세희金世熹는 모두 무예가 있다고 자부하니 두려워할 만하다.

조정에서 이 무리를 제거한다면 저녁에 죽더라도 근심이 없겠다. 지난번 경연에서 기준이 말하기를, '조광조 같은 자는 정승 자리에 합당하다' 하였었다. 벼슬을 명하는 것이 모두 이 무리한테서 나오는 터이니 나를 반드시 임금으로 여기지 않는 것이요, 한갓 그 이름만 지키고 있을 따름이다.

조광조는 말이 공손하고 온순하여 옳은 사람같이 보이나 수년 사이에 벼슬을 뛰어서 높이 썼으니 내가 마침내 주초의 꾀에 떨어진 것이다. 명백하게 이들을 죄주고 싶으나 대간과 홍문관과 육조와 유생들이 모두 불가하다고 말하면 내가 어찌할 수가 없었다. 어떻게 처리해야 할지 몰라 요즘에는 먹어도 맛을 알지 못하고 자도 자리가 편안치 못하여 파리한 뼈가 드러났다. 내가 이름은 임금이나 실상은 아무것도 알지 못한다. 옛날에 유용근이 거만하게 나를 보았으니 반드시 임금으로 여기지 않는 마음을 가졌을 것이다. 경들은 먼저 그를 없앤 뒤에 보고하라."

밥을 먹어도 맛을 모르고 잠을 자도 잔 것 같지 않아 바싹 여위었다는 중종의 과장된 엄살은 조광조와 사림파에 대한 그의 반감이 어떠한지를 상징적으로 보여준다. "그를 없앤 뒤에 보고하라"라는 말에서 보듯 되레 훈구파보다 더하면 더했지 결코 덜한 것 같지 않다.

아무튼, 이 기록으로 미루어보아 중종이 밀지를 내린 것은 사실로 보인다. 《중종실록》에도 기록돼 있으므로 의심할 여지는 없다. 다만 《중종실록》에는 사관이 밀지를 내린 것에 대한 생각을 간략하게 기록해 놓고 있고, 《연려실기술》은 그 내용을 길게 기록하고 있을 뿐이다.

소인이 군자 해쳤다 해도 상관하지 않아

두 기록을 종합해보면, 조광조가 뜻이 맞는 사람들과 똘똘 뭉쳐서 왕망이나 동탁과 같은 짓을 하면서 온 나라의 신임을 얻고 있는데, 이들은 간사하기 이를 데 없으므로 제거하라는 것이다. 이 기록은 중종이 직접 조광조를 제거하려 했음을 보여준다. 여기에다 개혁의 대상으로 처지가 난처해진 훈구세력과 이해관계가 맞아떨어지면서 힘을 합쳐 음모를 꾸몄다.

이 밀지는 홍경주에게 내린 것으로 추정된다. '경의 사위 김명윤'이라는 구절로 미루어보면 홍경주가 맞다. 김명윤은 홍경주의 딸에게 장가를 들었다. 홍경주는 중종에게서 받은 이 밀지를 남곤에게 주었을 것이고, 남곤은 이 밀지를 품고 은밀히 동조자들을 찾아 나섰다.

《중종실록》 1519년중종 14 11월 16일 자에 보면 예조판서 남곤은 조광조를 죄주기 하루 전에 밀지를 가지고 갓을 쓰고 영의정 정광필을 만나러 갔다고 기록하고 있다. 정광필이 찾아온 이유를 묻자 남곤이 대답했다.

"조광조 무리를 한 사람이라도 남겨놓으면 그 해가 무궁할 것이다. 주상께서 오늘 반드시 대감을 불러 의논할 것이니 공은 주상의 뜻을 받들어 조광조 무리를 남김없이 제거하여 나라를 안정되게 하시오. 만약에 그렇지 못하면 후회할 일이 많을 것이요."

남곤의 협박성 통고를 접한 정광필은 추상같은 어투로 되레 남곤을 꾸짖었다.

"공은 재상의 몸임에도 천인으로 변장하고 장안을 돌아다니면서 무슨 짓을 하는 것이요. 사림을 해치는 일은 나로서는 차마 할 수 없소이다."

그러자 남곤은 변장을 벗고 행패를 부렸다고 한다. 그렇다면 중종이 조광조 일파를 제거하기로 한 실마리는 무엇이었을까? 《중종실록》 1519년 11월 18일 자를 보자.

"당초에 홍경주가 남곤·송일·김전 등의 집에서 들으니 무사 30여 명이 문사들을 제거하려고 하더라 한다. 그러나 어찌 이것으로 고변할 수 있겠는가. 조정에서 처치하면 될 것이다. 조광조 등의 마음은 옳더라도 사리에 맞지 않고 지나치게 과격함이 버릇되어 이렇게까지 되었다. 조정이 그 선비의 풍습을 바로잡게 하면 마땅한 처치가 될 것이다."

중종의 이 말로 미루어보건대, 중종은 무사 30명이 문사를 제거하려 한다는 소문을 홍경주에게서 들었다. 문사는 누가 보더라도 조광조 일파인 사림파를 의미한다. 문사들에게서 홀대받은 무사들이 보복하기 위해 거사를 준비하고 있다는 얘기다. 상황이 이러하니 이들 문사를 먼저 제거해서 무사들의 행동을 막아야 한다는 것이 홍경주가 왕에게 이 사실을 아뢴 목적이었다. 다시 말해 중종의 입에서 조광조를 제거해도 된다는 말이 나오도록 유도하기 위한 전략이었다.

중종으로서는 무사들이 행동을 개시하는 것만은 피하고 싶었다. 자신이 왕위에 오른 과정을 생각하면 자신의 처지가 자칫 잘못하면 연산군과 다를 바 없을 수도 있다는 생각이 들었을 것이다. 훈구세력은 홍경주가 왕에게 무사 얘기를 꺼내는 것을 계기로 좀 더 구체적인 얘기를 중종에게 올린다.

이장곤이 남곤에게서 들었다며 박배근이 주동자라고 했다. 박배근은 도총부 경력都摠府經歷으로 유자광의 사돈이다. 유자광에게 아첨하여 발탁되었다고 한다. 그러자 중종은 무사들의 행동보다 선수를 쳐서 이들의 발호를 막기 위해 조광조 일파를 제거하기로 한다. 이 신무문(神武門): 경복궁의 북문으로 '북쪽을 관장하는 현무玄武'에서 따와 신무문이라 이름하였고, 천장에 현무가 그려져 있다고 함.

과정에서 남곤이 그 유명한 말을 남겼다.

"소인이 군자를 해쳤다는 말을 들어도 상관하지 않겠다."

아무튼, 이런 과정을 통해 중종과 훈구세력은 조광조 일파를 제거하기로 거사를 준비한다. 홍경주 등은 미리 중종에게 글을 올린다. 강주진의 《조정암의 생애와 사상》박영사에서 인용한다.

> "변란을 직소하려 하나 주상을 모시는 신하들이 모두 조광조의 신복臣僕이므로 뜻을 이룰 수가 없습니다. 사태가 매우 급하니 신무문을 열어주시면 밤을 타서 나아가 말씀을 드리겠습니다."

중종이 그리하라고 한 것은 당연한 일이었다.

훈구세력, 중종의 표신 갖고 신무문으로 입궁

때는 1519년 11월 15일 밤. 신무문이 왕의 명령으로 이미 열려 있었다. 신무문은 음기가 강해 평소에는 닫아두고, 비상시 또는 왕의 비밀 행차 때와 궁녀나 나인의 시체를 내보낼 때 사용하는 문이었다. 신무문 앞에 모여 있던 병조판서 이장곤, 판중추부사 김전, 호조판서 고형산, 화천군 심정, 병조참지 성운 등은 이 문을 통해 경복궁 안으로 들어갔다.

이들이 신무문을 선택한 것은 나름대로 이유가 있었다. 대궐의 모든 문의 열쇠는 승정원에서 관리했다. 신무문은 궁중의 허드렛일을 도맡아 하는 사약방司鑰房에서 관리했다. 그런데 그날 숙직하는 관리가 승지 윤자임과 공서린이었다. 조광조의 측근이었다. 그렇다면 밤에 몰래 대궐에 들어갈 방법이 없었다. 해서 관료들은 거의 사용하지 않는 신무문을 택한 것이다.《중종실록》의 기록으로 그날 어떤 일이 일어났는지 보자.

이 사건이 있을 때 승지 윤자임과 공서린, 주서注書 안정, 검열檢閱 이구 등이 정원에 숙직하다가 허둥지둥 나가보니, 연추문경복궁 서문이 이미 활짝 열리고 문졸들이 정돈하여 서 있었다. 근정전으로 향해 들어가며 바라보니 청의靑衣의 군졸들이 궁전으로 오르는 계단의 섬돌 아래에 좌우로 옹립하여 있었다. 윤자임 등이 밀어제치고 들어가 곧바로 경연청으로 가니 합문의 안팎에 다 등불을 벌여 밝혔다. 합문 밖에는 병조판서 이장곤과 판중추부사 김전, 호조판서 고형산, 화천군 심정, 병조 참지 성운이 앉아 있었다. 윤자임이 크게 외쳐 말하기를,

"공들은 어찌 여기에 오셨습니까?"

하니, 이장곤 등이 답하기를,

"대내에서 표신으로 부르셨기 때문에 왔소."

(《정원일기政院日記》에는 "임금이 편전에서 홍경주와 남곤 그리고 김전과 정광필을 비밀리 불렀고, 이장곤과 안당은 뒤에 도착하였는데, 조광조 등을 옥에 가두라는 명령을 내릴 것을 의논하였다"라고 기록하였다.)

윤자임이 말하기를,

"어찌 정원을 거치지 않고서 표신을 냈는가?"

하고, 곧 승전색承傳色에게 청하여 임금에게 직접 아뢰고자 하니, 승전색 신순강이 곧 나와서 성운을 불러 말하기를,

"당신이 승지가 되었으니 곧 들어가 전교를 들으시오."

이 말을 들은 윤자임이 외치기를,

"이것이 무슨 일인가?"라고 하자 성운이 일어나 들어가려 하니, 윤자임이 성운에게 외치기를,

"승지가 되었더라도 어찌 사관이 없이 입대할 수 있겠소?"

하고 외치며, 주서 안정을 시켜 성운을 말리게 하였다.

안정이 말하기를 "급한 일이 있더라도 사관은 참여하지 않을 수 없소" 하고, 드디어 성운의 띠를 잡고 함께 들어가려 하였다. 그러나 성운이 안정의 팔을 치고 안으로 들어가니, 문을 지키는 5~6인이 심정을 밀어냈다. 얼마 안 지나서 성운이 도로 나와 종이쪽지를 내보이며 말하기를,

"이 사람들을 다 의금부에 하옥해라."

하였는데, 거기에 적힌 것은 승정원에서 숙직하던 승지 윤자임과 공서린, 주서 안정, 한림 이구 및 홍문관에 숙직하던 응교 기준, 부수찬 심달원이었다. 윤자임 등이 다 옥에 갇히고, 또 금부에 명하여 우참찬 이자, 형조판서 김정, 대사헌 조광조, 부제학 김구, 대사성 김식, 도승지 유인숙, 좌부승지 박세희, 우부승지 홍언필, 동부승지 박훈을 잡아 가두게 하였다. 이후로는 사관이 참여하지 않았다.

그럼 조광조 일파의 죄목은 무엇이었을까?

"조광조 등이 서로 붕당을 만들어 그들에게 붙는 자는 높은 벼슬을 주고 그렇지 않은 자는 배척하였습니다. 권세를 한 손에 쥐고 임금을 속여 사사로운 이익을 취하며 후진들을 꾀어 나쁘게 가르침으로써 선배와 상사를 업신여기게 하였습니다. 이에 나라와 형세는 기울어지고 국정은 날로 잘못되어 조정의 신하들이 분하고 한스러움을 금하지 못하나 그 세력이 두려워 감히 입을 열지 못합니다. 사세가 이렇게 되어 한심함을 금하기 어려우니 그들을 베어 쫓아서 죄상을 밝히소서."

그러면서 이들은 사태가 급한 만큼 조광조 등을 추문하고 급히 승정원과 홍문관 관리도 하옥하라고 요구한다. 그러자 중종은 편전에서 이들과 논의하여 조광조 등을 하옥하라고 명령을 내렸다.

07. 붕당죄로 체포되어 유배되다

1519년기묘년 중종 14 11월 15일 밤, 사헌부의 최고 수장인 대사헌 조광조는 곤히 잠들어 있었다. 조광조는 일에 지쳐 심신이 피로했다. 자신의 개혁 조치를 둘러싸고 이러쿵저러쿵 말들이 많다지만 여론에는 신경 쓸 겨를이 없었다. 요 며칠 사이 큰일이 많았다. 이날도 조광조는 온종일 여러 개혁 과제와 씨름을 하다 늦게 퇴청했다. 늦은 저녁상을 물리자마자 곧바로 잠자리에 들었다. 식곤증까지 겹쳐 잠이 몰려오기도 하였거니와, 내일 또 많은 일을 해내려면 일찍 일어나야 할 터였다. 역사적 상상력으로 그날 밤의 조광조 집으로 가보자.

야밤에 체포조 들이닥쳐

새벽 3시경. 시끄러운 소리가 곤한 잠에 빠

져 있던 조광조를 깨웠다.

"웬 소란이냐?"

잠자리에서 몸을 반쯤 일으킨 채 조광조가 바깥에다 대고 물었다.

"대사헌께서는 즉시 입궐하시라는 어명입니다."

조광조는 알 듯하면서도 낯선 목소리가 들렸다.

"뉘시오?"

"대감, 소인은 선전관 금부도사금오랑입니다. 어서 어명을 받으십시오."

"이 밤중에 어명이라니……."

조광조는 말끝을 다 닫지 못하고 문부터 열었다. 횃불까지 쳐든 한 무리의 군사들이 집을 에워싸고 있었다. 금부도사가 말에서 내려 어명을 알리자 조광조가 물었다.

"나라에 무슨 큰일이라도 일어났소?"

조광조가 의아해하자 금부도사는 표신을 내보였다. 급한 소식을 전하거나 궁궐 문을 드나들 때 사용하는 표신에는 '개문開門'이라 쓰여 있었다. 뒷면에는 임금의 수결 모양의 어압도 새겨져 있었다.

표신이 틀림없었다. 표신을 확인한 조광조는 서둘렀다. 뭔가 심상치 않은 일이 일어났을 거라는 직감이 들었다. 그렇지 않고서야 주상이 자신을 한밤중에 부를 리 없기 때문이었다. 불길한 생각이 뇌리에 스쳤다. 관복을 입은 조광조는 걱정 어린 눈으로 바라보는 부인에게 제대로 눈인사 한 번 건네지 못하고 서둘러 집을 나섰다.

"금부도사, 어서 갑시다. 앞장서시오."

조광조는 군사들에 에워싸여 궁궐로 향했다. 그런데 뭔가 이상했다. 조광조 혼자서도 얼마든지 궁궐에 갈 수 있을 터인데 굳이 군사들이 호위까지 하다니. 금부도사도 호위 군사들도 모두 깍듯하게 예를 갖추고 있었다. 아주 정중하게 모셨다. 대체 무슨 일이란 말인가. 불안했다.

그런데 길이 낯설다. 조광조가 궁에 들어가고 나갈 때 다니던 그 길이 아니었다. 금부도사와 군사들이 여전히 정중히 모시고 있었다. 조광조가 금부도사에게 물었다.

"이보게, 금부도사. 지금 어디로 가는 게요."

금부도사는 꿀 먹은 벙어리처럼 입을 다물고 있었다.

"금부도사, 혹 주상께서 지금 의금부에 행차해 계시오? 왜 궁으로 가지 않고 의금부로 가시오?"

조광조가 다시 물었다. 이번에는 어조가 강했다. 하지만 금부도사의 닫힌 입은 열릴 기미가 보이지 않았다. 묵묵히 앞에서 군사를 이끌고 있었다.

"금부도사, 이보시오. 왜 대답이 없소."

"……."

어느덧 금부도사가 인도하는 대로 길을 따라온 조광조는 의금부에 당도했다. 의금부에는 이미 김정과 김구, 김식이 먼저 와 있었다. 조광조는 이때야 사태를 알아차렸다. 뭔가 이상한 일이 벌어진 것이 분명했다.

"이보시오, 금부도사. 주상을 뵙게 해주시오. 내가 가야 할 곳은 여기가 아니라 주상이 계신 곳이오."

"죄송합니다. 대사헌 대감. 저는 어명을 집행하였을 뿐입니다."

"어명을 집행했다고?"

조광조의 반문에 금부도사는 대답 대신 아예 자리를 피했다. 금부도사의 역할은 여기까지였다. 조광조를 체포해 의금부로 압송하는 것이었다. 그 이후는 금부도사에게 호위를 위장해서 모셔(?) 오도록 명령한 자의 몫이리라. 조광조도 이 점은 알고 있었다. 금부도사는 다만 명령을 이행했을 뿐 자신의 물음에 대답할 수 없음을.

사실 조광조는 이렇게 의금부에 잡혀 왔어도 도대체 왜 붙잡혀 왔는지 그 이유를 몰랐다. 다만 함께 갇혀 있는 여덟 명의 동지 면면을 보면 짐작이 가기는 갔다. 이들은 조광조와 함께 개혁 작업을 주도하는 인사들이었다. 조광조는 이 사건은 개혁 작업과 관련이 있다고 생각됐다. 하지만 잘못 집행한 정책은 없다는 확신도 들었다. 다만 조광조는 임금의 오해가 있을 수 있다고 생각했다. 조광조는 주상을 만나게 해달라고 악다구니를 쳤다. 평소 술을 마실 때 절제하여 절대로 대취하도록 마시지 않는 조광조였지만, 이날 의금부에서는 절제력을 잃었다.

"주상을 만나게 해 달라."

조광조는 주상을 만나 잘 설명하면 모든 오해는 풀릴 것으로 생각했다. 하지만 조광조의 요구는 받아들여지지 않았다.

오직 나라를 위해 충성했을 뿐

날이 밝자 국문이 시작됐다.《중종실록》

1519년중종 14 11월 16일 자에 기록된 조광조의 공초부터 보자.

> "신의 나이는 서른여덟 살입니다. 선비가 세상에 태어나서 믿는 것은 임금의 마음뿐입니다. 국가의 병통이 이利의 근원에 있는 줄로 망령되게 생각하여 나라의 명맥을 무궁한 터전에 새롭게 하고자 하였을 뿐이고 다른 뜻은 전혀 없었습니다."

조광조는 오직 나라의 이익을 위해 충성을 다했을 뿐이라고 강변했다. 이날 함께 붙잡혀간 다른 사람들은 어떻게 공초했을까?

김정이 답하길, "신의 나이는 서른네 살입니다. 나이가 젊고 우직한 데다가 성품도 좁고 급한데, 외람되게 육경에 올랐습니다. 늘 스스로 조심하고 나라의 은혜에 보답하려고 생각하여 논사論思할 때에는 한결같이 올바른 데에서 나오게 하려고 힘쓰고 밤낮으로 근심해 왔을 뿐입니다. 서로 붕당을 맺고 사리에 맞지 않고 격렬함이 버릇되어 국론이 전도되고 조정이 날로 글러지게 한 일은 신에게는 참으로 없습니다"라고 했다.

김구가 아뢰길, "신의 나이는 서른두 살입니다. 성품은 본디 어리석으나, 다만 고인古人과 사우師友의 도움을 사모하여 뜻을 같이하는 선비와 교유하였을 뿐입니다. 인물을 진퇴하는 것은 하류가 할 일이 아니며, 착한 자를 좋아하고 착하지 않은 자를 미워해 한갓 공론을 가지고 서로 시비하였을 뿐입니다. 붕당을 맺고 사리에 맞지 않고 격렬하여 국론을 전도하고 조정을 날로 글러지게 했다는 것은 신의 뜻과는 다릅니다"라고 했다.

김식이 대답하길, "신의 나이는 서른아홉 살입니다. 외람되게 천은을 입어 대관이 되었고, 과거에 급제하여 대사성으로 진급되었으므로 조금이라도 보탬이 되고자 하였을 뿐입니다. 권세가 있는 중요한 지위에 있지 않으므로 인물을 천거하거나 배척한 일이 전혀 없습니다. 붕당을 맺고 사리에 맞지 않고 격렬함이 버릇되어 국론을 전도하고 조정이 날로 글러지게 하였다는 것은 신이 하지 않은 일입니다"라고 했다.

윤자임이 답하길, "신의 나이는 서른두 살입니다. 성품이 본디 어리석으나, 다만 옛사람의 글을 읽어서 시비를 조금 압니다. 국가에서 일을 논할 때 혹 조광조, 김정, 김식, 김구 등과 서로 뜻이 같으므로 함께 교유하였을 뿐입니다. 그 논의가 사리에 맞지 않고 격렬하였는지는 모르겠으나, 사사로이 서로 줏대 없이 남의 의견에 따랐다는 것은 신이 한 일이 아닙니다"라고 했다.

기준은 대답하길, "신의 나이는 스물여덟 살입니다. 젊어서부터 옛사람의 글을 읽었으므로, 집에서는 부모에 대한 효도와 형제에 대한 우애를 다하고 나라에 충의를 다해야 한다고 생각하였습니다. 뜻을 같이하는 선비와 옛 도의를 강구하고 국가가 반드시 요·순의 정치에 이르게 하고자 선한 자는 마음으로 허락하고 선하지 않은 자는 미워하였습니다. 조광조는 젊어서부터 사귀어 왔으며, 김식과 김구 그리고 김정은 늦게 상종하였는데, 그 논의가 사리에 맞지 않고 격렬한지는 모르겠으나, 함께 교유하였을 뿐이고 서로 부화한 일은 신에게는 참으로 없습니다"라고 했다.

박세희는 진술하길, "신의 나이는 스물아홉 살입니다. 나이가 젊었을 뿐 아니라 성품이 소홀하고 우둔하여 밖으로 나타나는 품행이 점잖고 바르지는 않으나, 옛사람의 글을 읽었으므로 시의를 참작하여 일에 임해서 정성을 다하는 것이 신의 직분이었습니다. 조광조는 신이 젊어서부터 교유하였고 김식과 김정 그리고 김구는 늘 교유하였습니다. 그 논의가 사리에 맞지 않고 격렬한지는 모르겠으나, 상종하였을 뿐이고 참으로 서로 사사로이 부화한 것이 아닙니다"라고 했다.

박훈이 답하길, "신의 나이는 서른여섯 살입니다. 성질이 본디 미열하나, 옛사람의 글을 읽었으므로 마음을 정하고 몸가짐과 행동을 옛사람과 같이하기로 스스로 기약하여 임금에게 충성하고 어버이에게 효도하려고 밤낮으로 생각해 왔습니다. 또 스승 같은 벗이 없으면 성인이 될 수 없으므로 조광조와 김정 그리고 김식과 김구 등과 서로 교유하였을 뿐입니다. 그 논의가 사리에 맞지 않고 격렬한지는 모르겠으나, 사사로이 서로 부화하였다는 것은 신이 한 일이 아닙니다"라고 했다.

한편 이튿날이 되자 조광조 등 사림파들이 의금부에 붙잡혀 있다는 소문이 자자했다. 당연히 성균관에서도 이 소문을 접했다. 성균관 유생 이약수 등 1백 50여 명이 상소를 올린 다음 대궐 문을 밀고 난입하여 곧바로 합문 밖에 가서 통곡하는 일이 일어났다. 이들의 곡성이 궐 뜰에 진동했다고 실록은 기록하고 있다.

그러자 승지 성운이 봉장封章: 임금에게 올리는 말이나 글을 가지고 들어가 아뢰자 중종이 물었다.

"저 곡하는 자가 누군가?"

성운이 아뢰었다.

"성균관 유생들이 봉장하고 엎드려 통곡합니다."

그러면서 성운은 유생들이 궐에 난입했다고 하자 중종이 말했다.

"상소는 오히려 할 수 있으나, 어찌 난입하여 통곡할 수 있는가? 유자의 사리와 체면이 이러한가? 이제 곡성을 들으니 매우 놀랍다. 괴수 오륙 인을 곧 의금부에 내려서 가두라."

중종은 대신들에게 유생들이 궐 뜰에 난입해 통곡한 일이 옳은 일인지 되묻고는 주동자 대여섯 명을 잡아 죄 주라고 한 것이다.

유생들의 항의 시위를 비롯하여 여러 비판 세력이 잘못됐다고 주장하였지만, 한편으로는 이들 8인에 대한 국문이 계속됐다. 국문 책임자는 병조판서 이장곤과 형조판서 홍숙이었다. 이장곤李長坤과 홍숙洪淑은 애초 조광조와 대척점에 서 있던 사람들이 아니었다. 되레 가깝다면 가까운 사이였다. 그런데 이장곤과 홍숙은 심정과 남곤의 요구로 어쩔 수 없이 군사를 동원하는 역할을 맡았다.

조광조는 공초하는 "이장곤의 자희강를 부르며 희롱하기를, '못난이여, 못난이여, 섭섭하구나' 하고, 또 홍숙의 이름을 부르며 '네가 어찌 감히 우리를 추고하느냐'" 하였다.

홍숙은 애초 한성부판윤직에 있었다. 형조판서였던 김정이 조광조와 함께 붙잡혀가면서 그는 졸지에 형조판서가 되어 조광조를 심문했다. 조광조는 심문자를 힐난하는 등 심문에 협조하지 않았는데, 결국 조서인 공지供紙를 무릎 위에 놓고 서명하지 않으려고까지 하였다. 조광조는 자신을 비롯한 사림파를 잡아 온 것이 불법이고, 죄라고 뒤집어씌운 붕당죄 역시 인정할 수 없었다. 공지에 서명하는 것

자체가 죄를 인정하는 것이 되기 때문에 거절할 수밖에 없었다.

물론 이장곤과 홍숙은 이들에게 약간 호의적인 입장이었다. 그래서 공초를 올리며 이렇게 말했다.

"조광조 등이 지만취초遲晩取招: 죄인에게 자복을 받는 공초 때, 다들 통곡하며 '고명한 군주만 믿고 국사를 위하고자 하였을 뿐인데 무슨 다른 뜻이 있겠습니까?' 하기에 신 등이 이 말을 듣고 매우 측은하였습니다."

사사에서 장 백 대 후 유배로 감형

반면 조광조 등 사림파의 죄가 없다고 주장하는 인사들이 늘고 있었다. 대소신료들이 임금과 함께 논의했다. 정광필이 입을 열었다.

"저 사람들은 임금께서 다 뽑아서 현관과 요직의 반열에 두고 말을 다 들어 주셨는데 하루아침에 죄주면 함정에 빠뜨리는 것과 비슷합니다."

중종은 단칼에 거절한다.

"살리기를 좋아하고 죽이기를 싫어하는 것이 임금의 마음인데, 저 사람들은 시종으로 오래 있었으니 내가 어찌 죄주고 싶겠는가? 과연 조정의 일로 보아 이렇게 죄주지 않으면 더욱 그르쳐질 것이므로 그러지 않을 수 없는 것이다."

이에 홍경주가 나섰다.

"조광조 등은 과연 임금께서 너그러이 용납하시는 것을 믿고 과격한 일을 많이 하였으나 대신도 언로가 통하지 않을까 염려하여 제재하지 않았습니다. 저 사람들이 저도 모르게 나쁜 일에 버릇이 되어 말하지 않아야 할 선왕의 구법에 관한 일도 의논하여 변격하고자 하여 제왕의 위엄을 진동하게 하였습니다. 신 등은 지나치게 죄주게 될까 봐 염려되므로 아뢰는 것입니다. 여러 사람의 의견을 모아서 다시 더 짐작해야 합니다."

이번에는 손주가 나섰다.

"조광조 등에게 어찌 다른 뜻이 있었겠습니까? 짐작하여 상벌을 알맞게 해야 합니다."

임금이 답했다.

"이것은 사사로운 노여움으로 죄주는 것이 아니니, 과연 당초에 이렇게까지 되지 않도록 했으면 좋았을 터인데, 이제는 사세가 이렇게 되었으므로 이렇게 하지 않을 수 없다."

다시 정광필이 나섰다.

"과격한 버릇을 구제하지 못한 것은 신의 죄입니다. 이제 듣건대, 조광조 등이 처음에 이 일이 위에서 나온 줄 모르고 중간에서 변경이 있는가 하여 곧 나오지 않고 제집에서 주저하였다 하니, 지극히 놀랍습니다."

안당도 아뢰었다.

"성종 조의 임사홍이 한 짓과 같다면 참으로 매우 간사하니, 죄주는 것이 과연 마땅합니다, 그러나 조광조 등은 바른 도로 임금을 섬기려다가 이렇게 된 것인데, 붕당이라고 하는 것은 옳지 않은 듯합니다."

신상이 아뢰었다.

"저 사람들이 제 몸을 위하여 이렇게까지 하였다면 과연 매우 죄주어야 하겠으나, 이는 옛글을 배웠으므로 다만 나라의 일을 위하려다가 저도 모르게 이토록 지나치게 된 것입니다. 일을 논하여 시비하는 것은 대간의 직분인데, 붕당이라고 지목하여 역사적 사실을 기록하는 책에 쓰면 후세에 보기에도 아름답지 않고, 또 사기가 떨어질까 염려됩니다. 아랫사람의 말은 마음을 비우고 받아들여야 합니다."

기사관 채세영이 아뢰었다.

"오늘의 일은 꼬투리를 모름으로 기록하기가 매우 어렵습니다. 이는 매우 중한 일인데, 만세 뒤에 무엇에 의하여 사실을 상고하겠습니까? 이 일이 일어난 근본을 들려주소서. 또 조광조 등에게 어찌 다른 뜻이 있었겠습니까? 다만 나라의 일을 위하였을 뿐입니다."

기사관 이공인도 아뢰었다.

"근본을 모르고 어떻게 일을 기록할 수 있겠습니까? 또 조광조 등에게 과격한 일이 있었더라도 어찌 자신을 위하여 꾀하였겠습니까. 다만 나라의 일을 위하다가 이렇게 되는 줄 몰랐을 뿐입니다."

하지만 임금이 답하지 않았다. 그리고 죄를 주었다.

"조광조 등이 애초의 마음은 나라의 일을 그르치고자 하지 않은 것일지라도 조정에서 이처럼 죄주기를 청하였으니, 죄주지 않을 수 없다. 조광조와 김정은 사사하고, 김식과 김구는 장 일백에 처하여 절해고도에 안치하고, 윤자임과 기준 그리고 박세희와 박훈은 장을 속贖하고 벼슬을 내린 사령서를 진탈하고 외방에 부처付處: 어느 곳을 지

정하여 머물러 있게 하던 형벌하도록 하라. 이렇게 곧 시행하라."

그러자 정광필 등이 나서 죄가 너무 무겁다고 다시 생각해달라고 간청했다. 중종은 벌을 다시 내렸다.

"조광조 등의 죄는 법에 적용하여 보면 과연 사사해야 하겠으나, 깊이 생각하고 또 대신의 말을 반복해서 생각하니 사사하면 놀랄 듯하다. 조광조 등 4인은 사형이나 형벌을 감하고 벼슬을 내린 사령서를 진탈盡奪하고 장 일백에 처하고 먼 곳에 안치하며, 윤자임 등 4인은 고신을 진탈하고 장 일백을 속贖하고, 외방에 부처하라. 이렇게 시행하라."

다시 정광필이 호소했다.

"이미 그 사형을 감했으니 천지의 인애가 끝이 없으나 사형을 감하는 까닭은 살리려는 것인데 저 사람들은 다 병약하므로 장형을 당하면 중도에서 죽을 것입니다. 그렇게 되면 조정이 선비를 죽였다는 이름을 얻게 되어 참으로 죄를 감한 뜻이 없습니다. 다시 더 잘 생각하셔야 합니다."

그러자 임금은 자신이 언뜻 생각해서 그렇게 한 것이 아니니, 이제 고칠 수 없다고 못 박았다. 이들의 유배지도 결정했다. 조광조는 능주, 김정은 금산, 김구는 개녕, 김식은 선산, 박세희는 상주, 박훈은 성주, 윤자임은 온양, 기준은 아산이었다.

08. 임금을 어버이처럼 섬겼노라

그렇게도 직접 자신의 입장을 변호하고 싶었던 조광조는 끝내 중종을 만나지 못하고 전남 화순군 능성綾城: 현 화순군 능주면 남정리 174번지으로 유배를 떠나야 했다.

능성은 광주에서 가까운 나주와 경계를 이루는 화순군에 속하는 지역이다. 훗날 인조의 어머니 인헌왕후가 능성 구 씨라는 이유로 조선 시대에는 능주목으로 승격될 만큼 목사가 머물던 곳이다.

전라도 능주로 유배 떠나

1519년중종 14 11월 16일 하루에 모든 결정이 이루어져 장형까지 집행됐다. 이들에게 내려진 장형은 100대였다. 100대의 장형을 맞다 심하면 죽을 수도 있는 가혹한 형벌이었다.

밤에 장까지 다 맞자 중종은 승지 성운을 시켜 조광조 등 8인에게 자기 뜻을 전하라고 했다.

"너희들은 다 시종하는 신하로서 경연에 출입하며 상하가 한마음으로 세상이 잘 다스려진 정치를 보기를 바랐다, 그런데 너희들은 인물이 어질지 않다고 할 수 없다. 그러나 근래 모든 일에 과격하여 평상하지 못하게 하므로 조정의 일이 많이 그르쳐졌다. 이제 내가 어찌 이렇게 하는 것을 마음에 편안히 여기겠으며, 조정의 대신들도 어찌 사심을 가졌겠는가? 대저 너희들이 이렇게 되게 한 것은 다 내가 밝지 못하여 미리 처리하지 못하였기 때문이다. 너희들의 죄를 법대로 결단한다면 여기서 그칠 것이 아니다. 그러나 너희들이 사심을 가진 것이 아니라 다만 나라의 일을 위하고 과격한 줄을 몰랐던 것이므로 가장 가벼운 벌로 죄주는 것이다. 여느 죄수라면 이런 분부를 하지 않을 것이다. 너희들은 시종의 자리에 오래 있었으니 내가 어찌 너희들의 마음을 모르겠는가. 이제 나라의 일을 그르쳤으므로 이런 뜻을 보이는 것이다."

하지만 조광조 등이 중종이 내린 이 교지를 전해 들었는지는 모르겠다. 이미 유배길을 떠났기 때문이다. 다만 사형을 내리고 추문할 때 그 추상같던 중종의 자세가 조금 누그러져 있음을 볼 수 있다. 조광조의 잘못이라면 '과격'하여 조정의 일을 많이 그르쳤다면서 조광조 등이 그렇게 된 것은 자신이 밝지 못하여 미리 처리하지 못했기 때문이라고 자책까지 한다. 그런 마음에서 죄를 가장 가볍게 했으니 그리 알고 유배길에 오르라는 것이었다.

하지만 중종의 진정성이 과연 이러했을까. 이 교지에 대해 의구심이 들었던 것은 사관도 예외는 아니었던 모양이다. 교지 끝에 이렇게 덧붙여 놓았다.

> "사신은 논한다. 당초에 임금이 김정 등을 가두어 다스린 것이 매우 엄했으나 이 분부는 자못 부드러우므로, 다들 '죄를 여러 번 다시 살펴서 벌을 가볍게 여겨 용서할지도 모른다' 하였는데, 끝내 그렇게 하지 않았다. 날로 다시 심해져서 마침내 죽이고 귀양 보내어 불쌍히 여기는 뜻이 없었으니 무슨 까닭인가?"

그러면서 사관은 그 이유에 대해서도 이렇게 썼다.

> "이것은 다 조광조가 자초한 것이다. 조광조는 이미 논할 것도 없거니와, 조광조에게 붙좇는 자들이 한갓 시세를 길게 보전할 수 있다고만 생각하여, 저희끼리 서로 추고하며 앞을 다투어 격렬히 위를 헐뜯으므로 꺼리거나 두려워 피하지 않은 지 오래다. 또, 다른 뜻을 품은 꼬투리가 있어 임금의 마음을 격노하게 하였다. 요행히 면하기를 바란다 한들 되겠는가?"

글쎄, 사관의 말처럼 사림파가 저희만의 세상을 위해 개혁에 나섰을까? 개혁은 본디 기득권을 대상으로 할 수밖에 없다. 그들이 나라의 제도와 정책을 만들어 운용해왔기 때문이다. 그러는 과정에서 여러 가지 폐단이 생겨났을 터인데, 그들은 그것을 고치려 하기보단 자신들의 부와 명예를 위한 수단으로 삼았을 것이다.

그런데 그들의 입장과는 다른 사람이 객관적으로 바라보았을 때, 그들의 그런 제도와 정책은 개혁의 대상이 될 수밖에 없었으리라. 적어도 조광조와 사림세력이 단행했던 개혁은 자신들의 영달을 위함은 아니었다. 오랜 기간 훈구세력이 집권하면서 만들어놓은 폐단이 많았기에 이런 적폐를 제자리로 돌려놓으려 했을 뿐이다.

문제는 또 다른 문제를 낳을지도 모른다. 개혁 세력이 유배를 떠나면 그동안의 개혁이 물거품이 되는 것은 물론이거니와, 되레 후퇴할 수도 있다. 작용과 반작용의 원리에서 보면 언제나 반작용이 더 강하게 일어난다. 해서 조광조 등이 철퇴를 맞은 기묘사화는 그동안 해놓은 개혁 작업이 모두 제자리로 돌려놓는 신호탄이 되었다.

양팽손과 교류하며 유배 생활

조광조의 유배지는 나지막한 비봉산 자락에 자리 잡은 능주의 관노 문후종文厚從의 초가삼간이었다. 여기서 조광조는 하루아침에 신분이 유배자로 추락한 현실을 받아들이지 못한 채 지냈다. 집에서 따라온 여종과 능주현에서 보내준 관동이 있었지만, 이들에게 신세를 지기보다는 웬만한 일은 손수 해결했다.

특히 제자 장잠張潛이 유배지까지 따라와 함께 지냈다. 조광조는 장잠에게 《근사록》과 《소학》을 가르쳤다. 앞에서도 얘기한 바 있지

조광조가 유배 생활을 한 전남 화순 능주의 관노 문후종의 복원된 초가.

만 《근사록》과 《소학》은 사림파에게 있어 가장 기본적이고 가장 중요한 가치를 담은 교과서였다.

제사 장잠은 조광조 문하에 있을 때, 백인걸白仁傑, 1497~1579과 성수침成守琛, 1493~1564 등과 교유했고, 조광조가 죽임을 당한 후에는 은거하여 죽정정사竹亭精舍를 짓고 학문에 몰두하였다. 이때에는 이언적李彦迪, 1491~1553과 이황李滉, 1501~1570 등이 찾아와 학문을 논하였다고 한다. 조광조의 억울한 죄를 풀어보려고 힘써 서울로 올라가서 상소하는 등 평생 스승을 흠모하였던 인물이다.

조광조는 바깥출입을 삼가면서 자세를 흩트리지 않고 지내며 자신의 좌우명인 '신독愼獨'에 충실했다. 조광조는 항상 북쪽을 바라봤다. 그는 자신의 유배가 잘못된 것이 분명하므로 주상께서 빨리 한양으로 올라와 맡은 바 임무를 다하라는 교지를 보낼 것으로 확신하고 있었던 터라 교지를 들고 올 사람을 기다렸던 것이다.

조광조의 유배지엔 동학인 학포學圃 양팽손梁彭孫, 1488~1545이 자주 들렀다. 양팽손이 누구던가?

양팽손은 1510년 조광조와 함께 생원·진사시에 응시해 생원시에 급제한 후 1516년 식년 문과에 갑과로 급제했다. 조광조가 인재 발굴 차원에서 실시한 현량과에도 뽑혔다. 기묘사화가 일어나자 조광조·김정 등을 구제해야 한다고 상소를 올렸다가 삭직되어 고향인 능주로 돌아와 있었다. 중조산 아래 쌍봉리에 작은 집을 지어 학포당이라 이름하고 독서로 소일하다 조광조가 유배돼 오자 매일 찾아와 이야기를 나누었다. 역사적 상상력으로 이들의 대화를 그려본다.

조광조는 하루도 거르지 않고 들르는 양팽손을 기다렸다.

'학포는 왜 아직 기척이 없는고?'

모두가 기피해서 찾아오지 않았지만, 양팽손만은 예외였다. 양팽손은 어제 조광조에게 문득 이렇게 물었다.

"정암, 한양과는 인연을 끊고 여기서 저와 세월이나 낚으며 사십시다!"

조광조는 양팽손다운 말이라고 생각했다. 조광조는 양팽손을 함께 이야기하면 마치 지초나 난초 향기를 풍기고, 비 개인 뒤의 가을 하늘과 얕은 구름이 막 걷힌 뒤의 밝은 달처럼 욕심을 초월한 사람이라고 생각했다.

"이보시게, 학포. 여기서 멈출 수는 없소. 내 아직 할 일이 남아서……."

조광조는 농담을 진담으로 받았다. 조광조는 농을 할 줄 몰랐다.

조금도 이치에 어긋나는 일을 보면 못 견뎌하는 성격이었다. 그러나 양팽손이 꼭 그렇게 하자는 뜻으로 한 얘기는 아닐 터, 조광조도 북쪽만 바라보고 있는 자신을 위로하려고 한 말이라는 것을 알았다. 조광조가 미안한 마음에 멋쩍은 표정을 짓더니 입을 열었다.

"학포도 알겠지만, 내 성격이 모가 나서…."

"그 성격 좀 고치시오. 꼬장꼬장하시긴. 하긴 스승도 잘못하면 지적당하는 판에 말해 무엇 하겠습니까."

양팽손이 스승에게 지적했다고 한 것은 꿩고기 사건을 두고 이르는 말이었다. 조광조는 잘못이 있으면 비록 스승이라 해도 지적하고 마는 성격이었다. 양팽손은 조광조의 이런 모습에 반했었다.

"전 정암의 그런 모습이 더 좋습니다."

"고맙소……."

조광조는 고맙다는 말끝을 길게 흐렸다. 할 말이 더 있을 것 같았다. 그러나 더는 말을 잇지 않고 잔뜩 찌푸린 하늘을 쳐다봤다. 금방이라도 펑펑 눈발을 쏟아놓을 것 같은 하늘엔 온기라곤 없었다. 무서웠다. 날씨만큼이나 분위기가 가라앉자 양팽손은 말을 돌렸다.

"정암……. 우리 생원·진사시 칠 때 생각나시죠?"

"생각나다마다. 학포는 생원시, 난 진사시에 나란히 급제했었지."

그랬다. 조광조와 양팽손은 함께 시험을 치르고 성균관에 들어가 동문수학한 사이였다. 나이는 조광조가 여섯 살 위다. 그러나 이 둘에게 나이 차는 숫자에 불과할 뿐 서로 친구처럼 지내는 사이였다.

"정암, 우리 내일 재밌는 일을 하면 어떨까요?"

양팽손이 조광조의 기분을 돋우려 또 농을 건넸다.

"재밌는 일이라니요?"

조광조는 또 진담으로 받았다. 어쩔 수 없다. 성품이 그런 걸 하루아침에 바꿀 수 있겠는가. 조광조와 농을 더 하긴 글렀다고 생각한 양팽손이 진담 모드로 자세를 고쳤다.

"재밌는 일이 뭐 있겠습니까. 그냥 해본 소리입니다."

"싱거운 사람."

조광조는 짧게 대답하고는 입을 다물었다. 양팽손도 입을 다물었다. 두 사람 사이에 침묵이 꽤 오래 흘렀다. 바스락, 바람에 날려 온 가랑잎이 문에 부딪히면서 침묵을 깼다. 조광조가 입을 열었다. 조광조의 말에 불안감이 잔뜩 스며 있었다.

"학포, 만약 주상께서 날 부르지 않으시면 어떡하지?"

"그럴 리가 있겠습니까, 정암!"

양팽손의 대답에는 영혼이라곤 하나도 들어 있지 않았다.

"그렇지? 우리 주상은……."

조광조는 주상이라는 말을 뱉고는 뜸을 한참 들였다. 고개를 돌려 다시 문 쪽을 한 번 힐끔 보고는 말을 이었다.

"우리 주상 참 좋은 분이시지."

"그럼요. 여부가 있겠습니까."

머뭇거림 없이 곧바로 이어지는 양팽손의 대답은 여전했다. 녹음기를 틀어놓은 것 같았다. 두 사람 사이엔 또 침묵의 강이 흘렀다. 이번엔 시냇물이 아니라 큰 강이었다. 건너려면 다리가 있어야 했다. 헛헛하다. 속마음은 그렇지 않은데 입으로 뱉어지는 말은 달랐다. 두 사람은 한참을 멍하니 앉아 있었다. 그렇게 십 분은 족히 지난 것 같았다. 이번에도 조광조가 먼저 입을 열었다.

"학포, 우리 내일 재밌는 일 할까?"

"어디 기생 있는 주막에라도 갈까요?"

양팽손은 진담을 농으로 받았다.

"싱거운 사람."

두 사람은 서로 겉돌고 있었다. 한 사람은 진담을 다른 한 사람은 농담을. 한 사람은 농담을 다른 한 사람은 진담을. 톱니바퀴는 서로 제대로 물려 돌아갈 때 제 역할을 한다. 두 사람의 말이 맞물리지 못하고 있었다. 영혼 없는 질문에 영혼 없는 대답이 이어졌다. 이런 선문답은 한참이나 더 이어졌다. 그러다 조광조가 양팽손더러 오늘 밤은 자고 가라고 하면서 겉돌던 문답은 팽팽하게 조여지는 듯했다.

"자고 가라니요. 무섭습니까? 형님답지 않으십니다."

"내 마음이 헛헛해서 그런다오."

"왜 헛헛하십니까? 제가 보기엔 답답하신 것 같은데…."

"그렇소. 답답하오."

"답답할 때 옆에 누가 있으면 되레 갑갑해집니다."

"그럴 수도 있겠지요."

"왜 답답한지는 잘 알고 계시지 않습니까."

하마터면 양팽손은 조광조의 아픈 곳을 찌를 뻔했다. 지금 당장이라도 한양으로 달려가고 싶은 마음. 잘못이 없으니 얼른 돌아와 정사에 복귀하라는 주상의 말을 듣고 싶은 마음. 하지만 양팽손은 이 말을 결코 입 밖에 내지는 않았다.

"알다마다."

조광조의 대답은 여전히 외마디가 전부였다.

"원인을 알면 치료는 떼어 놓은 당상 아닙니까. 그 치유책이 혹 제가 오늘 여기서 정암과 함께 잠을 자는…"

"아니오."

"그럼 왜 자고 가라고 그러십니까?"

"그냥 그러고 싶을 뿐이오."

그러나 양팽손은 조광조의 부탁을 뿌리치고 내일 아침 일찍 들르겠다는 말을 덧붙이고는 자리에서 일어났다.

사사 어명을 갖고 온 금부도사

어느덧 조광조가 유배 생활을 한 지도 한 달이 다 되어가고 있었다. 1519년 12월 20일, 드디어 한양에서 금부도사 유엄柳渰이 달려왔다. 조광조는 반갑기 그지없어 버선발로 나가 그를 맞았다. 유엄은 어명을 전했다. 사사賜死의 명이 있었다는 것이었다. 그러자 조광조는 유엄에게 물었다.

"나는 참으로 죄인이오. 사사의 명만 있고 사사의 글은 없소?"

이에 유엄이 사사의 명을 적은 쪽지를 보여줬다. 그러자 조광조는 이렇게 말했다.

"내가 전에 대부大夫 줄에 있다가 이제 사사받게 되었는데, 어찌 다만 쪽지를 만들어 도사에게 부쳐서 신표로 삼아 죽이게 하겠소? 도사의 말이 아니었다면 믿을 수 없을 뻔하였소."

조광조는 혹 임금이 모르는 일인데 자신을 미워하는 자가 중간에서 마음대로 만든 일이 아닌가 의심한 것이다. 이 쪽지의 진위를 확인하지 않을 수 없어 조광조는 다시 유엄에서 묻는다.

"누가 정승이 되었고 심정은 지금 어느 벼슬에 있소?"

유엄은 남곤이 좌의정이고, 심정이 의금부 당상이란 점을 사실대로 말했다. 조광조는 이 어명을 수긍할 수 있다며 이렇게 말했다.

"그렇다면 내 죽음은 틀림없소."

조광조가 또 물었다.

"조정에서 우리를 어떻게 말하오?"

유엄이 대답했다.

"왕망王莽의 일과 비교하며 말하는 것 같습니다."

그러자 조광조가 웃으며 말했다.

"왕망은 사사로운 일을 위해서 한 자요. 죽으라는 명이 있으신 데도 한참 동안 지체하는 것은 옳지 않은 일이 아니겠소? 그러나 오늘 안에 죽으면 되지 않겠소? 내가 글을 써서 집에 분부하여 조치할 일이 있으니, 조처가 끝나고 나서 죽는 것이 어떻겠소?"

유엄이 허락하였다. 조광조가 방에 들어가 생각하던 바를 글로 쓰고 또 회포를 썼다.

"임금을 어버이처럼 사랑하였고, 나라를 내 집처럼 근심하였네. 해가 아래 세상을 굽어보니, 충정을 밝게 비추리愛君如愛父 憂國如憂家 白日臨下土 昭昭照丹衷."

왕망: 기원전 45~기원후 23. 중국 전한 시대 관료였지만 갖가지 권모술수를 써서 선양禪讓을 가장한 찬탈로 신나라를 건국한 황제. 정치적인 면뿐만 아니라 인간성까지 비판받은 인물.

그러고 거느린 사람들에게 “내가 죽거든 관을 얇게 만들고 두껍게 하지 말아라. 먼 길을 가기 어렵다”고 일렀다.

조광조는 글을 쓰며 자주 창문 틈으로 밖을 보았다고 한다. 아마도 형편을 살폈을 것이다. 글을 쓰고 분부하는 일을 끝내고, 집주인을 불러 “내가 네 집에 묵었으므로 마침내 보답하려 했으나, 보답은 못 하고 도리어 너에게 흉변을 보이고 네 집을 더럽히니 죽어도 한이 남는다”라며 미안해했다.

그러고 나서 조광조는 사약을 마셨다. 그러나 쉽게 숨이 끊어지지 않았다. 이에 금부도사를 수행해온 군졸들이 달려들려고 했다. 그러자 조광조는 호통을 쳤다.

“임금께서 내 몸을 보존하고자 사사의 명을 내린 것이다. 너희들이 어찌 감히 이럴 수가 있느냐?.”

이러고 조광조는 사약을 더 가져오라고 하여 한 사발을 더 마신 다음에 절명했다고 한다. 향년 서른여덟 살이었다.

조광조의 죽음을 두고 많은 사람이 슬퍼했는데, 특히 정광필이 가장 상심이 컸다고 한다. 남곤도 슬퍼했다고 한다. 《수정재역 정암선생문집》조종업 역, 경인문화사에 따르면 성세창은 조광조가 꿈에 나타나 시를 지어 자신에게 주었다고 했다.

해가 지니 하늘이 먹처럼 검고
산 깊으니 골짜기는 구름과 같구나
군신 간 천 년의 의리는
슬프다, 한 외로운 무덤일세

《수정재역 정암선생문집》조종업 역, 경인문화사에 기록된 김육金堉의 기묘록己卯錄에 보면, 조광조가 사사되자 동생 숭조가 달려가 길옆에서 우는데 어떤 할머니가 산골로부터 슬피 울며 와서 "낭군님은 무슨 일로 우시오?" 하고 물었다. 숭조가 "나는 형을 잃었기 때문에 울거니와, 할머니는 왜 우는가?" 하고 물었더니, 할머니가 "듣건대 국가에서 조 대사헌을 죽였다 하니, 현인이 죽어 백성들이 올바르게 살아갈 수 없으므로 웁니다"라고 하였다고 한다.

조광조의 시신은 동학 양팽손이 거두었다. 유배자의 시신을 거두는 것은 위험한 일이었다. 하지만 양팽손은 조광조와의 의리를 지켰다. 양팽손은 조광조의 시신을 염하고 자신의 집 아래에 반장했다. 조광조가 선산이 있는 용인으로 가야 하므로 관을 가볍게 하라는 유언을 남겼기 때문이다.

이렇게 하여 행동하는 개혁가 조광조는 개혁의 무대에서 내려와 역사의 뒤안길로 사라졌다. 개혁의 날개를 달고 이제 막 본격적으로 날아오르려 하던 조광조와 사림파의 꿈은 미완인 채 쉼표를 찍었다. 그러자 많은 사람이 나라 걱정을 크게 하였다. 훗날 퇴계도 조광조의 〈행장〉에서 세 가지 이유를 들어 젊은 개혁가의 희생을 아쉬워했다.

> "첫째 불행은 등용되어 발탁된 것이 너무도 갑작스러웠다는 것이고, 둘째 불행은 벼슬에서 물러나기를 구하였으나 뜻을 이루지 못하였다는 것이고, 셋째 불행은 귀양 가서 일생을 마친 것이다."

09. 용인 선산에서 영면에 들다

조광조의 시신은 유언에 따라 이듬해인 1520년 봄에 경기도 용인 심곡리 선영에 이장하여 영원히 잠들었다. 능주에서 소달구지에 관을 싣고 왔다고 한다. 이날 장례식에는 유배자의 장례임에도 성수종과 홍봉세, 이충건 등이 참석했고, 이연경이 축을 읽고 제물을 바쳤다.

장례 치르자 무지개가 해를 둘러

장례를 치르자 기이한 현상이 나타났다. 흰 무지개가 해를 둘렀는데, 동쪽과 서쪽으로 세 번, 남쪽과 북쪽으로는 각각 한 번씩 둘렀다. 남북 쪽의 둘레 밖으로 두 줄기의 무지개가 있어 띠를 돌려놓은 것 같았는데, 저녁이 되자 길이 열 자 남짓 한 줄기의 무지개가 얼마 동안 있다 사라졌다.

하지만 조광조에 대해 중종과 훈구파의 반감은 생각보다 강했다. 과장하여 말하면, 조광조 등 개혁 세력에 대한 처벌은 없는 죄를 씌워 서둘러 처형했다는 느낌을 지울 수 없다. 그래서 많은 인사가 가벼운 죄에 비해 너무 가혹한 벌이라고 생각했다. 하지만 대놓고 조광조를 변호할 수 없었다. 그러나 1520년중종 15 9월 13일 자《중종실록》을 보면, 특진관特進官 김세필金世弼이《논어》를 강독하는 석강 자리에서 금기어인 '조광조'를 입에 올린다.

"조광조는 규정된 시간에 출근하여서 일 만들기를 좋아하는 사람이었으나, 어찌 간사한 마음이 있었겠습니까? 다만 세상을 경험하지 못하고 학문이 모자라므로 마침내 나라의 일을 그르치게 되었을 따름입니다. 처음에는 총애가 비길 데 없다가 하루아침에 단연히 사사하셨으니, 이 일을 역사적 사실을 기록하는 책에 써서 만세에 전하면 만세 뒤에서는 어떻게 생각하겠습니까?

경기도 용인 수지에 자리잡은 조광조 묘.

신은 이 사람을 몰랐었는데, 지난번 경연에서 보니 사람됨이 경박하여 대신의 말일지라도 반드시 가로채서 제 마음대로 하므로, 신이 속마음으로 변변치 않은 사람이라고 생각하였습니다. 그러나 홍문관의 5~6품 줄에 두었고 육조에 출입시켜 쓸 만한가를 시험하였으니, 어찌 쓸모없는 재주였겠습니까? 잘못이 있거나 죄가 있으면 내쳐서 징계하는 것이 옳았을 것인데, 사사까지 하셨으니 지나칩니다."

이 진언의 결과는? 당연히 시비를 어지럽혔다는 이유로 국문이 열렸고, 김세필은 유배살이를 해야 했다. 김세필의 유배형은 시사하는 바가 크다. 이 사건을 계기로 누구도 조광조를 입에 올리지 못하는 계기가 되었던 것이다. 그러다 1541년중종 36 4월 4일, 김안국이 조광조의 직첩을 복직시키자는 주장을 한다.

"기묘년 이후 죄를 입은 자는 여러 부류입니다. 학덕이 높은 선비들과 잡된 무리가 형벌을 많이 받아, 죽거나 파직되거나 폐기되거나 직첩을 빼앗긴 자가 많았습니다. 정유년 이후 이미 모두 죄를 씻어 주어 잘못이 있는 자라도 다 놓아 보내어 스스로 새로워질 길을 열어 주셨습니다. 이는 또한 임금의 정사로서 마땅한 것입니다. …… 그때 같이 죄를 입은 자 중에서 산 자는 대부분 은혜를 입었으나, 죽은 자는 혹 직첩을 도로 받지 못하고 산 자 중에도 혹 천은을 입지 못한 자가 있었습니다. 이것은 온편하지 못한 듯합니다."

김안국은 기묘사화 때 연루되어 관직이 삭탈된 사람인데, 조광조와 김정, 김식, 기준 등의 억울함을 씻어 주려고 이같이 주청한 것이다. 혹시 있을지도 모를, 자신에게 닥칠 위험까지 감수하고 진언했다. 그러나 중종은 허락하지 않아 복권은 수포가 되었다.

조광조 명예 회복

조광조의 명예가 회복된 것은 중종이 죽고 나서야 가능했다. 중종의 대를 이은 아들 인종이 1545년 즉위한 그해 3월 13일 성균관 진사 박근朴謹 등이 상소를 올렸다.

"아아, 신민에게 복이 없어 장수를 누리지 못하고 갑자기 승하하시는 슬픔이 있었으니, 조광조를 회복시키지 못한 것이 선왕께서 남기신 후회입니다. 오늘의 책임은 진실로 전하에게 있지 않겠습니까? 전하께서는 효성을 하늘에서 타고나서 친한 바를 사랑하고 높일 바를 공경하며 선대의 뜻을 잇고 선대의 사업을 계승하기 위한 것이라면 모두 극진히 하지 않는 것이 없는데, 유독 조광조에게만 선왕의 애당초 마음을 미루어 생각하지 않으실 수 있겠습니까."

그러자 인종은 6월 29일 조광조의 관작을 회복해 줄 것을 허락한다.

"조광조를 복직시키고 현량과를 회복하여 사용하는 일은 내가 늘 마음속으로 잊지 않았으나 미처 용기 있게 결단하지 못하였으니, 참으로 평생의 큰 생전의 한이 없지 않다."

> 기묘명현(己卯名賢): 1519년 조선 중종 때 일어난 기묘사화로 화를 입은 사림들을 일컫는 말. 조광조를 비롯하여 기준·김식·김정·한충 등은 사사되거나 자결했고, 김구·박세희·박훈·홍언필 등은 귀양을 갔고, 이들의 처벌을 반대한 안당·김안국·김정국 형제 등은 파직됨.

이 해에 인종은 조광조가 도입했다가 실각함으로써 곧바로 없어진 현량과를 다시 실시했다. 그러나 인종은 즉위한 지 1년 만인 1545년 7월 1일 끝내 이 일을 해결하지 못하고 승하함으로써 조광조 복권에 대한 문제가 보위를 이은 명종에게로 넘어갔다. 하지만 명종은 윤원형 일당의 전횡과 사림에 대한 배척으로 기묘명현己卯名賢에 대한 신원 회복 작업을 거의 이루지 못했다. 기묘명현에 대한 대대적인 신원 회복은 명종의 뒤를 이은 선조 때에 가서야 이루어졌다.

1568년선조 원년 3월 노수신을 비롯하여 태학생 홍인헌, 부제학 박대립, 대사헌 백인걸, 영의정 이준경 등이 나서 조광조에 대한 추증과 문묘 배향을 적극적으로 청하였다. 그리고 그해 4월 3일 기대승이 경연에서 이런 발언을 했다.

"조광조가 죽은 뒤에 품계와 벼슬을 높여 주는 일에 관하여 온 나라의 인심이 같습니다. 소신이 전에 잠깐 아뢰었는데 요즈음 대신들도 아뢰었습니다. 상께서 이미 알면서도 머뭇거리시는 것은 반드시 자세히 살피자는 뜻인 줄 알고 있습니다마는, 그러나 아랫사람의 마음은 상께서 아직도 환히 알지 못하신 듯하여 미안해합니다. 환히 아신다면 의당 차례대로 거행하셔야 할 것입니다. 아랫사람들의 바람은 즉시 흔쾌히 따라주시기를 원합니다. 상께서 강학에 힘쓰시면 도리가 점점 밝아져 광조의 어짊을 저절로 아실 것이니 높이고 기리는 등의 일을 상께서 먼저 행하시면 더욱 좋겠습니다."

그리하여 선조는 조광조에게 '대광보국 숭록대부 의정부 영의정 겸 영경연 홍문관 예문관 춘추관 영사 관상감사大匡輔國 崇錄大夫 議政府 領議政 兼 領經筵 弘文館 藝文館 春秋館 領事 觀象監事'를 추증했다.

그 이듬해에 선조는 조광조에게 시호를 '문정文正'으로 내렸다. '문'은 도덕이 널리 알려진 것을, '정'은 바른 것으로서 사람을 심복시키는 것을 의미한다고 한다.

1570년선조 3에는 조정의 명령을 받아 전라도 능주에 죽수서원竹樹書院을 건립하였는데, 김장생의 건의에 따라 조광조를 향사하고, 양팽손의 신주도 함께 모셨다. 1573년선조 6에는 경기도 양주 도봉산 입구에 도봉서원道峰書院을 세워 조광조를 향사했다. 이곳은 조광조가 젊은 시절 자주 다니면서 수양을 하던 곳이다. 1574년선조 7에 조헌이 김굉필, 조광조, 이언적, 이황 등 사현四賢의 문묘 종사를 하자고 상소를 올렸다. 1581년에는 이이가 경연에서 조광조와 이황 두 분을 문묘 종사하자고 계청했다. 조광조가 문묘에 종사된 것은 1610년광해군 2에 이르러서야 이루어졌다. 1605년선조 38에 경기도 용인 조광조 묘소 아래 심곡서원을 세워 조광조를 향사했다. 이밖에도 이후에도 여러 곳에서 서원을 설립하여 조광조를 향사했다.

경기도 용인에 자리잡은 심곡서원 전경

靜庵 趙光祖

부록

[행장]

선생의 성은 조 씨趙氏이고, 이름은 광조光祖이며, 자는 효직孝直이고, 스스로 정암靜菴이라 이름하였다.

조 씨는 한양의 이름난 성인데, 7대 조인 양기良琪가 고려에서 벼슬을 지내 총관이 되었다. 원 세조 때 부수副帥로서 합단哈丹 군대를 쳐부수고 포로를 바치니, 황제가 도포와 띠를 주어 격려하였다. 고조의 이름은 온溫인데, 본조의 개국공신이 되어 한천 부원군으로 책봉되었고, 시호는 양절良節이었다. 한천이 의영고사義盈庫使 육育을 낳으니 뒤에 이조 참판으로 추증되었고, 참판이 성균관 사예 충손衷孫을 낳으니, 뒤에 예조판서로 추증되었다. 판서가 원강元綱을 낳으니, 벼슬은 사헌부 감찰에 이르렀고, 뒤에 이조 참판으로 추증되었다. 이 자가 선생의 아버지이고, 어머니는 여흥 민 씨驪興閔氏로 현감 민의閔誼의 딸인데, 성화成化 임인년1482, 성종 13 8월 10일에 선생을 낳았다.

선생이 좋은 자질을 타고나, 어렸을 때도 장난치며 놀지 않아 이미 어른의 풍채와 태도가 있었고, 조금이라도 남의 잘못을 보면 즉시 지적해서 말하였다. 성장하여 글을 읽고 학문을 닦을 줄 알면서부터는 의연하게 큰 뜻이 있으나 과거 보는 글에는 뜻을 두지 않았다. 오로지 성현의 위풍을 사모하여 넓게 배우고 애써 행하여서 이룩함이 있기를 기약하였다.

열아홉 살에 아버지를 여의자, 어머니를 모시고 집에 있으면서 지성으로 안색을 살펴 봉양하여 효성스럽다는 칭찬이 나라에 드러났다. 정덕正德 경오년1510, 중종 5 진사시에서 장원을 차지하였다. 신미년1511에 모친상을 당하였다.

을해년1515 여름에 조정의 신하가 효렴으로 천거하여 조지서 사지에 제수되었다. 이 해 가을에 중종이 실시한 알성별시에 응시하여 을과에 수석으로 급제하여 성균관 전적이 되었다. 얼마 뒤 사헌부 감찰·예조 좌랑·사간원 정언으로 옮겼다. 장경왕후의 상에 담양 부사 박상과 순창 군수 김정이 함께 상소하여 신 씨의 왕후의 위를 회복시킬 것을 청하였다. 조정의 의론은 이들이 말할 사안이 아니라고 여겨 체포해서 국문하기를 청하였다. 일이 장차 예측할 수 없는 상황이 되자, 선생만이 극력 간쟁하기를, "신 씨는 실로 복위시켜서는 안 됩니다. 그러나 상소의 내용에서 논한 것 또한 일리가 있으니, 죄를 주어서 언로를 막는 것은 옳지 않습니다" 하다. 두 공은 이로 말미암아 죄를 면하였다.

홍문관에 뽑혀 들어가서 수찬, 교리, 응교, 전한을 지냈다. 정축년1517 5월에 통정대부 승정원 동부승지에 올랐다. 모두 "옥당玉堂의 장이 되어 임금의 덕을 기르는 데는 이 사람이 아니면 안 된다"라고 하여 겨울에 옥당으로 돌아와서 부제학이 되었다.

주상께서 평소 유학을 숭상하고, 문치에 깊은 관심을 기울여 당우 삼대처럼 번성하기를 바랐으므로, 더욱 선생을 의지하고 중하게 여겼다. 선생은 이에 세상에 보기 드문 대우에 감격하여서 임금을 존경

받게 만들고 백성에게 혜택을 주고 유학을 번성하게 하는 것을 자기의 임무로 삼았다. 이에 "임금의 마음은 다스리는 근본이 되므로, 그 근본이 바르지 않으면 정체政體가 의지하여 서지를 못 하고, 교화가 이로 인해 행해지지를 못한다"라고 하여 입대할 때마다 반드시 마음을 가라앉히고 생각을 엄숙히 하여 신명을 대하는 것과 같이해서, 아는 것은 다 말하였고, 말할 때는 충직하게 하였다.

주상께 경계할 것을 진언한 말에, "사람의 마음은 본래 천지와 같이 크고 춘하추동과 더불어 운행합니다. 그런데 그 이理가 욕심에 가려져서 큰 것이 작아지고, 기氣가 사욕에 얽혀서 운행하는 길이 막힙니다. 보통 사람에게도 그 피해를 이루다 말할 수가 없습니다. 더구나 임금은 지위가 높아 교만하고 방탕하기가 쉬워서 아름다운 소리와 여색 유혹이 보통 사람보다 만 배나 더한 데야 더 말할 게 있겠습니까. 마음이 한 번 바르지 못하고 기운이 한 번 순하지 못하면 재앙의 징조가 어두운 중에서 상응하고 재앙의 싹이 밝은 곳에서 일어나서 인륜은 막히고 만물이 이루어지지 못합니다. 대개 이러하니, 주상께서 하늘을 섬기는 데 마음을 두어서 마땅히 중화中和의 지극한 공을 이루고자 하는 것이 어떻게 되겠습니까" 하였다.

정의와 사리, 왕도와 패도의 구별과 고금의 성쇠하는 징조와 군자·소인의 거취와 성패에 관한 경계에 이르기까지 그 마음속에 품은 것을 상세히 논의하고 극진히 말하였다. 어떤 때는 해가 기울어질 때까지 하였다. 임금이 겸허한 마음으로 모두 귀를 기울여 들었고, 날마다 더욱 장려하였다.

무인년1518 봄에 조정에서 현량과를 설치하여 인재를 얻고자 하였다. 선생이 아뢰기를, "주상께서 다스리고자 하는 뜻이 있으나 오랫동안 성과를 보지 못한 것은 인재를 얻지 못하였기 때문이니, 만약에 이 법을 행하면 인재를 얻지 못할 것을 근심하지 않아도 될 것입니다" 하였다.

양사兩司에서 옥당과 함께 소격서를 혁파할 것을 청하였는데도 임금이 여러 달 허락하지 않았다. 이에 선생이 정원에 나아가 동료들에게 말하기를, "오늘 허락을 얻지 못하면 물러갈 수 없다" 하였다. 저녁이 되어 대간은 다 물러갔는데도 옥당은 그대로 머물러서 논계하여 허락을 얻은 후에야 나왔다.

전에 회령부會寧府 성 주변에 살던 야인 속고내速古乃가 몰래 깊은 산중에 있는 야인과 공모하여 갑산부의 경계에 들어와 사람과 가축을 많이 약탈하였다. 이렇게 되자 남도 병사가 올린 비밀 장계에 따라 먼저 밀지를 보내 함경도에 유시諭示하고, 이지방을 파견하여 틈을 엿보아 덮쳐서 법에 따라 처치하려고 하였다.

임금이 선정전에 거둥하여 파견하려던 때 장수와 재상과 모든 신하가 둘러 모시고 있었다. 선생이 밖에서 들어와 임금을 면대하기를 청하여 아뢰기를, "이 일은 도적이 교활하게 속이는 꾀와 똑같으니, 왕으로서 오랑캐를 방어하는 도리가 아니고, 또 당당한 큰 나라로서 한 조그마한 오랑캐를 사로잡는데 도적의 꾀를 행하는 것은 나라를 욕되게 하고 위신을 훼손하는 것이니, 신은 내심 부끄럽습니다"라고 했다.

임금이 즉시 다시 의논하도록 명했다. 좌우의 사람들이 다투어 말하기를, "병가에는 모략과 정도가 있고, 오랑캐를 방어하는 데에는 경도經道와 권도權道가 있습니다. 중의가 이미 같은데, 한 사람의 말 때문에 갑자기 바꿀 수는 없습니다" 하였다. 병조판서 유담년柳聃年이 "밭 가는 것은 마땅히 남종에게 묻고, 베 짜는 것은 마땅히 여종에게 묻습니다. 신은 젊을 때부터 북방을 출입하여 저 오랑캐의 정상을 실로 다 압니다. 신의 말을 들으소서"라고 하였다. 그러나 임금은 오히려 중의를 물리치고 파견하는 일을 중지하게 하였다.

임금이 선생을 대우한 것과 선생이 임금의 마음에 든 것이 다 지극하다고 할 수 있다. 당시에 선류善類로서 같이 선발되어 임금의 우대를 받은 자가 한둘이 아니었다. 서로 함께 협력하여 사업을 일으켜, 오래된 폐해를 없애고 교화를 닦고 밝혀서 옛날 현철한 왕의 법도를 차례로 거행하였다.《소학》을 인재를 기르는 근본으로 삼고, 향약을 풍속을 교화하는 법도로 삼으니, 모든 관리가 자각하여 힘쓰고, 모든 사람이 분발하였다.

그러나 여러 공이 너무 조급하게 효과를 보고자 하는 잘못을 범하여, 모든 건의하고 시설하는 데 있어 날카로움이 너무 드러났는가 하면 장황하고 과격하였다. 또한, 젊고 일 만들기 좋아하는 사람이 있어서, 유리한 기회를 노려 시세에 영합하는 분란을 부추기는 자들이 그 사이에 많이 끼어 있었다. 옛 신하 중에는 시대의 의론에 용납되지 못해 이로 인해 공격을 받게 되자 원한이 골수에 사무쳤다.

선생이 일찍부터 이미 그렇게 될 조짐을 보고 도가 행해지기 어려울 것을 알아서 오래전부터 직위를 사퇴하고자 하였다. 이 해 겨울에 임금이 특명으로 선생을 가선대부로 올리고, 사헌부 대사헌 겸 세자좌빈객 동지성균관사에 제수하였다. 선생은 관직이 너무 빨리 오르는 것을 크게 두려워하여 극렬 간절하게 사양했다, 그러나 임금의 신임은 갈수록 융숭해져서 더욱 허락하지 않았다.

어떤 이가 선생이 끝내 사양을 허락받지 못하고 물러나면서 얼굴 가득 근심스러운 빛을 띠고 어떻게 할 수 없다는 눈치였다고 운운하였다. 기묘년1519 봄에 김우증金友曾이란 자가 사림을 거짓으로 꾸며 모함하는 일이 있었다. 일이 발생하자 조정에서 심문하는데, 선생이 사헌부의 장으로 그 일에 참여하였다. 양사에서 선생이 김우증을 끝까지 다스리려고 하지 않는다고 논박하여 파직시켰으나, 곧 정부가 아뢰어서 다시 유임되었다.

그 후에 조정의 의논이 정국공신 중에 공이 없는 자에게 함부로 주었던 녹권錄券: 공을 기록한 문서을 추탈하게 되었는데, 선생이 또한 그 의논에 동참하였다. 이때 선생이 이미 물러갈 수도 없게 되었는데, 기강을 세워 탐욕한 자를 물리치고 깨끗한 이를 드러내며 명령하면 시행되고 금지하면 그치게 하는 것이 당연히 해야 할 일이었다. 그러나 돌이켜 보건대, 시세를 돌아볼 때 그때는 크게 근심될 만한 일이 있는 형편이었으므로, 일에 임하여는 조금 조화하려는 뜻을 가지지 않을 수 없었다.

그 외에 신상申鏛, 이자李耔, 권벌權橃의 의견이 다 그러하였으니, 이것은 곧 시대를 따르는 의리로써 중도가 아님이 없었다. 그런데도 저 과격하고 경솔한 무리는 도리어 선생이 정도에 어긋난 것을 따라 임시방편으로 일을 처리하여 그 자취가 간사한 무리와 같다고 하여 여러 번 배척하고 탄핵하였다. 선생은 전날 원망하던 모든 사람이 곁에서 이를 갈고 입술을 깨물며 날마다 틈을 노리는 것을 알지 못하였다. 큰 화가 갑자기 신무문을 여는 변으로까지 되었으니, 슬프다, 어찌 이루 다 말하겠는가, 어찌 이루 다 말하겠는가.

그날의 일은 당연히 국가 문서에 기록되었을 것이나, 영의정이 울면서 임금의 옷깃에 매달려 간해서 그 정성이 하늘에 감동되어 다행히 벼락같은 위엄을 조금 그치게 하였다. 그러나 유도들이 궐문을 지키고 울부짖으면서 다투어 의금부에 갇히고자 한 것은, 참소하는 자들에게 더욱 구실을 주었을 뿐이다. 이것은 소식蘇軾이 자기를 구제하려는 장방평張方平의 소를 보고 놀라서 탄식한 것과 같다.

선생은 10월 어느 날 능성으로 귀양 갔고, 후명後命: 최후에 죽음을 내리는 명이 이른 것은 12월 20일이었다. 선생이 곧 목욕하고서 옷을 갈아입고, 조용히 도사에게 말하기를, "임금이 신에게 죽음을 내리시니 마땅히 죄명이 있을 것이다. 청하건대, 죄명을 공손히 듣고 죽겠노라" 하니, 도사의 대답이 없었다.

선생이 또 말하기를, "임금 사랑하기를 아비와 같이 하였으니, 하늘의 해가 나의 속마음을 비출 것이다" 하고 드디어 세상을 떠났으니, 향년 38세이었다. 이듬해 모월 어느 날에 용인현 어느 동리 선인의 묘소에 장사 지냈다.

선생은 타고난 자품이 특이하여 동류 중에서 뛰어나니, 마치 화려한 난새가 머무르고 고상한 고니가 우뚝 선 것과 같고, 옥같이 윤택하며 금같이 순수하고, 또 무성한 난초가 향기를 풍기고 밝은 달이 빛나는 것과 같았다. 17, 8세에 분연히 도학을 공부할 뜻을 가졌다. 그때 참판공아버지이 어천 찰방이 되었는데, 때마침 한훤寒暄 김 선생김굉필이 희천에 귀양 가 있었다.

선생이 본래 한훤의 학문이 근원이 있음을 들었으므로, 그곳으로 가서 부친을 모시고 있으면서 한훤에게 찾아가 종유하며 학문하는 큰 방법을 들었다. 대개 우리 동국의 선현 중에 도학에는 비록 문왕 같은 성군을 기다리지 않고도 창시한 자가 있었다. 그러나 결국에는 절의·장구·문사를 닦는 데 그쳤다. 진실로 실천하는 것으로서 학문의 근본으로 삼은 이는 오직 한훤이 있을 뿐이었다.

마침내 선생은 어지러운 세상을 당하여 능히 험난함을 무릅쓰고 그를 스승으로 섬겼다. 비록 그 당시 강론하고 주고받은 뜻은 직접 듣지 못했다. 그러나 선생이 그 후에 그처럼 도학을 공부하는 정성과 업적이 탁월한 것을 보면 그 발단이 진실로 여기에 있었다. 우선 볼 수 있는 실정만으로 말하면, 학문하는 데 있어《소학》을 독실하게 믿고《근사록》을 존숭하여 모든 경전에 적용하였다.

평상시에 거처할 때에는 밤낮으로 몸가짐을 살피고 삼가서 의젓하고 엄숙하여 의복과 태도가 조금도 법도에 어그러지지 않았다. 말씀하실 때나 행동을 하실 때는 반드시 옛 훈계에 따랐으니 아마도 지경持敬하는 방법이었으리라. 언젠가 천마산에 들어갔고, 또 용문산에 들어갔는데, 공부하는 여가에 꼿꼿이 앉아서 마음을 가라앉혀 상제를 대하는 것과 같이해서 본심을 함양하기를 힘쓰는 것이 남이 미칠 수 없었다. 아마도 꿋꿋하게 애써 정靜을 주로 하는 학문을 하였기 때문이리라.

효도하고 우애하는 행실은 천성에서 나온 것이어서, 바람이 불거나 비가 오거나 날마다 가묘에 절하고, 어버이를 봉양하고 뜻을 어김없이 받드는데 모두 곡진하였다. 집을 바르게 다스려서 안과 밖의 분별이 엄하였고 사랑과 훈계를 같이 베풀었다.

깨끗한 절조로 자신을 갈고닦고 몸가짐을 빈한한 선비와 같이하였다. 언젠가 부인에게 말하기를, "나는 나랏일을 전심하여 집안일은 생각할 여지가 없다" 하고는 가정 살림에 신경 쓰지 못했으며, 청탁이 통하지 않았고, 거마비를 받지 않았다. 자신을 살피고 사욕을 이겨내는 데에는 항상 남이 따르지 못할 점이 있었다. 젊은 날 우연히 여색을 가까이할 기회가 있었으나 곧 물리쳐 피하였고, 더욱 술이 성품을 해친다는 경계를 지켜서, 친구가 술을 마시고 체통을 잃는 것을 보면 준절하게 책망하였다.

상중에는 지극히 슬퍼하고 제사에는 정성껏 공경을 다 하였으며, 후생後生은 각각 그 재질을 따라 장려하여 이끌고, 이단을 물리칠 것을 논하되, 먼저 근본을 바르게 하고자 하였다. 평소의 행동이 널리 알려진 데다 재주가 세상을 영도하기에 충분하였고, 영특한 기품이 밖에 드러나니, 풍모가 사람을 감동시킬 만하였다.

일찍이 하련대下輦臺에 임금이 앉았을 적에, 선생이 대사헌으로 시종하다가 일이 생겨서 몸을 빼 나가기도 하고 빠른 걸음으로 몸을 구부리고 앞으로 지나기도 하였는데, 그 몸가짐을 바라보고 백관이 다 주목하였다. 교문橋門에 둘러섰던 자가 감탄하며 말로 표현할 바를 몰랐으니, 한 시대의 존경을 받음이 이와 같았다.

스스로 무거운 책임을 지워 우리 임금을 요순처럼 만들고, 우리 백성을 어질고 편하게 사는 지경에 오르게 하리라고 생각하였다. 그 충성은 금석을 뚫고, 그 용맹은 분육賁育, 전국시대의 장사 孟賁과 夏育보다 뛰어났다. 자기 몸을 돌보지 않고 오직 왕의 일만을 생각하는 신하로서 착한 임금의 성대한 시대를 만나, 조정에 나아가서는 날마다 세 번씩 알현하고, 물러나서는 사람들이 다투어 손을 올려서 존경하였다. 이는 상하가 서로 기뻐하여 천년에 한 번 있을 수 있는 좋은 때라고 할 것이다.

그런데 어찌하여서 하늘이 그 사이에 마魔가 들게 하여 위로는 그 뜻이 크게 행하여지지 못하고, 아래로는 그 혜택이 넓게 미치지 못하게 하였는가. 이것은 시대의 운수와 나라의 액운과도 관계되니 천지에 유감된 일이며, 귀신이 농간을 부린 것이니, 선생인들 어찌하리오. 더욱이 선생은 언젠가 상사上舍 허백기許伯琦와 함께 "철없는 젊은 이들이 세속을 놀라게 한다"라고 말하였다. 또 수재 성수침을 만나서는 향약의 실행하기 어려운 점을 근심하였으니, 자신의 맡은 일은 비록 중대하였지만, 고집해서 반드시 하려는 뜻은 없었다.

그가 사헌부의 대사헌 자리를 힘껏 사양하다가 허락받지 못했을 때 그처럼 깊이 근심하였고, 기준이 언젠가 산림에 홀로 갔으면 하는 탄식을 하니 자주 칭찬하며 마음에 들어 하신 것을 보면, 물러서기 어려울 때 용감하게 물러서는 것은 평소 선생의 뜻이었다.

그러나 근세에는 사대부를 대우함이 예전 의리를 따르지 않아서 물러가기를 구하여 허락을 얻은 예가 없고, 신하가 벼슬에서 물러가는 길이 끊겨, 한 번 조정에 서면 병으로 폐하거나 죄로 물러나는 것 외에는 국사를 떠날 방도가 없었다. 그러니 비록 선생이 화합하지 못하여 물러가기를 도모하고, 기미를 보아 일어나고자 했으나, 어찌 자기 뜻을 이룰 수 있었겠는가. 이미 선생이 물러나려는 뜻을 이루지 못했으니, 또 어찌 화가 오는 것을 지혜와 꾀로써 면할 수 있었겠는

가. 이것이 선생의 더욱 어려웠던 점이다.

그러나 일월의 빛은 전처럼 가렸던 구름이 사라지면 밝아지고, 의리의 감정은 오래될수록 더욱 시비의 판단이 명백해지기 마련이다. 중종이 말년에 하늘의 뜻을 통찰하고 여론도 선생의 누명을 벗겨주고자 하여, 실로 이미 은택을 내릴 뜻이 있었고, 인종이 즉위하자 묘당의 거듭된 논의와 유생의 호소로 말미암아 마침내 중종의 뜻을 따라서 선생의 관작을 예전처럼 회복하도록 명하였다.

아아, 천도는 본래 바르고 인심은 진실로 속이기 어려운 것이니, 요 임금이 뜻했던 바를 순 임금이 이어받아 실행한 것이었다. 이로부터 선비의 학문은 방향을 알 수 있게 되었다. 세상의 다스림은 이로 인해 거듭 밝아질 수 있었다. 도학은 이에 힘입어 타락하지 않을 수 있었다. 나라의 기맥도 이에 힘입어 무궁해질 수 있었다. 이러한 사실로 본다면, 당대의 사림의 화는 비록 슬프다 하겠으나, 선생이 도를 높이고 학문을 창도한 업적은 후세에 영향을 끼쳤다고 할 수 있겠다.

또 한 가지의 말이 있으니, 주나라가 쇠망한 이래로 성현의 도가 그 당대에는 행해지지 못했으나, 만세에는 행해질 수 있게 되었다는 것이다. 대개 공자·맹자·정자·주자의 덕과 재주는 그것을 써서 왕도를 일으키는 것은 손바닥을 뒤집는 것처럼 쉬울 것인데도 결국에 성취된 것은 교훈을 세워서 후세에 남기는 데 지나지 않을 뿐이었다.

그 까닭은 무엇인가? 하늘에 있는 것은 본래 알 수 없지만, 사람에게 있는 것도 역시 일괄적으로 논할 수는 없다. 그러면 선생이 추구한 도를 이미 공자·맹자·정자·주자의 도라고 하였으니, 선생이 세상에서 큰일을 못 한 것은 괴이할 것이 없다. 다만 벼슬길에서 물러나 그 도의 실상을 크게 천명하여 우리 동방의 후세 사람들에게 복이 되게 하지 못한 것이 한탄스러울 뿐이다.

또 대개 하늘이 큰 임무를 사람에게 내리려 할 때에 어찌 젊을 때 한 번 이룬 것만으로 대번에 만족하게 여기겠는가. 필시 중년과 말년에 풍족하게 공을 쌓은 후라야 자격이 크게 갖추어진다. 가령, 선생이 애초 성세聖世에 갑자기 등용되지 않고 집에서 한가히 지내며 궁벽한 마을에 숨어 살며 더욱이 학문에 힘을 다하여 오랜 세월에 걸쳐 깊이 연구했더라면, 연마한 것이 관철되어 더욱 고명해지고, 수양한 것이 높고 깊어 더욱 넓고 해박해져서 환하게 낙건洛建: 정자와 주자의 근원을 찾고, 수사洙泗: 중국 산동성의 강 이름, 즉 공자를 말함의 영향을 받을 수 있었을 것이다. 대개 이처럼 되었더라면 당대에 임금으로부터 발탁을 받아도 좋고 못 받아도 괜찮았을 것이다.

믿는 것은 이 도와 이 사람의 처지가 교훈을 세워 후세에 전하는 한 가지 일이 있을 뿐이었다. 이제 선생은 그렇지 못하였으니, 첫째 불행은 등용되어 발탁된 것이 너무도 갑작스러웠다는 것이고, 둘째 불행은 벼슬에서 물러나기를 구하였으나 뜻을 이루지 못하였다는 것이고, 셋째 불행은 귀양 가서 일생을 마친 것이어서 앞에 말한 중년·말년에 풍족하게 공부할 만한 겨를이 없었다.

교훈을 세워 후세에 전하는 일은 더더군다나 이룰 수가 없었다. 그렇다면 하늘이 이 사람에게 큰 책임을 내린 뜻은 결국 무엇이었던가. 이 때문에 오늘날 선생이 남긴 것을 찾아 사람들의 마음을 맑게 하고 바른 학문을 열어 주는 방법으로 삼으려 하여도, 의거할 만한 단서가 거의 없었다. 헐뜯는 무리의 끝없는 담론이 화복과 성패의 결과만으로 판단하는 데서 벗어나지 못하여 세도가 더욱 투박해졌다.

그리하여 마침내 멋대로 지목하여 서로 헐뜯자, 몸조심하는 이들은 말하기를 꺼리고, 자식을 가르치는 자는 이를 경계로 삼았다. 선량한 이를 원수로 여기는 것이 여기에서 비롯하게 되어서 더욱 우리 도에 병폐가 되었다. 아아, 이것이 어찌 실로 요 임금의 유지를 순 임금이 계승하여 이 도학을 보호하고 나라의 기맥을 길이 이어가게 하는 장한 뜻이겠는가. 이것은 또 뒤에 오는 어진 임금과 현명한 재상 및 무릇 세상을 다스릴 책임을 진 자가 마땅히 깊이 근심하고 영구히 거울삼아서 힘써 구제할 점이다.

그러므로 몇 년 전부터 태도를 바꾸어서 새롭게 혁신하고 좋아하고 미워함을 분명하게 보인 자가 한두 사람이 아니다. 세상의 선비된 자가 여전히 왕도를 높이고 패술霸術을 천하게 여길 줄 알며, 바른 학문을 숭상하고 이단을 배척하며, 정치하는 도리를 반드시 봄을 닦는 데에 근본을 두어서, 모시고 심부름하는 것으로부터 이치와 성性을 연구하는 데 이르게 되어서 점차로 분발해 일어나서 하고자 하는 것이 있게 되었다. 이것이 누구의 공이며, 누가 그렇게 하도록 만들었는가.

하늘의 뜻을 여기에서 볼 수 있겠고, 성조聖朝의 교화가 여기에서 무궁하게 될 것이다. 선생의 아내는 첨사 이윤형의 따님이다. 두 아들을 낳았으니, 맏이는 정定인데 일찍 죽었고, 막내는 용容인데 지금 전주의 판관이다. 선생이 돌아가실 때 두 아들이 다 어렸고, 또 세상을 두려워하여 피해야 할 형편이었으므로, 선생의 뜻과 행적을 기술하는 일을 오랫동안 부탁한 일이 없어서, 사람의 이목에 남을 사적이 점차로 인멸되기에 이르렀다.

중간에 상사上舍, 생원 진사시에 급제한 사람 홍인우洪仁祐가 행장 하나를 지었는데, 지난해에 판관 아들이 그 종질인 충남忠男을 보내와서 홍 상사가 지은 행장을 나에게 주며 말하기를, "비석은 이미 마련되었으니, 명문銘文을 지어 묘 앞에 표하기를 청합니다" 하였다. 내가 문장을 못한다고 사양하고 또 말하기를, "비문을 짓고자 하면 마땅히 먼저 행장을 구하여야 할 것인데, 홍 상사가 지은 행장을 보니 너무 간략합니다. 반드시 다시 널리 방문하여 많은 사적을 찾아내고 당대의 훌륭한 문장가를 구하여 행장을 보완한 후에 천천히 비문을 만들어도 늦지 않습니다" 하였다.

근래에 판관이 또 사람을 보내어 편지를 전하고, 아울러《음애일록》등 두 가지 서적을 보이면서 말하기를, "사적을 더 찾을 수가 없고, 사방으로 돌아보아도 저의 선인을 위하여 기꺼이 붓을 잡을 자가 없으므로 감히 두 번 세 번 번거롭게 청합니다" 하였는데 사정이 매우 애처로웠다. 내가 혼자, '비록 선생의 문하에서 직접 배우지는 못하였으나 선생에게 받은 영향은 많은데, 이미 비명을 사양한 데다 또 행장을 짓지 않는다면, 어찌 정이 지극하면 일이 따른다고 하겠으며, 또 홍 상사는 학문에 뜻을 둔 선비요, 또 선생과 한 동리 사람이니, 그 행장이 비록 간략하더라도 필시 증거가 있을 것이다'라고 생각했다.

그러므로 그가 적은 것을 바탕으로 하고 나중에 얻은 서적을 참작해서 가감하여 이 글을 지었다. 이는 우선 조금이라도 판관의 효성에 보답하고자 해서요, 또 이어서 듣고 본 것이 있으면 이것을 바탕으로 하여 행장을 완성하는 자료로 삼고자 해서이다. 만약 이것이 뒷날 사필史筆을 잡는 자의 참고가 될지라도, 선생의 학문과 사업, 언론과 풍모가 사책史册에 실려 있고, 추모하는 노래에 스며 있는 것이 더욱 많을 것이니, 어찌 이 행장에만 국한되겠는가.

가정嘉靖 43년 갑자1564 ○월 ○일

진성 이황이 삼가 적다

출처: 한국고전종합DB 퇴계 선생 문집 제48권 '정암 조선생 행장'

권오돈 권태익 김용국 김익현 남만성 성낙훈

안병주 이동환 이식 이재호 이지형 하성재(공역)

[조광조 가계도]

1세(시조) 조지수(趙之壽): 한성부 출신으로 고려 조순대부 첨의중서사를 지냄.

2세 휘(暉): 원에서 쌍성군총관을 제수함.

3세 양기(良琪): 고려 총관 벼슬을 지냈고, 김방경을 수행해 일본군을 정벌하고 무사히 귀환했고, 합단병 토벌에 나서서 공을 세움.

4세 돈(暾): 홍건적 격파로 일등공신에 올랐고, 예의판서로 검교 밀직부사였고, 용성군에 봉해짐.

5세 인벽(仁壁): 보리공신으로 용원부원군에 봉해졌고, 고려 공민왕 때 사망했지만 조선 건국에 공이 있는 아들 온으로 인해 좌명공신 우정승 한산백에 봉해짐.

6세 온(溫): 조광조의 고조로 조선 개국공신으로 한천부원군에 봉해짐.

7세 육(育): 조광조의 증조로 의영고사를 지냄

8세 충손(衷孫): 조광조의 할아버지로 성균관 사예를 지냄.

9세 원강(元綱): 조광조의 아버지로 감찰을 지냄.

10세 광조(光祖)

[조광조 연보]

1482년(성종 13년) 8월 10일
한성부 향교동 동지제지금의 서울 종로구 경운동 18번지에서 아버지 조원강과 어머니 여흥 민 씨 사이의 3남 중 둘째 아들로 태어남.

1486년(성종 17년)
놀고 장난함이 성인의 거동과 도량이 있었으며, 예 익히기를 좋아하고, 어김 있는 자를 보면 어른일지라도 풍자하여 멈추게 함.

1498년(연산군 4년)
열일곱 살 나이에 어천찰방으로 부임하는 아버지를 따라가 갑자사화로 희천에서 유배 중인 한훤당 김굉필 문하에서 사사.

1499년(연산군 5년)
열여덟 살 때 한산 이 씨 이윤형 딸과 혼인.

1500년(연산군 6년)
부친상을 당하여 주자가례에 따라 삼년상을 치름.

1502년(연산군 8년)
부친 삼년상 마치고 용인 선영 아래 서너 칸짜리 집 짓고, 소학, 근사록, 사서, 통감강목 등을 읽으며 공부에 전념.

1504년(연산군 10년)
배소를 순천으로 옮긴 스승 김굉필 사사됨.

1506년(중종 1년)
중종반정으로 연산군 폐위되고 이복동생 진성대군이 중종에 즉위.

1510년(중종 5년)
봄: 진사시 합격하고, 5월에 천마산 성거산 두 산에 가서 소요함.
여름: 송도 개성의 여러 산 다니며 글공부.

511년(중종 6년)
모친 민 부인 상을 당하여 삼년상을 치름.

1514년(중종 9년)
경원 임지로 떠나는 삼촌 조원기에게 시와 서 증정하자 삼촌은 조광조에게 학문에 힘쓰기를 권장하는 글을 줌.

1515년(중종 10년)
아들 정 출생.
봄: 양평 용문사에서 글공부.
여름: 성균관 추천으로 이조 선무랑에 준하는 주부직 제수.
가을: 알성시에서 을과 장원전체 차석 급제. 성균관 전적 제수.
11월: 사간원 좌정원 제수됐으나 박상과 김정의 상소에 대해 죄 주는 것이 언로를 막는 행위라고 주장하며 사간원 관료들 파직 상소.

1516년(중종 11년)
봄: 이조정랑, 홍문관 부수찬 겸 경연 검토관, 춘추관 기사관 제수.
겨울: 계심잠 지어 올림.

1517년(중종 12년)
지방에서 도학 정치 확대 위해 교리로 경연 시독관, 춘추관 기주관을 겸임.
향촌의 상호 부조를 위해 여씨향약을 8도에 실시하도록 함. 향약을 보급하는 방법으로 기존 훈구세력들이 장악한 지방에 향음주례나 향사례의 실천을 중시하고, 소학을 실천할 것을 주장함.
2월: 홍문관 교리 겸 경연 시독관 춘추관 주서 등 5품관으로 승진.
7월: 응교정4품관 승진.
8월: 정몽주·김굉필에게 벼슬과 시호 및 문묘 종사 청함.

1518년(중종 13년)
정월: 통정대부정3품 당상관 홍문관 부제학 겸 경연 참찬관 춘추관 수찬관 승진. 병으로 사직하고자 하였으나 받아들여지지 않음.
말에서 떨어져 다치자 임금이 의원을 보내 문병하고 치료함.
3월: 조정에서 현량과 설치 건의 및 실시.
5월: 승정원 동부승지 겸 경연 참찬관 춘추관 수찬관으로 이동.
7월: 소격서 철폐 건의 상소.

11월: 가선대부 정2품관 동지성균관사 제수. 사헌부 대사헌 겸 원자 보양관으로 이동.

1519년(중종 14년)
아들 용 태어남
6월: 장인 이윤형 상을 당하여 임금에게 허락을 얻고 장례 치름.
7월: 병으로 사임 요청하였으나 불허됨.
11월: 정국공신 공훈 삭제 단행. 기묘사화로 귀양.
12월: 사사.

1520년(중종 15년)
봄에 용인 심곡리 선영으로 이장하여 장례식.

1545년(인종 원년)
복직.

1557년(명종 12년)
같은 산 서쪽으로 옮겨 이 해에 사망한 부인과 합장.

1568년(선조 원년)
3월: 태학생 홍인헌 문묘 종사 청원
4월: 대광보국 숭록대부 의정부 영의정 겸 경연 홍문관 예문관 춘추관 영사 관상도감 추증.

1569년(선조 2년)
시호를 문정공으로 내림.

1570년(선조 3년)
능주에 죽수서원 설립하여 조광조 배향.

1573년(선조 6년)
양주에 도봉서원 설립.

1581년(선조 14년)
이이·이황과 더불어 문묘 종사 청원.

1605년(선조 38년)
심곡서원 설립하여 조광조 배향.

1610년(광해 2년)
문묘 종사

[조광조 관련 이미지]

전남 화순 적려유허지 영정각에 봉안된 조광조 영정.

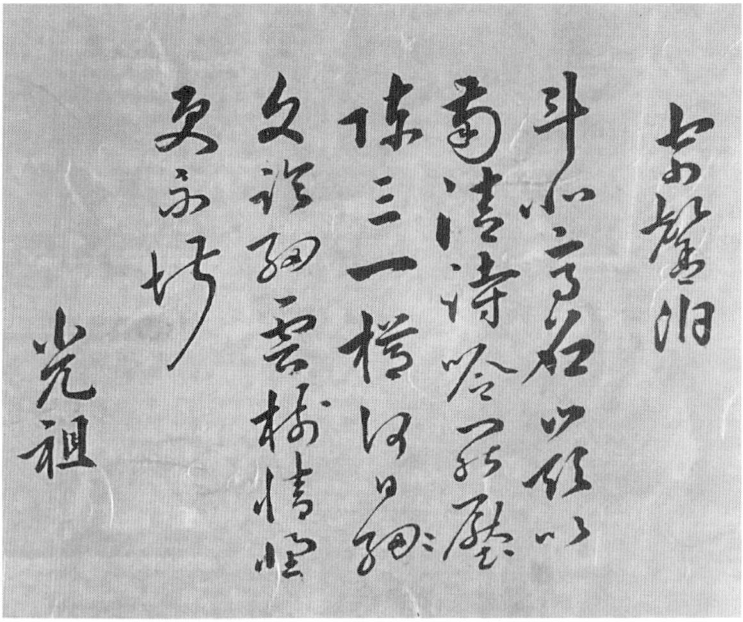

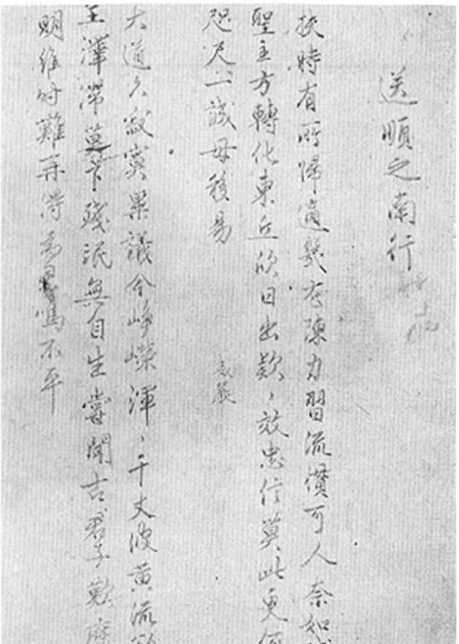

(위) 조광조 친필.
(아래) 조광조가 안처순에게 준 친필 전별시
(한국학중앙연구원 제공).

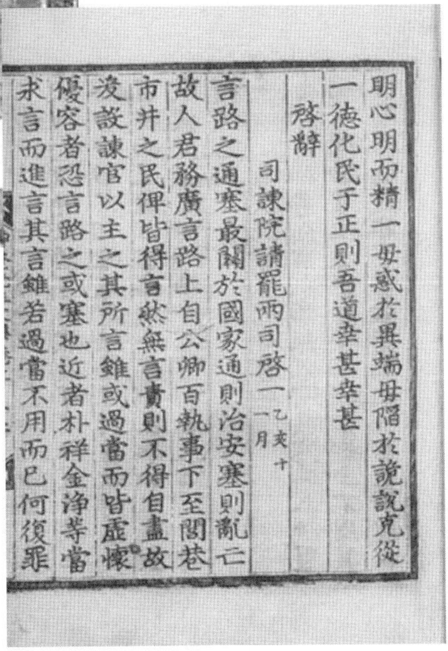
明心明而精一毋惑於異端毋陷於詖詖克從
一德化民于正則吾道幸甚幸甚
啓辭
司諫院請罷兩司啓一 乙亥十一月
言路之通塞最關於國家通則治安塞則亂亡
故人君務廣言路上自公卿百執事下至閭巷
市井之民俾皆得言然無言責則不得自盡故
復設諫官以主之其所言雖或過當而皆虛懷
優容者恐言路之或塞也近者朴祥金淨等當
求言而進言其言雖若過當不用而已何復罪

정암집 표지 / 본문 모습

전남 화순 능주에 자리 잡은 조광조 선생 적려유허지.

1667년 능주목사 민여로가 세운
정암 선생 적려유허비

적려유허지에 세워진 애우당(愛憂堂)
절명시 "나라를 내 집처럼 근심하였네(憂國愛憂家)"에서 따와 이름지었다.

경기도 용인에 자리 잡은 조광조 가문 선산 묘역

[참고문헌]

《수정재역 정암선생문집》조종업 역, 경인문화사
《조광조, 한국도학의 태산북두》이상성 지음, 성균관대학교출판부
《조광조: 실천적 지식인의 삶 이상과 현실 사이에서》정두희 지음, 아카넷
《정암 조광조》이종호 지음, 일지사
《유림 1》최인호 지음, 열림원
《조광조》강홍수 장편 역사소설, 크리에이트플러스
《조광조》동서문학전집 24, 서기원 지음, 동서문화사
《조광조 평전: 사화의 시대, 성리학적 이상을 꿈꾼 개혁가의 비상과 추락》신병주 지음, 한겨레출판
《조광조 평전: 조선을 흔든 개혁의 바람》이종수 지음, 생각정원
《중종의 시대》계승범 지음, 역사비평사
국사편찬위원회《조선왕조실록》한글 번역 사이트
한국고전종합DB《연려실기술》《퇴계집》

1판 1쇄 인쇄 | 2022년 4월 04일
1판 1쇄 발행 | 2022년 4월 14일

지은이 | 조성일
펴낸이 | 김경배
펴낸곳 | 시간여행
디자인 | 디자인[연:우]
등　록 | 제313-210-125호 (2010년 4월 28일)
주　소 | 경기도 고양시 덕양구 지도로 84, 5층 506호(토당동, 영빌딩)
전　화 | 070-4350-2269
이메일 | jisubala@hanmail.net

종　이 | ㈜화인페이퍼
인　쇄 | 한영문화사

ISBN 979-11-90301-17-6 (03100)

DR mystory 01

사랑이 아무것도 아닌 날에도

초판 1쇄 2023년 4월 24일

지은이 백가연
발행인 박혜진
편 집 이노아 김영교
디자인 김성엽

펴낸곳 다람
출판등록 2012년 6월 29일 제2012-000034호
주소 서울시 광진구 아차산로 378, 3층
전화 02-447-0879 | **팩스** 02-6280-3748
전자우편 darambooks@gmail.com
홈페이지 www.darambooks.com
인스타그램 @darambooks

ISBN 979-11-979493-0-0 03810

* 잘못 만들어진 책은 구입하신 곳에서 바꾸어드립니다.
* 책값은 뒤표지에 있습니다.